Pierre CADET

79 Suggestions...

POUR AGIR ET ANIMER AUTREMENT DANS UNE SOCIÉTÉ EN MUTATION

A l'aube du XXI ème siècle, un projet de capitalisme plus éthique...

Remerciements.

Je tiens tout particulièrement à remercier ma femme,
et tous mes amis, responsables, dirigeants et patrons, qui m'ont apporté idées,
suggestions et expériences vécues,
sans lesquels ce livre n'aurait pas vu le jour.

AUTRES PUBLICATIONS, TRAVAUX, SEMINAIRES REALISES OU ANIMÉS PAR L'AUTEUR

Depuis 1982 Séminaires d'initiation aux méthodes de résolution de problèmes (destinés exclusivement à des Responsables).

En 1986 Un livre sur le thème :
"Comment construire un projet en PARTENARIAT ? "(épuisé),
- soit avec son réseau de distribution (franchisés, concessionnaires, coopérateurs, adhérents d'un groupement, affiliés, etc.),
- soit en faisant participer certains fournisseurs ou sous-traitaints.

Depuis 1987 Séminaire de Développement Personnel pour Présidents, Directeurs, Cadres Supérieurs, Dirigeants d'associations ou d'entreprises.

1992 Publication d'une méthode personnalisée de formation pour rendre plus performant un directeur ou un animateur d'un réseau de franchisés ou de partenaires.

SOMMAIRE

AVANT-PROPOS

Combattre la sinistrose ...

Déjà quatre années de crise, et les années à venir s'annoncent a priori également moroses. Où que nous regardions, nous ne voyons que conflits, injustices, désillusion, souvent corruption.

L'Est a vu son système se briser et cherche, avec difficultés, sa voie entre les modèles occidentaux et son propre apprentissage des libertés.

L'Ouest ne parvient pas à concilier richesse et éthique. L'Europe se construit, languissante, sans véritable soutien des opinions. Le Japon a perdu sa supériorité économique. Ces deux géants démographiques que sont la Chine et l'Inde restent empêtrés dans les cultures de l'immobilisme. Les pays arabes sont toujours minés par l'islamisme fondamentaliste et l'Afrique Noire demeure le continent des exclus.

Dans ce contexte international réellement difficile, même s'il est ici caricaturé, comment se comporte la France ?

Nos gouvernements successifs n'ont pas endigué le chômage, la justice a perdu une partie de son autorité, l'armée devient technicienne, les campagnes se vident et fabriquent des lots de chomeurs et de sans-abri aux abords des villes.

En bref, si les institutions et le monde politique ne redressent pas la barre, oublient d'étayer la société et ne nous fournissent pas des raisons d'espérer, alors la France abordera cette fin de millénaire dans un mélange de doutes, de peurs et d'égoïsmes.

Il ne s'agit pas, malgré ces constats, de conforter la vague de pessimisme et de sinistrose qui sévit actuellement, mais d'apporter une pierre à un Nouveau Projet de Société dont notre vieux pays, qui demeure un modèle pour des millions d'hommes, est en quête; de sortir de nos cocons, d'additionner les initiatives, de les faire connaître afin de bâtir ensemble un ORDRE NOUVEAU.

Fin de règne

Nous vivons la fin d'un règne (commencé après la guerre) qui nous a fait suivre une trajectoire exponentielle de richesses, de consommation à outrance et de satisfaction démesurée. Nous sommes des nantis entrant soudain dans l'ère d'une économie limitée au renouvellement, même si nous demeurons, ne l'oublions pas, l'un des pays les plus riches du monde.

L'état actuel de la France, notre avenir et notre espérance ne dépendent que de nous.

Des centaines d'organisations, entreprises, associations, syndicats, vivent aujourd'hui des expériences riches de sens et d'efficacité, cherchent à comprendre les caractéristiques de la société moderne, à modeler une nouvelle vision du capitalisme, à comprendre ce qu'il faut conserver, ce qui doit être supprimé ou modifié.

Ces démarches ont permis de prendre conscience de l'importance de l'environnement, bien sûr pas dans le sens écologique du terme mais dans le sens d'un environnement global (l'entourage, le voisinage, le milieu où l'on vit etc ...)

Ces organisations cherchent à faire coïncider les valeurs et les intérêts de l'entreprise avec ceux des acteurs qui y travaillent.

Chacun s'accorde à dire aujourd'hui qu'une personne ne s'épanouit dans son travail que si l'on donne un sens à la mission qui est la sienne.

Animer un groupe d'hommes et de femmes, une famille, une entreprise ou une organisation par ces temps difficiles, nécessite une remise en question personnelle, une autre manière de diriger, la conjugaison d'une réflexion profonde (vision, finalité, culture, valeurs, intérêts, etc ...) et actions concrètes, qui découlent de l'orientation qui a été prise et qui soient susceptibles d'être appliquées immédiatement.

Les bases d'une nouvelle conception philosophique de notre environnement économique doivent être posées pour proposer des méthodes concrètes qui aident à agir et suggèrent de nouveaux outils ou approches destinés à agir et animer autrement.

Nous vivons une grande période, celle où une page de la construction du monde vient d'être tournée ! Nous ne sommes pas dans une crise conjoncturelle, mais en pleine Mutation !

Un avenir différent nous attend, avec ses incertitudes, ses joies et ses bouleversements. A nous de le remodeler avec enthousiasme, d'accepter que la roue tourne, et d'aimer passionnément le changement, au lieu de le subir de plein fouet en maugréant !

Une parabole occitane résume la situation :

Une femme se rend au marché et découvre parmi les étals une enseigne étrange : "A l'or pur".

Dieu lui-même est derrière le comptoir.

- "Que vendez-vous ?", demande la femme.

- "Tout ce que vous désirez", répond Dieu.

La femme, heureuse, dresse alors sa liste et demande :

- "La paix du coeur, l'amour, la sagesse, tout ce qui empêche d'avoir mal et d'avoir peur.

Et tout cela, dit-elle, je le veux pour les hommes du monde entier !"

Dieu se met à rire :

- "Il y a erreur, Madame, ici on vend des graines, pas la récolte ..."

Le Point **de** Départ ...

LA FRANCE EN PÉRIL !

LES POINTS CLÉS

• PREMIÈRE INTERROGATION :
France, tu as perdu tes références et tes valeurs. Et si tu perdais ton âme ?

• DEUXIÈME INTERROGATION :
Que se passe-t-il dans nos partis et certaines municipalités ?

• TROISIÈME INTERROGATION :
Est-il encore possible de présenter à nos jeunes un sport pur et noble ou un chanteur non compromis par l'argent ?

• QUATRIÈME INTERROGATION :
Partout la fauche ?

• CINQUIÈME INTERROGATION :
Est-il possible de modifier les relations de rapports de forces qui existent encore entre le vendeur et l'acheteur ?

• SIXIÈME INTERROGATION :
Peut-on éviter les positions dominantes ?

• SEPTIÈME INTERROGATION :
Existe-t-il des tricheries dans les entreprises ?

• HUITIÈME INTERROGATION :
L'audimat est-il un innocent aux mains pleines ?

Avant d'entrer dans le vif du sujet, nous vous proposons de vous remémorer quelques instants les bribes de conversation et les titres des journaux télévisés ou de vos quotidiens : nous sommes entrés dans une période de "sinistrose" qui, si elle paraît souvent tout-à-fait justifiée, n'en semble pas moins parfois très exagérée.

La chute du mur de Berlin nous amène à nous interroger : comment nous-mêmes et nos compatriotes percevons-nous l'avenir ? Quel rôle jouons-nous dans la société ? Quel sens donnons-nous à notre vie ?

Ce chapitre, négatif dans ses interrogations, reflète bien un certain état d'esprit critique et cartésien du responsable français.

Ensemble, en posant différemment les problèmes, nous pouvons trouver des solutions ! Car le chantier reste ouvert en permanence à toutes les initiatives et, même si sa construction demande du temps, chaque organisation possède les idées et les hommes capables de faire sortir notre pays et, plus généralement, l'Europe, de ses contradictions et de ses hésitations !

• PREMIERE INTERROGATION : France, tu as perdu tes références et tes valeurs.

Le bâtiment et les travaux publics

Combien de marchés auprès de nos collectivités sont truqués par des "dessous de table". Parlez autour de vous à certains responsables dans la construction et ils vous expliqueront leur écoeurement !!

Les dés sont pipés souvent avant de faire une proposition.

Un marché aux enfants douteux ...

Le printemps 1990 voit s'organiser l'élection de la "Mini-Miss 1990", ouverte aux enfants âgés de quatre à huit ans, qui comprend une élection régionale puis nationale. "Le choix de la tranche d'âge s'explique, selon l'organisateur du concours, par le fait qu'avant quatre ans, c'est le concours du "Plus beau bébé" et qu'après huit ans, il existe un "Prix de beauté teen-ager", pour se continuer par "Miss France".

L'affaire du sang contaminé ...

Avec ses responsables qui hésitent entre le doute et l'argent.

• DEUXIEME INTERROGATION : Que se passe-t-il dans nos partis politiques ou certaines municipalités ?

Les fausses factures.

Qu'elles soient de droite ou de gauche, de telles pratiques ont complètement corrompu le monde politique. Elles semblent prouver une fois de plus que ne peuvent accéder aux plus hautes fonctions que ceux qui sont en mesure de se procurer d'énormes masses d'argent. Deux milliards en cinq ans, telles seraient, selon la police judiciaire, les sommes encaissées par le parti communiste (L'Evénement du Jeudi, 14 Mai 1992).

Les municipalités compromises.
Il suffit de se rappeler du Maire de Nice, Jacques Médecin, qui fait l'objet d'un mandat de poursuite international ou d'un dirigeant d'une société de matériel urbain, condamné à un an avec sursis par un tribunal belge, le 15 Juillet 1992, pour avoir notamment offert des voyages d'agrément à l'ancien Maire de Liège, Edouard Close, afin d'obtenir un marché de mobilier urbain (Le Monde, 28 Juillet 1992).

• TROISIEME INTERROGATION : Est-il encore possible de présenter à nos jeunes un sport pur et noble ou un chanteur non pourri par l'argent ?

Le foot ?
Un ballon qui ne tourne pas rond ! Peut-on espérer que la CND (Commission Nationale de la Discipline), créée le 23 Avril 1990, puisse empêcher de voir se renouveler l'histoire du match de l'OM-Valenciennes ou de l'affaire des Girondins !

Qu'il est loin le troubadour d'antan !
Pour chanter à la fête (gratuite) de SOS-Racisme, Johnny Haliday a touché en 1991 le modeste cachet de 600 000 francs ! Quant à Michaël Jackson, il a signé en 1983 un contrat d'exclusivité avec la maison de disques EPIC pour la somme astronomique de 10 millions de dollars ! Il est ainsi aisé d'imaginer quelles pressions de telles sommes font peser sur les chanteurs, dont on peut se demander s'ils ne constituent pas de simples objets entre les mains des maisons de disques ?

Tricher aux examens.
Avez-vous reçu le mailing sur le Guide de l'Excellence destiné aux jeunes et qui donne un cadeau gratuit pour vous inciter à l'acheter, “les 11 secrets pour tricher le plus légalement du monde aux examens”.

• QUATRIEME INTERROGATION : Partout la fauche ?

A l'usine, au bureau, à l'école, à l'hôtel, dans les magasins
Où qu'ils aillents, les Français fauchent : du stylo à la plaque de rue, du téléviseur à la bouteille d'alcool ... Un véritable sport national qui coûte presque aussi cher que le déficit de la Sécurité Sociale !

A Paris, un fleuriste découvre que l'un de ses bonsaï, d'une valeur de 6 000 francs, a disparu !
Croyant reconnaître un monsieur fort digne qui disparaît dans la foule, il le rejoint pour s'apercevoir qu'il n'a rien ! Or, en revenant sur ses pas, une voiture en stationnement dont les clés sont restées sur le coffre, attire son attention. Jetant machinalement un coup d'oeil sur la banquette arrière, il reconnaît son bonsaï, qu'il s'empresse de récupérer avec les clés. Quelques minutes plus tard, leur propriétaire rentre dans le magasin. La police est appelée et quelle n'est pas la stupeur des protagonistes lorsque le voleur révèle sa profession : sous-préfet !

A Marseille, une greffière du Tribunal s'est acoquinée avec deux autres fonctionnaires pour piller les demeures des personnes décédées sans ayant-droits !

• CINQUIEME INTERROGATION : Est-il possible de modifier les relations de rapports de force qui existent encore entre le vendeur et l'acheteur ?

Les vendeurs escrocs.

Des faux vendeurs n'hésitent pas à voler des personnes âgées à l'occasion de la vente de livres à domicile.

De même en va-t-il pour les professionnels qui vendent des objets dont les pièces détachées nécessaires aux réparations n'existent pas !

Tout ce petit monde va-t-il enfin cesser ses pratiques malhonnêtes depuis que le Parlement a adopté, le 20 Décembre 1991, une loi sur la protection des consommateurs qui institue un nouveau délit : celui de "l'abus de faiblesse" ?

L'abonnement forcé.

Quelle ne fut pas ma surprise de recevoir au bureau une facture de 1 470,64 francs en contrepartie d'un abonnement aux renseignements d'un service télématique, à payer dans les dix jours, que je n'avais bien évidemment jamais souscrit ! La société émettrice espérait qu'il ne serait pas procédé à un quelconque contrôle en se basant sur le fait, ô combien aléatoire ! que les grandes sociétés n'opèrent généralement pas de rapprochement entre la facture et le bon de commande !

Les pratiques déloyales de certains cuisinistes ou de certains marchands de meubles ou de salons. Il n'était pas rare que le représentant anti-date le contrat et inscrive l'adresse du siège social et non celle du client afin d'empêcher celui-ci de bénéficier des sept jours légaux de dédit.

Un marketing téléphonique abusif et des ventes à crédit truquées restent encore malheureusement des méthodes souvent pratiquées.

• SIXIEME INTERROGATION : Peut-on éviter les positions dominantes?

Affaire Tetra-Pak.

Ce groupe suédois, leader dans la fabrication de l'emballage en carton du litre de lait ou du jus de fruit, était accusé par la Commission de Bruxelles de pratiques anti-concurrentielles. Il a en effet cherché à éliminer ses concurrents en imposant à ses clients des clauses restrictives et en obligeant les sociétés laitières à n'utiliser que des Tetra-Pak qui étaient parfois vendus 34 % moins chers que le prix du marché. La pratique de ce "dumping" lui a ainsi permis d'éliminer Elopak, son concurrent italien. La Commission Européenne l'a condamnée, dans son premier jugement, à 510 millions de francs d'amende !

La découverte du virus du sida.

Parce que les Américains s'imaginent dominer le monde, il était absolument exclu que ce petit pays qu'est la France puisse s'enorgueillir de la paternité de la **découverte du** virus du sida ! Et pourtant, en Février 1992, le Bureau pour l'Intégrité Scientifique (OSI) a confirmé que l'article paru dans la très célèbre et prétendue irréprochable revue internationale "Science" avait été falsifié et que ce n'était pas le Docteur Mikulus-Popovic, virologue américain, mais bien le chercheur français Luc Montagnier qui l'avait détecté le premier.

Le chercheur américain a d'ailleurs été condamné à payer au chercheur français 50 % des royalties obtenues par la vente des tests américains.

• SEPTIEME INTERROGATION : Existe-t-il des tricheries dans les entreprises ?

Le raz-de-marée des produits "naturels".

La revue "Cinquante millions de consommateurs" a attaqué un fabricant de produits cosmétiques en publicité mensongère, arguant du fait qu'il utiliserait cette fausse déclaration de "naturel" pour certains de ses produits dans le but d'accroître ses ventes.

Alerte aux contre-façons !

Un colloque sur cette délinquance qui s'amplifie avait été organisé à cette fin à Paris, les 16 et 17 Juin 1992, par la Fédération Internationale des Fonctionnaires Supérieurs de Police, avec le concours de l'UNESCO.

Aux traditionnelles copies des produits de luxe (vêtements, sacs, parfums, montres ; plus de deux millions de fausses montres "Cartier" ont ainsi été vendues à ce jour dans le monde !) s'ajoute la copie des bandes enregistrées, des logiciels informatiques et des pièces détachées automobiles.

Mais le plus inquiétant, ce sont les imitations médicamenteuses, fabriquées clandestinement dans les pays industrialisés et destinées à la revente sans contrôle en Afrique Noire à des fins médicales ou toxicomaniaques. De nombreux décès ont ainsi été constatés au Nigéria.

Mais les temps vont devenir plus durs pour les fraudeurs, comme en témoigne cette nouvelle technique de contrôle du vin un peu compliquée mais néanmoins imparable (la méthode "RMN"). Elle permet non seulement de savoir si un vin a été chaptalisé (sucré) mais aussi à quelle distance de la mer et à quelle altitude se trouve un vignoble d'origine !

• HUITIEME INTERROGATION : L'audimat est-il un innocent aux mains pleines ?

Juge suprême, il arbitre chaque soir les émissions de grande écoute. Son rôle consiste en effet à donner un laissez-passer à toute production qui flatte la sensibilité des télespectateurs ou des auditeurs. Maître "Audimat" pousse alors quelques animateurs de certaines chaînes à envoûter leurs interlocuteurs au point que la plupart d'entre eux ne prennent même plus conscience que l'argent a fait exploser le petit écran.

Voici un petit inventaire des déviations de notre télévision :

- Un public qui joue de plus en plus
- Des stars sur-payées.
- Des émissions grossières et déplacées dans lesquelles les femmes et la religion sont traînées dans la boue.
- Des coupures publicitaires qui violent notre inconscient en l'obligeant à se créer de nouveaux besoins.
- Des programmes tellement primaires qu'ils nous obligent fréquemment à changer de chaîne, nous prenant pour des débiles profonds.
- Programmes malheureusement insuffisamment compensés par de trop rares bonnes émissions, telles celles proposées par "Arte" ou par certaines chaînes cablées.

Cela suffit ! Nous aurions pu continuer indéfiniment l'énumération de ces faits indiscutables qui remplissent les pages de nos quotidiens et de nos journaux télévisés. Mais le but n'était pas d'être exhaustif mais de vous montrer, au contraire, que ceux qui s'engouffrent dans ces pratiques non conformes à l'éthique ne peuvent qu'accélérer leur chûte. Notre proposition vise à enrayer ce phénomène en proposant un autre PROJET DE SOCIETE que je résumerais par le conte suivant, inspiré de celui de Socrate.

Un jour, quelqu'un vint voir un sage et lui dit:

• Ecoute, il faut que je te raconte le projet que je veux entreprendre et...

• Arrête interrompit l'homme sage, as-tu passé ce que tu as à me dire à travers trois tamis?

• Trois tamis? dit l'autre, rempli d'étonnement

• Oui mon bon ami: trois tamis. Examinons si ce que tu as à me dire peut passer par les trois tamis.

Le premier est celui de le Vérité. As-tu vérifié si tout ce que tu veux me raconter s'appuie sur des faits réels et vécus?

• Non, pour certains éléments je m'appuie sur des "on dit".

• Bien, bien. Mais assurément ton projet doit pouvoir passer à travers le deuxième tamis. Celui de la Nouveauté, de l'inédit. Ce que tu veux me raconter, apporte-t-il un plus à l'existant?

Hésitant, l'autre répondit:

• Non, ce n'est pas quelque chose de bien original...

• Hum ! dit le sage, essayons de nous servir du troisième tamis: l'Utile et voyons si l'idée, l'action que tu envisages de mettre en place aura des conséquences pratiques, immédiatement applicables?

• Utile, pas précisément....

• Eh bien! dit le sage en souriant, si ce que tu as à dire n'est ni VRAI, ni NOUVEAU, ni UTILE, je préfère ne pas le savoir. Et quant à toi, je te conseille de l'oublier

QUELQUES SUGGESTIONS

A la fin de chaque chapitre vous trouverez quelques suggestions, que nous avons glanées. En cette période de difficulté conjoncturelle, elles vous permettront de renforcer votre efficacité et de témoigner.

• **n°1:** Chaque fois que l'on a une idée importante, une décision à prendre ou un acte à exécuter, on pense à les soumettre au test des "trois tamis" : LE VRAI - LE NOUVEAU - L'UTILE.

• **n° 2 :** Faire procéder à un inventaire de toutes les pratiques scabreuses en usage dans son organisation.

• **n° 3** : Discuter avec les intéressés afin de faire cesser immédiatement les malversations éventuelles. Quant aux petites tricheries, attendre de les replacer dans un contexte de prise de conscience générale de l'éthique avant de demander ou d'exiger leur suppression.

• **n° 4** : Faire de ses proches collaborateurs les gardiens d'une certaine moralité et remercier celui qui n'hésite pas à proclamer haut et fort son indignation devant des procédés et des habitudes répréhensibles.

Suite à la lecture de ce chapitre quelles sont les idées que je souhaite retenir et quelles sont les décisions que je prends.

....

....

....

....

....

....

....

....

....

....

....

....

....

....

....

....

....

....

....

....

....

....

CHAPITRE
1

CRISE OU MUTATION ?

VERS UN NOUVEAU PROJET DE SOCIÉTÉ

LES POINTS CLÉS

• CHANGEMENTS CARACTÉRISTIQUES DE LA SOCIÉTÉ MODERNE :

- L'accélération des changements.
- L'importance de l'environnement.
- Les nouvelles aspirations des hommes.

• VERS UN NOUVEAU PROJET DE SOCIETE :

- Une autre vision philosophique de l'action construite autour d'une redéfinition du capitalisme.
- Une démarche concrète en sept étapes pour agir et animer autrement en cette période de mutation.

CHANGEMENTS CARACTERISTIQUES DE LA SOCIETE MODERNE.

L'histoire est toujours riche d'enseignements. Si nous voulions résumer ces trente dernières années en trois points que nous appliquerions à la société française, à l'école, à la famille, à la vie associative ou syndicale, nous choisirions :

- L'accélération des changements dans la plupart des domaines d'activité.
- L'importance que prend peu à peu l'environnement.
- Les nouvelles aspirations des hommes.

L'accélération des changements dans la plupart des domaines d'activité :

Tous les secteurs ont subi et subissent de véritables mutations, lesquelles s'expliquent par :

• L'apparition de nouvelles technologies (informatique, robotique, domotique,..), a entraîné une nouvelle logique de développement qui peu à peu s'est imposée. Elle se caractérise par la prédominance du couple haute technologie / services, sur le couple consommation de masse / production de masse, hérité du taylorisme.

Les entreprises doivent désormais miser sur leur capacité à innover, plutôt que sur leur aptitude à rationnaliser. Elles doivent préférer la qualité à la quantité, prendre conscience de l'importance des ressources humaines, et ne plus s'intéresser uniquement à l'investissement en machines, mais également optimiser leurs investissements immatériels.

• L'effondrement des certitudes économiques, qui s'explique par : l'incapacité des économistes à prévoir l'avenir,

la chute du marxisme,

la remise en cause de tous les effets de mode comme les groupes autonomes de travail, la direction participative par objectifs, les cercles de qualité, la recherche de l'excellence, ou le culte successif des modèles suédois, américain, allemand, japonais, etc.

• La vitesse de propagation de l'information et de la communication a bouleversé nos modes de vie alors que nos entreprises apparaissent encore, pour la plus grande partie d'entre elles, organisées sur le modèle classique Taylor-Fayoll, mis en place au début du siècle afin de relever les défis de la société de production industrielle naissante.

Dans le même temps, on observe que les entreprises qui réussissent évoluent dans des secteurs de pointe (par définition à haute technologie, même dans le domaine des services) et utilisent un langage nouveau pour communiquer avec leur personnel et avec les tiers.

L'importance de l'environnement dit "global"

Afin de répondre à la complexité croissante d'un environnement qui est passé d'un univers provincial mono-technique et mono-marché à un univers mondial multi-techniques, multi-marchés et multi-concurrents, l'entreprise s'est vue contrainte de mettre en place une nouvelle force de réaction souple et rapide, laquelle l'oblige d'ailleurs de plus en plus à sacrifier des profits immédiats aux investissements indispensables à sa pérennité.

A titre d'illustration, deux exemples significatifs parmi tant d'autres : l'usine d'aluminium de Tarascon-sur-Ariège, sous la pression des éleveurs dont les animaux se trouvaient atteints de nombreux troubles dus au fluor, a pris la décision de modifier ses procédés de fabrication.

De même, les usines chimiques de l'étang de Berre, près de Marseille, sous la pression écologiste, ont investi plusieurs centaines de millions de francs dans de nouveaux systèmes de dépollution.

Les nouvelles aspirations des hommes.*

L'émergence d'aspirations que nous n'hésitons pas à qualifier de "spirituelles" et le passage de l'entreprise d'une fonction de production à un rôle de création expliquent la recherche d'une nouvelle notion du travail, laquelle s'appuie sur la reconnaissance et sur l'appartenance.

En réponse à ce nouveau défi, les organisations devront introduire une nouvelle philosophie, s'organiser autour de l'homme plutôt que de la fonction, gérer les besoins et les attentes plutôt que de contrôler les rythmes de production sur les chaînes.

Devant cette nouvelle donne, il apparaît essentiel de réfléchir à l'avenir de nos structures, qu'il s'agisse des entreprises, des syndicats, des coopératives ou des associations, et de mettre en place les premiers piliers du nouveau pont entre le capitalisme d'aujourd'hui et le projet de société de demain.

> Un être humain ne devient
> un Homme que quand il a :
> . fait un **Enfant**
> . planté un **Arbre**
> . écrit un **Livre**
> Proverbe chinois

VERS UN NOUVEAU PROJET DE SOCIETE

Les prémices de ce nouveau projet de société reposent sur une redéfinition du capitalisme qui entraîne un changement profond de comportement et une autre conception de la société du XXI ème siècle.

Une autre vision philosophique de l'action, construite à partir d'une redéfinition du capitalisme.

Dans quelle direction porter ses efforts ?

Quelles sont les valeurs et le moteur qui régissent nos actes ? Comment expliquer un comportement surprenant de la part de certains leaders ou, plus généralement, des personnes qui nous entourent? ...

Toutes ces questions amènent à se poser l'interrogation fondamentale de l'essence même de notre choix de société : **le capitalisme.**

Ne convient-il pas de le remettre en question ? Peut-on rester impassible devant la soif insatiable d'argent érigée en modèle unique de société ?.

Nous proposons quatre principes qui apportent un changement au contexte économique et social actuel et aux comportements individuels qui en découlent.

• Premier principe :
Considérer le profit non plus comme la finalité de l'entreprise mais comme la conséquence, le résultat de son activité.

• Deuxième principe :
Prôner une définition de l'entreprise qui intègre la notion de communauté d'intérêts régie par des valeurs communes.

• Troisième principe :
Mettre en place une nouvelle relation d'échange entre l'acheteur et le vendeur.

• Quatrième principe :
Introduire l'éthique dans toutes les structures et dans tous les rouages de la société.

La coexistence pacifique dans un même pays d'hommes et de femmes aux éthnies différentes, la motivation d'individus autour d'un Projet de Société s'avèrent inextricables.

"Comme toujours dans ce cas, quand la vie religieuse est impraticable et la voie politique difficile, on se tourne vers la voie économique. L'économie c'est l'échange (donc la Paix), le marchandage (donc le compromis), le lien avec le reste du monde (donc les concours, les

relations avec l'extérieur), c'est bien commode, l'Economie. C'est en passant par elle qu'on a pacifié l'Europe occidentale.

C'est par elle qu'on a sorti le Japon de ses rêves impérialistes, c'est toujours par elle que la Chine cherche une porte de sortie au communisme.

On mesure ici le rôle politique que joue l'économie dans nos sociétés. On a beau l'accabler de tous les maux (inégalité, chômage, concupiscence, exploitation...), l'économie est bien utile pour pacifier les rapports entre les peuples. Elle autorise des arrangements que la politique n'est pas mûre pour tolérer et que la religion ne peut imaginer.

En politique, c'est le pouvoir qui est en jeu. En religion, c'est la Vérité. On ne transige pas là-dessus. Tandis qu'en Economie, on transige en permanence sans mettre en jeu son honneur ou sa conviction". Jean BOISSONNAT (Journal La Croix, sept. 93).

Or, l'économie de nos pays occidentaux a été construite sur une certaine conception du capitalisme qui aujourd'hui débouche sur une impasse.

Il est nécessaire d'inventer un nouvel Ordre-Economique. Il est grand temps de réaliser qu'un nouveau contrat social doit se mettre en place.*(voir tableau 1 ci-dessous)*

Pour construire un autre capitalisme il faut
que l'environnement rencontre l'économie
et que tous deux croisent l'éthique.

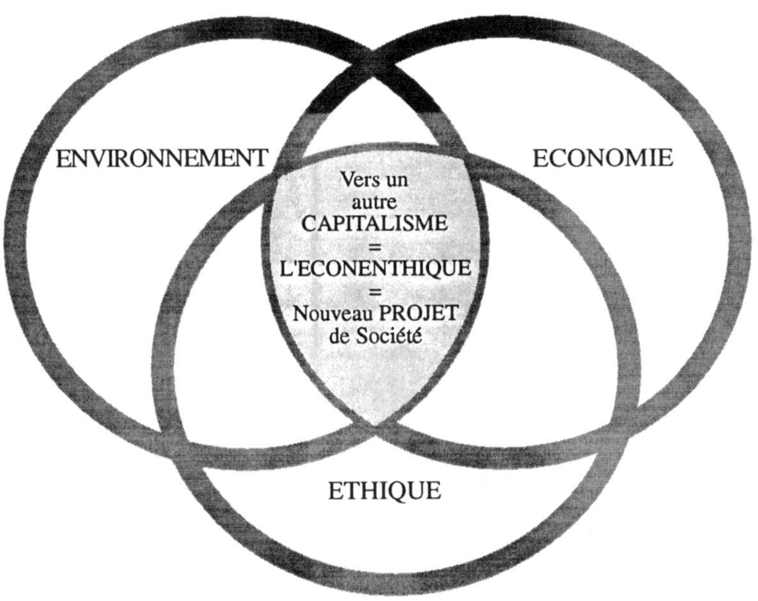

voici les trois éléments fondamentaux du projet de société
de la France de demain.

Sans cette rencontre, l'éthique devient morale. Sans cette imbrication, l'environnement se limite à l'écologie.

Nous donnons à ce nouveau visage du capitalisme un nom : l'ECONENTHIQUE, véritable système de pensée qui va permettre de changer la notion du Travail, course effrénée vers toujours plus de production et de consommation et d'offrir à notre société une autre finalité que celle de repousser les limites de la consommation et de la production.

Une ECONOMIE, qui prend en compte l'ENVIRONNEMENT dans sa dimension globale, et ECOLOGIQUE, imprégnée d'ÉTHIQUE, voilà le message de l'ECONENTHIQUE.

Mais cela nécessite de changer l'attitude de chacun et de prendre conscience que si nous ne modifions pas nos habitudes, notre horizon continuera à se lézarder. Vouloir construire un monde différent suppose que le problème soit bien posé.

C'est pourquoi nous affirmons que nous ne sommes plus dans le contexte d'une crise conjoncturelle mais dans une Société Française en pleine Mutation.

Une démarche concrète en sept étapes pour agir et animer autrement en cette période de mutation.

Oser toucher au capitalisme c'est en accepter les conséquences. C'est pourquoi ceux d'entre nous qui ont introduit ces quatre principes et cette trilogie dans leur quotidien, constatent de profonds changements dans leurs comportements. Au fil des années, nous avons pu en déduire une véritable démarche qui s'applique à tous les individus et à toutes les formes d'organisation que sont les Entreprises, Associations, Syndicats, Partis Politique ou Eglises.

Ces principales étapes se trouvent résumées dans la deuxième partie du tableau ci-dessous, et feront l'objet d'un long commentaire dans les pages suivantes.

Tableau N°2

L'ECONENTHIQUE,
SA PHILOSOPHIE, SA DEMARCHE

LE NOUVEAU VISAGE DU CAPITALISME	**1ère PARTIE** **PREMIER PRINCIPE** *Le profit ne doit plus être la finalité d'une entreprise mais une conséquence, un résultat de son activité.* **DEUXIEME PRINCIPE** *Donner une autre définition de l'entreprise qui intègre la notion de communauté d'intérêt régie par des valeurs communes.* **TROISIEME PRINCIPE** *Mettre en place une nouvelle relation d'échange entre le vendeur et l'acheteur qui inclue la notion d'ALLIANCE et de PARTAGE.* **QUATRIEME PRINCIPE** *Généraliser l'éthique à toutes les structures et rouages de la société*
QUI S'APPUIE SUR UNE DEMARCHE CONCRETE EN SEPT ETAPES POUR AGIR ET ANIMER	**2èmePARTIE** **PREMIERE ETAPE** *Scruter en permanence l'environnement global qui entoure l'entreprise.* **DEUXIEME ETAPE** *Créer ou redécouvrir la culture de l'organisation .* **TROISIEME ETAPE** *Faire coïncider les valeurs et les intérêts de l'organisation avec ceux des acteurs qui la composent (associés, personnel, fournisseurs, adhérents).* **QATRIEME ETAPE** *En déduire le sens de la mission de l'entreprise, avec sa vision, ses finalités et ses stratégies.* **CINQUIEME ETAPE** *Faire acquérir un comportement éthique.* **SIXIEME ÉTAPE** *Diriger et Animer autrement.* **SEPTIEME ETAPE** *Evaluer les profits.*

QUELQUES SUGGESTIONS

• **n° 5 :** Face à l'accélération des changements, les équipes ont besoin d'être rassurées. Commencer à chercher sur quel point il va falloir porter ses efforts.

• **n° 6 :** Les individus ont besoin d'être reconnus et estimés. S'entraîner à reconnaître et à féliciter les initiatives. Ensuite, cela deviendra une habitude.

• **n° 7 :** Accepter de se remettre en cause de temps à autre !

Suite à la lecture de ce chapitre quelles sont les idées que je souhaite retenir et quelles sont les décisions que je prends.

CHAPITRE
2

POUR UN AUTRE CAPITALISME

LES POINTS CLÉS

- QUE CONSERVER DU CAPITALISME ACTUEL ?
- DES MEFAITS INTOLERABLES.
- LES IMPASSES DU CAPITALISME.
- LE NOUVEAU VISAGE DU CAPITALISME ETHIQUE.

Dix ans nous séparaient du prochain millénaire quand, tout-à-coup, l'Histoire a basculé : à l'Est de l'Europe, celui qu'on considérait comme le principal adversaire venait de s'écrouler. *"Nous venons de nous priver d'ennemi"* disait alors Georgi ARBATOV, conseiller économique de GORBATCHEV. Notre système économique bâti sur le capitalisme restait ainsi seul en piste et était censé pavaner.

Bizarrement les titres de nos journaux exprimèrent l'inquiétude :
- *"Le capitalisme est-il universel ?"* : John KENNETH GALBRAITH, Dossier du Nouvel Observateur, Novembre 1990,
- *"Le bilan catastrophique du capitalisme"* : Henri LABORD, La Croix, 17 Mars 1990,
- *"Menaces sur le capitalisme"* : Dynasters, Les Echos, Janvier 1991,
- *"Capitalisme contre capitalisme"* : Guy SORMAN, L' Expansion, Octobre 1991, à propos du livre de Michel ALBERT.
- *"Forces et limites du capitalisme"* : Jean BOISSONAT, La Croix, Janvier 1990,
- *"Demain la crise du capitalisme"* : Dossier de l'Evénement du Jeudi, Décembre 1990.

L'homme occidental ne se nourrit pas que de pain, l'idéologie constitue également un soutien de ses économies.Et si le capitalisme a enfanté le marxisme et certaines formes de socialisme, la terreur, l'échec économique et le manque de liberté ont, par un effet boomrang, permis au capitalisme de se régénérer.

Le capitalisme a vieilli, son visage est aujourd'hui empreint de toutes les rides qu'ont creusé les inégalités et les exclusions, la consommation effrénée et *"l'argent fou"*.

Existe-t-il en fait un capitalisme type ?

N'y a-t-il pas plutôt un capitalisme propre à chaque pays, élaboré à partir d'une culture nationale et d'un environnement spécifique.

Et n'est-il pas temps enfin d'inventer une autre approche de l'économie, un système qui prenne totalement en compte nos évolutions ?

Michel ALBERT dans son livre *"Capitalisme contre capitalisme"*, laisse d'ailleurs à penser que nous devrions non seulement étudier, mais également adopter le modèle allemand. Pourtant les capitalismes américain, rhénan ou japonais ne sont pas, nous semble-t-il, des modèles à suivre dans la mesure où leurs réussites, tout comme leurs échecs, sont justement liés à des contextes socio-économiques, politiques et religieux spécifiques.

Vouloir proposer à la France le modèle suédois ou lui plaquer le reaganisme, relève de l'idéologie pure.

"Le drame serait de faire du capitalisme un système figé, obéissant à une orthodoxie rigoureuse. S'il a triomphé du système communiste, c'est précisément parce que le capitalisme n'est pas un système. C'est un mode d'organisation instable, transformable, subordonné aux valeurs d'une société et aux règles de l'organisation politique". (Jean BOISSONNAT).

Force est de constater, en tous cas, que l'avenir immédiat de notre société et de ses structures passe obligatoirement par une remise en cause et par **une nouvelle définition du capitalisme.**

QUE CONSERVER DU CAPITALISME ACTUEL ?

Celui-ci a fait ses preuves et a montrè ses bienfaits dans de nombreux domaines, en particulier quand il aborde les thèmes suivants :

L'économie de marché : économie où l'offre et la demande peuvent se rencontrer et où la libre entreprise peut s'épanouir mais en gardant certaines limites, afin de protéger l'économie européenne et de fermer les frontières si le pays partenaire ne joue pas le jeu, comme il en va pour les Etats-Unis par exemple.

Développer la propriété privée et la libre concurrence dans la mesure où l'égalité entre les parties se trouve respectée.

La propriété privée avec comme consigne à l'Etat de cesser d'être omniprésent, accompagnée de la demande expresse de ne privatiser que les structures qui ne sont pas des "organismes régulateurs". La délégation aux Régions de nouveaux pouvoirs, comme, par exemple, celui de distribuer toutes les aides aux entreprises.

Une libre concurrence : à condition que les règles n'en soient pas faussées, comme c'est le cas pour Hoover ou Grundig, qui quittent la France pour l'Angleterre ou pour l'Autriche, les coûts sociaux y étant bien moins élevés.

Le rôle bénéfique de la Bourse, mais seulement pour les grosses sociétés ou multinationales : la Bourse exige en effet de l'entreprise qu'elle dégage immédiatement une rentabilité maximum de ses fonds propres, afin de satisfaire les exigences des actionnaires.

Cette recherche du bénéfice à court terme passe par des choix stratégiques de facilité, par la compression des effectifs et par la diminution des investissements peu rentables immédiatement, tels que le budget de formation, la publicité ou la recherche-développement.

La logique de l'argent s'oppose alors à la logique d'un développement harmonieux.

Les PME et les PMI n'ont pas les moyens de jouer avec cette arme à double tranchant qu'est la Bourse. L'aspect spéculatif du système explique d'ailleurs les mésaventures qu'ont connu de nombreuses sociétés qui ont tenté de s'introduire sur le Second Marché, dont le bilan à ce jour demeure d'ailleurs fort discutable.

DES MEFAITS INTOLERABLES.

La liste consistant à énumérer les méfaits du capitalisme se révélant beaucoup trop longue, nous nous contenterons de citer, en vrac :

- la pauvreté d'un nombre de plus en plus grand d'individus,
- la désertification des campagnes,
- les villes-dortoirs, celles de l'anonymat, dans lesquelles chacun vit incognito, replié dans son égoïsme,
- le saccage de nos paysages et de nos côtes lié à un urbanisme effréné,
- le sacrifice de l'artisanat, le "rabotage" du petit commerce,
- la désagrégation des communautés restreintes,
- la paupérisation des services publics,
- la montée de l'insécurité,
- le voyeurisme de la télévision.

Sans oublier les scandales de toutes natures , (football, transfusions sanguines, fausses factures du monde politique, OPA scandaleuses, etc.)

Ce constat nous améne à rechercher les causes susceptibles d'expliquer la liste impressionnante de ces échecs.

Fin des recettes "à l'américaine"

"Ce qui réussit est efficace, ce qui est efficace est exemplaire, donc ce qui réussit est exemplaire."

On ne peut plus diriger avec des recettes!

Combien de livres traduits de l'américain nous ont-ils bercé d'illusions en essayant de nous prouver la réussite de tel système de management ou de tel mode d'entreprise, bref, de tel ou tel "truc". Le capitalisme Recette, le petit traité en cinq points, à l'américaine, n'a jamais existé et ne doit plus être pris pour modèle.

Arrêt du taylorisme avec ses notions de volume qui engendre la surproduction.

Arrêt à la surproduction.

On en annonce la mort depuis si longtemps qu'il est étonnant que Taylor conserve toujours un tel impact auprès des entreprises. Loin d'être rangé au rancart de l'Histoire le taylorisme s'épanouit dans quantité d'entreprises, s'acclimate aux nouveaux procédés de production et triomphe même dans des secteurs qui en avaient été épargnés jusqu'ici comme le secteur des services.

Derrière le "juste temps" inspiré du "capitalisme japonais" se cache en fait le travail parcellisé et un retour déguisé au taylorisme.

La "gestion-serrée" mise en place par les grands groupes de l'hôtellerie, de la restauration et du nettoyage engendre ainsi des cadences "diaboliques".

Une femme de ménage doit, par exemple, faire une chambre en 12 minutes tout en respectant une check-list de cinquante-quatre opérations. Dans le cas du "zéro stock", quelques heures à peine séparent la commande de la livraison, avec des rythmes ou des performances de vitesse sur la route aussi dangereux qu' inhumains. Sans compter les primes de vitesse pour les routiers et pour les coursiers en ville.

Halte à la voiture et à l'excès du "juste temps" ou du "zéro stock" !

Des entreprises leaders sur leur marché continuent à faire plaisir à leur bureau d'études ou à quelques géniaux ingénieurs en lançant en série des produits ne correspondant en rien aux besoins des consommateurs. Des technocrates en col blanc continuent à concevoir des produits coupés du monde, sans jamais interroger les services commerciaux de l'entreprise sur les réalités du terrain.

Comment s'étonner, dans ces conditions, de la prise de conscience des consommateurs qui n'acceptent désormais ni d'être gavés comme des oies, ni d'acheter n'importe quoi !

On continue pourtant à faire avaler davantage d'automobiles aux Français, à coups de publicités tous azimuts.

Pourquoi n'a-t-on favorisé que depuis peu la voiture électrique, quand chacun sait qu'elle est au point depuis plus de dix ans ? Sans parler de la détaxation des carburants d'origine végétale ou de l'organisation de transports en commun qui, dans l'intérêt de tous, évitent de prendre son automobile.

Nous touchons là le véritable problème : la logique morale confrontée aux intérêts économiques de quelques-uns !

Pourquoi ne pas soumettre les automobilistes à plus de contraintes ?

On a maintenant prouvé que chaque fois qu'une nouvelle loi est instituée, des milliers de vies sont épargnées. La limitation de vitesse en France a fait passer de 16 000 à 12 000 les décès sur les routes du réseau national, la campagne anti-alcool les a réduits à 9 000 et l'institution du permis à points en 1992 vient de faire chuter le nombre de décès d'une manière significative.

Ne plus privilégier le résultat immédiat et la rentabilité la plus élevée et la plus rapide du capital financier.

Trop d'initiatives ont été vouées à l'échec pour avoir suivi cette consigne négative du capitalisme.

Un Français sur trois rêve de créer son entreprise, un rêve bien fragile, dans un système qui se dope à l'inflation. Il est tellement plus facile de financer ses investissements par des emprunts bancaires ou par le crédit-fournisseur que de faire appel aux actionnaires !

Nos banques françaises ont à ce sujet des responsabilités considérables. Elles doivent apprendre à choisir rapidement "le dirigeant sérieux" et lui

Mettre en place des financements à moyen et long termes afin de favoriser la création et le développement des initiatives.

faire confiance pour lui prêter sur le long terme l'argent nécessaire à toutes les étapes de son développement. Avec, comme garantie, la création d'un véritable partenariat et la connaissance permanente de la situation de l'entreprise, à l'instar du Crédit Lyonnais.dans le cadre des chaînes de magasin en franchise.

Elles doivent cesser de vouloir gagner de l'argent immédiatement en exigeant des intérêts sur des crédits disproportionnés. Le Crédit Agricole soutient le secteur le plus endetté et le plus paupérisé de notre pays, et malgré cela, il a réussi à devenir l'une de nos plus grandes banques de dépôt !

Les O.P.A sauvages.

Rien n'affecte plus une structure, qu'il s'agisse d'une importante organisation internationale ou d'une multinationale, que le changement brutal de ses fondateurs ou de ses actionnaires majoritaires. Ce changement d'actionnaires et de Direction est à l'origine de deux conséquences importantes : une redéfinition de l'orientation, et des objectifs, d'une part, une nouvelle motivation à faire renaître, d'autre part.

La reprise ou la transmission d'une entreprise représente une tâche délicate, mais elle repose au moins sur une intention louable et saine de revivre avec des hommes l'aventure qui consiste à créer des richesses et à fournir à chacun un certain épanouissement dans son travail. Mais quand le système ne s'appuie que sur la recherche d'intérêts personnels "pour réaliser un coup", ce qui est le cas des OPA, on assiste alors à un véritable détournement.

Ces opérations d'"Engéniérie Financière", relèvent souvent de départements spécialisés des banques, lesquelles se chargent de participer au développement externe de leurs clients, (les raiders) afin d'assurer la pérennité de leurs autres clients en recherche de succession (on parle alors de "cibles" ou de "société achetée").

Au-delà de l'intérêt apparent que peuvent justifier l'assainissement d'un marché et la nécessité de permettre la création de structures de groupe, il faut bien voir que, dans le cas de l'OPA, les intérêts financiers immédiats prédominent souvent sur l'intérêt économique. L'actionnaire de la société qui fait l'objet de l'OPA recherche la plupart du temps exclusivement le prix le plus élevé, alors que le raider s'attache avant tout à la revente par départements annihilant ainsi en quelques heures des années d'efforts, dans la perspective d'un profit court terme qui soit le plus important possible.

Moraliser l'OPA.

La perte d'énergie dépensée pour se protéger et pour élaborer des stratégies de défense se justifie-t-elle ? La vocation première d'un PDG consiste-t-elle à ***"mettre interminablement au point avec des bataillons de juristes spécialisés des pilules empoisonnées ou des parachutes en or destinés à contrer les prises de contrôle hostiles "*** (extrait de ***"Capitalisme contre capitalisme"***, Michel Albert), comme ce fut le cas pour les parachutes en or destinés à protéger les anciens présidents et directeurs généraux de NABISCO contre les conséquences pour eux du rachat de leur groupe par KKK, opération qui permit de leur reverser 50 millions de dollars, soit 250 millions de francs. Lesquels, placés à 10%, leur assurent une rente annuelle de 25 millions de francs ! Le devenir des hommes, la logique industrielle, la culture de l'entreprise se trouvent ainsi vendus aux enchères publiques dans un processus tellement complexe qu'il en devient difficile de savoir qui a joué le rôle de FAUST !

Egalité des chances, niveau de vie sans limite, liberté individuelle totale.

Lorsque l'on analyse de près le capitalisme américain, l'on peut trancher et conclure en affirmant que le rêve américain est mort, assassiné par Ronald Reagan. Car c'est bien une certaine conception du capitalisme qui disparaît avec lui. Il nous montre qu'il est nécessaire d'arrêter la course infinie vers un niveau de vie et vers une liberté illimités. Les jeux télévisés nous ont souvent montré, notamment dans l'émission "Interville", deux équipes qui s'affrontent en tirant chacune l'extrémité d'une corde. Le but est d'être le plus fort possible et d'entraîner dans son camp l'équipe adverse.

Le modèle capitaliste américain ressemble à ce jeu où les deux équipes finissent toujours par trébucher l'une sur l' autre pour s'écrouler dans un grand éclat de rire.

La corde représente la conjonction unique, le lien soudant tous les hommes qui s'y agrippent, on pourrait appeler l'égalité des chances. L'équipe de gauche pourrait représenter l'augmentation indéfinie du niveau de vie , l'équipe de droite, la plus grande liberté individuelle.

Arrêter la course infinie vers un niveau de vie et vers une liberté illimitée.

Trois mythes qui n'ont plus de raison d'être si nous les transposons à la France :

• Qui peut affirmer que les jeunes qui arrivent sur le marché du travail ont les mêmes chances de réussir les uns par rapport aux autres ?

Nous savons tous que notre système scolaire est à repenser entièrement et que seule une "élite" de techniciens supérieurs et d'étudiants ou de jeunes bénéficiant d'un métier très adapté aux besoins, ont des chances de ne pas rentrer immédiatement dans le processus infernal du chômage. Il ne peut y avoir d'égalité des chances quand vous êtes issu d'une banlieue rouge de Paris ou d'un appartement cossu du XVIè arrondissement.

• Qui peut affirmer que nous pouvons continuer à tout sacrifier (pensée, santé, âme, religion, plaisirs simples de la vie) à une course éperdue vers l'augmentation indéfinie du niveau de vie.

Arrivé au stade où l'on ne manque plus de l'essentiel, il faudrait pouvoir se poser des questions de fond sur la répartition des richesses ou sur l'utilisation du superflu !

Il faut accepter que l'hexagone ne recherche plus l'impossible et cesse sa course effrénée vers un niveau de vie déjà atteint par le plus grand nombre, mais au contraire concentre ses efforts afin de l'offrir à tous, apportant ainsi sa participation au grand projet de société qu'est l'Europe.

• Qui peut affirmer, enfin, que la liberté individuelle débridée n'entraînera pas la société vers le chaos ? Nous devons réinventer, nous devons réapprendre la notion d'intérêt collectif qui doit parfois empêcher certaines libertés individuelles excessives de se répandre.

Egoïsme et culte de l'individualisme.

"En dépit de ses succès impressionnants, on reste mal à l'aise face à un système d'économie politique dans lequel les relations entre les acteurs économiques sont essentiellement basées sur l'égoïsme" écrit David VOGEL, professeur de "Business Ethics" à l'université de Berkeley.

Mais Adam SMITH n'avait-il pas identifié l'égoïsme personnel comme étant le moteur du capitalisme ?

"Le capitalisme, on peut le définir de bien des façons. Pour moi, c'est un individualisme orienté vers l'accumulation de biens. La référence ultime, c'est l'individu, l'efficacité, la compétition. Ce qui est dramatique dans cette idée d'efficacité, c'est qu'elle n'a pas de limite" (Alain de BENOIST, revue "Dynasters Janvier 1992).

Le capitalisme a inversé les valeurs : l'idée de "bien commun", par exemple, n'existe plus et des attitudes autrefois jugées égoïstes sont maintenant considérées comme légitimes. Cette dominante individualiste ne peut persister que tant que nous n'atteignons pas une situation de crise majeure...

Accepter plus de responsabilités.

"L'égoïsme devient national et catégoriel. L'Etat-régulateur est en crise. Le blocage de la France entière par les routiers au début de l'été 1992 laissera des traces, tant ce conflit a revêtu les formes les plus barbares de la jacquerie d'antan : violence physique, atteinte aux libertés de tous les membres de la société, sabotage de l'économie nationale et paralysie des échanges européens.

Ce mouvement catégoriel n'existe pas seulement en France, il constitue le privilège des riches, celui des peuples auxquels toutes les faveurs ont jusqu'à présent toujours été accordées.

Deux raisons essentielles expliquent ce comportement : la première, c'est la lutte de plus en plus sévère qui oppose les catégories sociales, entre celles qui peuvent espérer continuer à progresser et toutes les autres, qui connaissent un phénomène de précarisation croissante.

La deuxième provient du fait que ces peuples n'entendent plus les appels à la solidarité qui leur sont lancés et se crispent sur des positions de peur et d'angoisse" Patrick MARTIN, chargé d'enseignement à l'université Jean MOULIN de Lyon III- La Croix du 5 Août 1992)

Sur-consommation et effet permanent de mode.

Un phénomène de saturation a envahi la plupart des ménages tandis qu'en parallèle l'effet de mode orchestré par les médias et la publicité qui permettait jusqu'il y a peu de faire vendre ou ingurgiter n'importe quoi, a quelque peu diminué.

La sur-consommation, fruit direct du capitalisme, va ainsi obliger les équipes de direction et les conseils d'administration de nos organisations et entreprises à repenser le problème de leur finalité : peut-on continuer à fabriquer des produits inutiles et futiles ?

Redécouvrir la simplicité.

Les cadres d'une entreprise de jouets spécialisée dans les jeux et petites voitures électroniques dont la fabrication s'effectuait tout au long de l'année, les ventes étant concentrées sur le dernier trimestre, se sont rendu compte que, dans les jours qui suivaient leur utilisation, les jouets se détraquaient pour très vite finir par ne plus fonctionner du tout.

Bien plus grave, ce fait procédait d'une volonté délibérée de leur direction, certaines pièces étant spécialement étudiées pour se détériorer rapidement et rendre pratiquement impossible toute réparation. Le prix d'achat moyen de ces jouets s'élevait à 700 francs !

Ces hommes ont, non sans mal, convaincu leur Direction de cesser la fabrication de produits destinés à ne durer que quelques heures, en mettant dans la balance un arrêt de travail pour raisons éthiques.

Combien de jouets sont ainsi à la fois sophistiqués et peu fiables quand unenfant peut passer des jours entiers, à "fabriquer" des petits chemins et des garages au milieu des graviers d'une terrasse ou d'une cour avec de simples objets de bois ?

Il nous faut réinventer une certaine simplicité...

L'argent fou, l'argent facile

• La plupart se sont engouffrés dans le tourbillon de l'Argent-Roi lequel, justifiant tout, permet de réaliser n'importe quoi, sans foi ni loi. Evolution qui est d'ailleurs allée de pair avec l'irrésistible ascension de l'individualisme. L'honnêteté a été sacrifiée sans remord sur l'autel d'un argent que l'on cherche à gagner vite et facilement.

• Subsiste heureusement dans notre bon pays des centaines de fonctionnaires et milliers de salariés du secteur privé qui continuent à se dévouer au nom d'objectifs immatériels. Reste d'intérêt général pour les uns, d'honnêteté pour les autres.

L'emprise de l'argent rend esclave

La solution réside sans doute dans la mise en place de contre-pouvoirs. L'utilisation de l'argent doit être canalisée, organisée et moralisée selon, nous semble-t-il, deux axes principaux :

- Le premier trouve son fondement dans la loi. Dans les régimes démocratiques modernes, le pouvoir politique a pour mission de garantir le libre jeu des équilibres, puisqu'il représente l'intérêt de la collectivité face à l'ensemble des intérêts catégoriels, ce qui le rend respectable en tant que tel. C'est pourquoi la loi l'autorise à intervenir au sein de ces équilibres en tant qu'expression de ce qui paraît juste ou nécessaire.

Les lois et la redécouverte des valeurs permettent de canaliser le rôle néfaste de l'argent.

La Loi constitue donc le cadre dans lequel les moyens de réaliser le profit sont susceptibles d'être mis en cause, puisqu'elle détermine à un moment donné, et dans un espace déterminé, ce qui est juste ou non.

Est-ce à dire, comme le pense Alain Minc dans "L'argent fou", que la loi soit la seule contrainte morale capable de limiter le pouvoir de l'argent ? Nous ne le pensons pas, comme nous le démontrerons plus loin.

- Le second contre pouvoir s'exprime dans la citation de l'Américain Gabriel Jackson, qui s'interrogea sur *"ce que peut bien rapporter à une nation le fait de gagner la terre entière si elle y perd son âme "*.

Un capitalisme sans valeurs ni éthique débouche sur la misère morale et physique du plus grand nombre.

LES IMPASSES DU CAPITALISME.

Le capitalisme est dépassé et doit laisser la place à d'autres systèmes.

Nous nous acheminons de fait vers un nouvel ordre international qui régule déjà la politique économique mondiale. Il est primordial de suivre de près les frémissements de ces nouveaux pouvoirs qu'illustre par exemple le droit d'ingérence de l'ONU au Cambodge, afin de veiller à ce que la démocratie ne soit pas débordée.

Des pays de plus en plus riches et des pays de plus en plus pauvres.

Aider les pays déshérités à se prendre en charge.

Un marché doit, pour fonctionner correctement, mettre face à face des acteurs économiques qui jouent dans la même "catégorie". Tel n'est pas le cas. La majorité des pays du Tiers et du Quart-Mondes, tout comme les anciens pays communistes, sont insolvables. Si bien que, bon gré mal gré, les pays nantis se trouvent condamnés à les assister en leur consentant des prêts qui ne sont pas toujours remboursés.

Les populations de ces pays deshérités augmentent par ailleurs chaque année de près de cent millions d'individus.

Laisser au Capitalisme classique le soin de proposer des solutions à ce problème revient à maintenir et encourager des présidents ou des ministres aux fortunes scandaleuses placées dans des comptes en Suisse, mais condamne également le Nord à être submergé, à plus ou moins long terme.

N'est-il pas temps de créer un Plan Marshall sous le contrôle du FMI pour les pays qui sortent du chaos ou pour ceux dont le développement reste embryonnaire ?

Le drame des concentrations urbaines.

Transformons les bureaux en logements.

Le capitalisme est rongé de l'intérieur par les immenses concentrations urbaines qu'il a lui-même suscitées, véritables ghettos construits le plus souvent dans un simple but de spéculation et de gains rapides.

Seule une politique volontariste, par la socialisation de certaines surfaces urbaines, la décentralisation forcée des administrations dans les petites villes et l'octroi d'avantages aux entreprises destinés à les inciter à s'installer dans les bourgs et dans les villages plutôt que dans les villes (fiscalité, viabilité, prêts à 3%, faible prix du terrain, expropriation, etc.), pourrait améliorer la situation que nous connaissons actuellement, aider nos campagnes à revivre et offrir une nouvelle qualité d'existence aux générations nouvelles.

Lorsque, à Tokyo, des banques envisagent de prêter sur cent ans afin de financer les candidats acheteurs d'un appartement, l'extravagance le dispute à la folie du système. Scandaleux également les milliers de panneaux dans les rues de Paris portant mention "Bureaux à louer ou à vendre", plus de quatre millions de m^2, quand des milliers de personnes attendent un logement !

A quand la reconversion de ces bureaux en logements quitte à offrir une prime aux promoteurs ?

L'appropriation des biens appartenant à tous.

L'intérêt général doit l'emporter sur l'intérêt privé.

Certains de nos biens les plus précieux ne pourront plus, demain, faire l'objet d'une appropriation exclusivement privée, comme c'est le cas pour certains puits de pétrole..

Des politiques conçues à l'échelon mondial, obligeront un pays, un département, une collectivité ou une société à se plier à leurs décisions.

Parce que l'intérêt général doit l'emporter sur l'intérêt privé.

Il va donc falloir s'habituer à l'idée que le capitalisme ne doit plus régner en maître mais être au rang de simple instrument du progrès, moyen parmi d'autres qui, parce qu'incomplet, nécessite la prise en compte d'autres paramètres.

LE NOUVEAU VISAGE

DU CAPITALISME ETHIQUE

Organiser dans les cinq ans un véritable projet de société.

Une réflexion de fond sur nos systèmes économiques et sur nos institutions doit s'organiser, afin de définir, pays par pays, un véritable projet de société. Il est question de penser le monde autrement... Mais en attendant reprenons quelques-uns des principes, déjà mis en pratique partiellement ou totalement dans certaines entreprises françaises, en restant conscients que le fait de s'attaquer à une telle remise en cause ressemble beaucoup à l'oeuvre que le sculpteur contemple quotidiennement en entrant dans son atelier et qu'il modifie sans cesse parce qu'elle n'est jamais assez parfaite à son goût.

• Premier principe : le profit ne doit plus être la finalité de l'entreprise, mais une conséquence, un résultat de son activité.

Halte à la course sans fin vers le profit !

Le profit est légitime, ô combien ! Nerf de la guerre, moteur et finalité de toute entreprise, écrit-on depuis toujours ! "L'excellence", avec ses best-sellers sur le management ne parle que de lui. Les Businness Schools demeurent les temples consacrés à la vénération de ce dieu.

Profits immédiats qui obligent à ne s'intéresser qu'à certains crénaux industriels. Profits qui ne peuvent attendre les deux ou trois premières années de pertes inhérentes à la création de toute entreprise. Profits auxquels l'on ,n'hésite pas à sacrifier l'homme, la femme, la famille. Profits qui ne motivent plus le personnel et ne répondent plus aux aspirations de tous les acteurs de la structure...

Soyons clairs : sans profit, pas d'investissement, pas de rémunération du capital, pas de développement possible ! **L'entreprise doit impérativement sécréter du profit, simplement ce terme doit revêtir une autre signification.**

Le profit ne constitue pas la finalité de l'entreprise, mais la conséquence logique du travail des acteurs et des actionnaires qui la composent. Impossible de continuer à réunir l'ensemble du personnel de l'entreprise le 31 Décembre, à l'occasion du discours du PDG, dans le seul but de lui demander de se défoncer une fois de plus afin d'augmenter le chiffre d'affaires de 3 %, d'accroître les parts de marché de 0,5 % et de réaliser 10 millions de bénéfices supplémentaires, quand la grande majorité de ce personnel n'en voit jamais la couleur.

Le profit est indispensable, nous sommes tous d'accord, mais il doit constituer le résultat de l'exploitation de la société, et non plus un but en soi, un art civique, comme l'exprime Anita Roddick, Président de Body

Shop : *"On peut gagner de l'argent avec les cosmétiques, mais cela ne nous empêche pas en même temps d'aider les sans-logis, de sauver les tribus indiennes et de convertir les salariés à l'action sociale".* Propos corroborés par Olivier Lecerf, ancien Président de Laffarge Coppée : *"Le profit n'est pas la finalité de l'entreprise mais l'indispensable condition de sa pérennité"* (Le Monde, automne 1989)

La finalité de l'entreprise dépend étroitement de sa culture.

Alors, quelle est la véritable finalité de l'entreprise ?

La finalité d'une Organisation (entreprise, association, syndicat, coopérative, etc) reste propre à sa culture. Deux entreprises peuvent avoir des finalités très différentes. La finalité d'une entreprise se situe à un autre niveau que celui de l'argent, puiqu'elle doit répondre à la question : "Quelle est la raison d'être de l'entreprise dans laquelle je travaille ?".

• Deuxième principe : Donner une définition de l'entreprise qui intègre la notion de communauté d'intérêts régie par des valeurs également communes.

Longtemps, la principale source de production a été la terre, puis ce fut le capital compris comme l'ensemble des machines et instruments de production. Le facteur décisif en matière de production est aujourd'hui "l'homme lui-même". Ou, plus exactement, sa **capacité à acquérir des connaissances** telle qu'elle apparaît dans le savoir scientifique, sa **capacité d'organisation et d'initiative** et, enfin, sa c**apacité à saisir et à satisfaire les besoins de ses semblables.**

Privilégier le mieux-être de l'homme.

Le facteur décisif de la production n'est donc plus la matière à transformer ni les équipements productifs, mais l'homme qui les met en oeuvre. La survie et le développement des entreprises dépendent de plus en plus de ces "Investissements Immatériels" : matière grise, recherche, "veille", études permanentes sur les aspirations des clients, formation continue du personnel et capacité à obtenir sa collaboration par le biais d'une organisation adaptée.

Telles sont les exigences de l'excellence et les entreprises où les responsables qui ne peuvent ou ne veulent les satisfaire sont ainsi menacées de disparition ou d'exclusion.

L'entreprise apparaît alors comme un espace convivial de production de biens et de services, et par conséquent de richesses, qui doit privilégier le travail de l'homme afin de permettre son épanouissement.

L'avénement de la société industrielle a donné une nouvelle impulsion à l'évolution du travail dans la société moderne. Le travail humain occupe désormais une place prépondérante dans l'élaboration des produits, en particulier dans le domaine de la haute technologie. On assiste alors à la naissance d'Entreprises, d'Organismes qui construisent une véritable Communauté, animée par des intérêts et valeurs communs. Nous symbolisons cette évolution par le dessin suivant :

Tableau N°3

UNE NOUVELLE CONCEPTION DE L'ENTREPRISE DANS LE CADRE DE L'ECONENTHIQUE

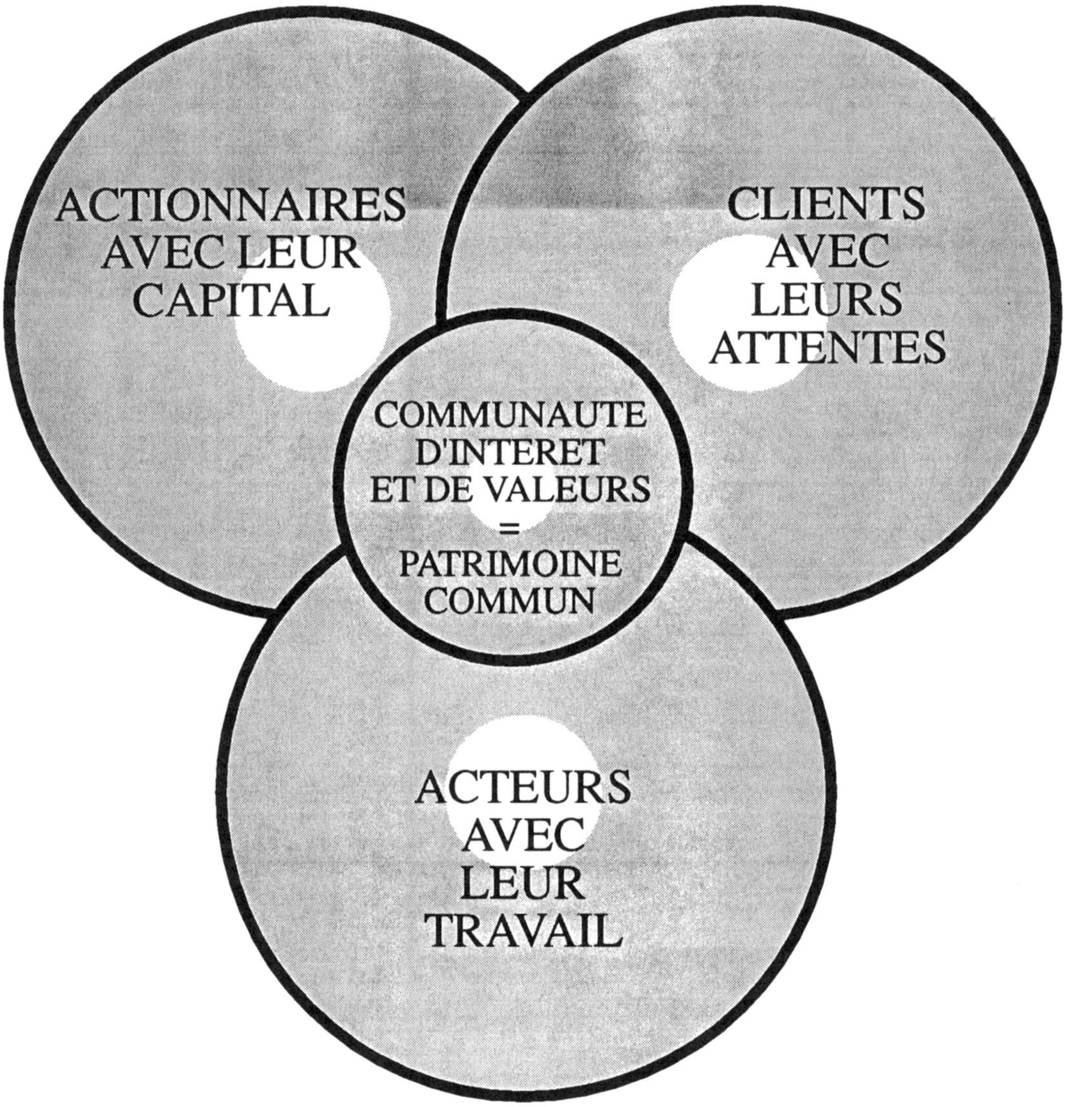

Pour mieux comprendre l'entreprise du XXI siècle définissons ces trois grands familles d'acteurs

• Les actionnaires :

Possesseurs du capital, qui peuvent aussi bien être des membres du personnel que des tiers (banques, personnes privées, etc.).
Leur finalité : faire fructifier l'argent le plus rapidement possible.

Le tryptique humain de l'entreprise.

• Les clients :

Consommateurs, adhérents, coopérateurs, qui ont des besoins précis, captés en permanence grâce notamment à des enquêtes et à des bilans d'opinion. Clients vers lesquels sont concentrés tous les efforts de Qualité Totale.

• Les acteurs :

Personnel, dirigeants, fournisseurs et sous-traitants, qui apportent leur travail, et ont pour principales attentes de gagner leur vie sans la perdre en donnant un sens à leur mission.

Ces trois groupes s'interfèrent, se brassent et se recoupent au carrefour des trois cercles. Depuis vingt ans nous dirigeons et conseillons des entreprises, nous avons remarqué qu'un des secrets des responsables performants était d'avoir compris l'importance de ce carrefour, point de rencontre où naissent et meurent les intérêts communs aux trois grandes familles (actionnaires, clients, acteurs) et où s'élaborent les valeurs propres à chacune. Le dirigeant intuitif ordonnera ces intérêts et ces valeurs et saura créer un patrimoine commun, véritable communauté d'intérêts régie par des valeurs communes.

L'alpha et l'oméga où s'élaborent les intérêts communs et où se développe le patrimoine commun.

• Troisième principe : Mettre en place une nouvelle relation d'échanges entre le vendeur et l'acheteur qui s'appuie sur les notions d' alliance et de partage.

Tout le système capitaliste repose sur l'acte de vente. Or, nous constatons que cet acte se trouve souvent aujourd'hui dévié de sa fonction primitive pour deux principales raisons : les dès sont pipés, il y a eu entente ou pots-de-vin, ou, seconde hypothèse, il existe un phénomène de rapports de forces entre l'acheteur et le vendeur (acheteurs de Centrales d'Achat, multinationales matraquant le consommateur par le biais des médias, grandes surfaces lui faisant acheter ce qu'elles veulent, assureur embobinant la personne âgée,...).

Une première tâche consiste donc à rendre aux termes de vendeur et d'acheteur, leur sens originel :

- Le vendeur est celui qui offre, qui propose un produit, un service, une idée ou du temps.
- L'acheteur est celui qui reçoit, en échange ou non, d'un paiement ou d'une récompense. Chacun d'entre nous est tantôt acheteur tantôt vendeur tout au long de la journée. Ceci nous amène à proposer que dorénavant, un acte d'achat ou de vente doit être considéré sous un autre angle : celui d'une relation différente entre le vendeur et l'acheteur, relation d'échange par opposition à la relation de rapports de forces telle qu'elle prévaut actuellement.

Changer la nature de nos relations humaines.

Il s'agit par conséquent de changer l'état d'esprit qui règne et se traduit habituellement par des phrases du type : *"Comment vais-je le duper ?"* ou *"Que faire pour le contraindre à acheter ce produit ?"*

Une modification de cette ampleur passe par une première étape de dialogue, afin d'apprendre à se connaître et à s'estimer mutuellement, avant de partir en quête de complémentarité pour bâtir ensemble un projet.

Les questions à se poser sont alors toutes différentes :

"Que puis-je faire pour l'autre ? Comment gagner sa confiance, construire une relation susceptible de durer dans le temps ? Comment augmenter le profit de part et d'autre ? Quels sont nos intérêts communs ? Etc".

Du rapport de force à la relation d'échange.

La rédaction d'un protocole reprendra in fine par écrit tous les points de l'accord, ainsi que le timing, le rôle de chacun, les résultats escomptés, les investissements nécessaires, etc.

Essayons maintenant de comprendre comment se vit cette nouvelle relation d'échange. Pour cela, nous vous présentons dans le tableau n° 4 les étapes qui permettent d'aboutir rapidement à la mise en place d'un projet.

Partenaires ou antagonistes ?

Nous sommes restés dans le contexte de la vie professionnelle, avec un vendeur et un acheteur, mais cette démarche peut être adaptée à des quantités d'autres "couples" : un Président d'association qui désire entraîner ses adhérents à réaliser une grande opération ou manifestation, un contre-maître qui souhaite créer un Cercle de Qualité, etc.

Tout ce qui précède constitue la seule définition valable du partenariat, mot malheureusement utilisé trop souvent à tort.

Tableau N°4

Comment batir une nouvelle relation d'échange entre le vendeur et l'acheteur pour construire ensemble des projets communs.

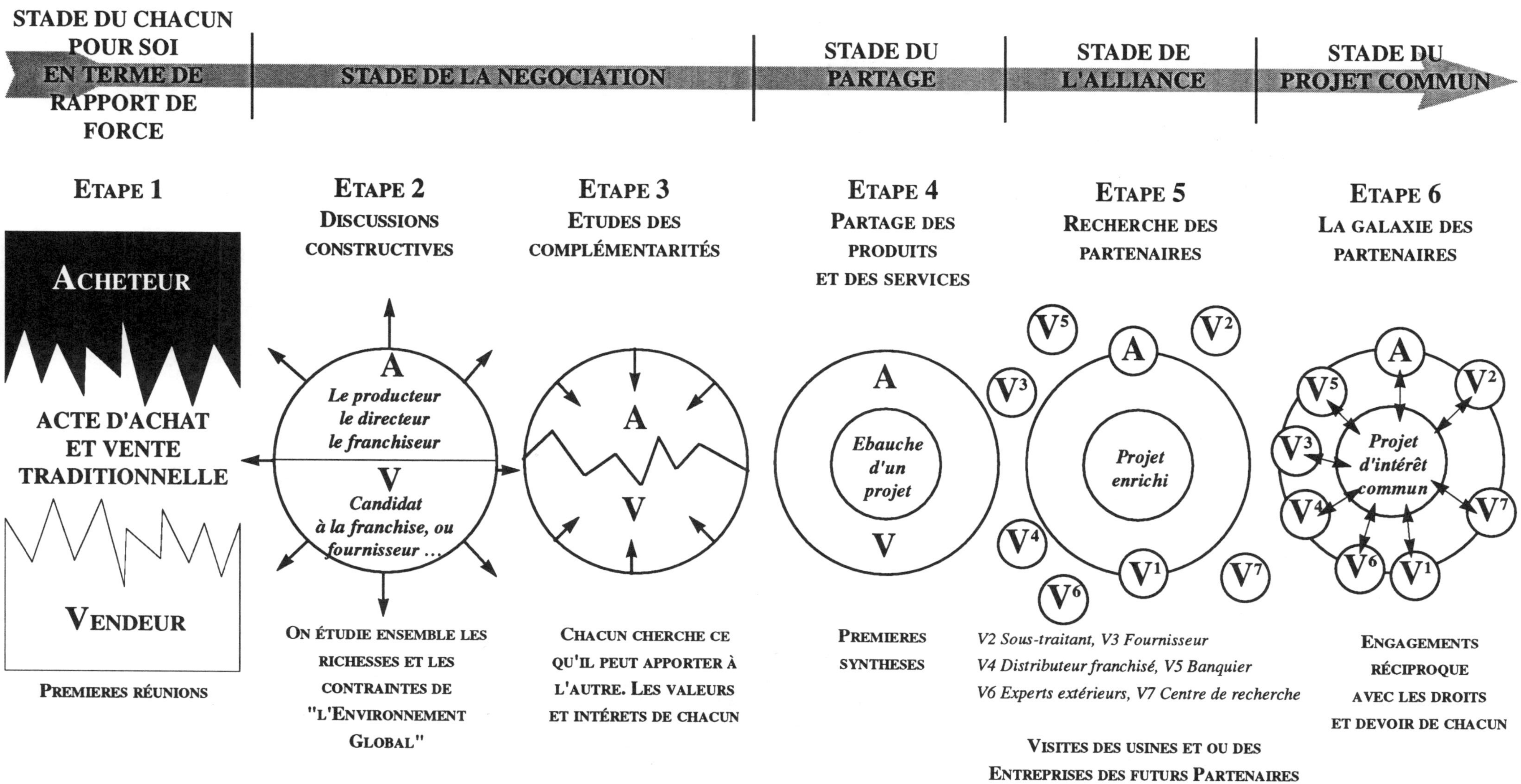

N.B : A et V représentent ici l'Acheteur et le Vendeur d'un concept, lors de la création d'un projet commun. A représente le directeur de la société Industrielle qui achète les prestations d'un fournisseur V ou d'un concurrent V3. A peut être amené à demander les services ou les produits d'un sous-traitant V2, d'un centre de recherche V7, d'un Banquier V5. A peut souhaiter que les distributeurs V4 soient représentés autour de la galaxie.

Reprenons les différentes étapes de ce tableau :

Etape n° 1 :

Partenaires ou antagonistes ?

Les deux protagonistes se rencontrent. Envisageons l'exemple d'une société Dupont, spécialisée dans la fabrication de jouets et qui souhaite créer un réseau de magasins en franchise. Le projet consiste à fédérer tout un ensemble de commerçants autour d'une même enseigne. La société a le choix entre deux attitudes :

- soit elle se comporte en manager directif, intransigeant et paternel face à des franchisés assistés, obéissant et soumis à des conditions draconiennes,
- soit elle applique un vrai partenariat.

Alors que dans le premier cas les relations démarrent tendues, sous la forme de rapports de force, opposant un vainqueur et un vaincu, l'autre approche est radicalement différente.

Etape n° 2 :

Apprendre à donner et à recevoir.

Le franchiseur acheteur, c'est-à-dire le Directeur de la Société Dupont représenté par (A) étudie avec chaque vendeur (V) les richesses que le futur franchisé (V1) ou fournisseur (V3) ou sous-traitant (V2) ou même le banquier (V5) peut apporter.

C'est le stade de l'inventaire et de l'ébauche d'une collaboration avant de prendre en compte l'environnement global (part de marché, jurisprudence, influence du climat politique, etc).

Chaque partenaire joue alternativement le rôle du vendeur et de l'acheteur.

Etape n° 3 :

L'acheteur cherche parmi toutes les richesses repertoriées chez le vendeur celles qu'il va retenir pour construire le futur réseau. Il ne doit surtout pas négliger les contraintes mises en avant par l'étude sur l'Environnement Global. Puis ils s'interrogent mutuellement sur les valeurs auxquelles chacun d'entre eux attache de l'importance ainsi que sur leurs intérêts, propres et communs, à conclure une telle alliance.

Etape n° 4 :

Les partenaires ébauchent un premier projet qui comprend des produits ou (et) des services ou (et) des prestations.

Etape n° 5 :

Des rapports équilibrés.

L'acheteur ou le patron de la société Dupont regroupe les partenaires nécessaires au projet en les considérant comme des vendeurs potentiels et en reparcourant avec eux les quatre premières étapes. Tout nouvel arrivant enrichit le projet de ses propres richesses: le banquier par des taux privilégiés ou des subventions, le centre de recherches par des études spécialisées et détaillées, etc.

Etape n° 6 :

Sceller l'alliance par des pactes écrits.

L'équipe est constituée, les premiers franchisés sont opérationnels. Le contrat d'alliance entre l'acheteur et chaque vendeur est alors rédigé. Il détermine définitivement les apports de chacun des partenaires au projet et, en contrepartie, l'intérêt que le concept va leur apporter (ce qui explique la flèche à double entrée).

Les partenaires peuvent alors être considérés comme des "alliés", qui fonctionneront comme un Conseil de Direction autour d'une table ronde avec 5 à 6 réunions annuelles et l'établissement d'un plan d'affaires pour l'année. Certains sont chargés de constituer l'inventaire des savoir-faire de chacun et d'écrire le Livre du Savoir-faire.

D'autres mettent en place des méthodes d'animation comme des Cercles d'Echange.

La "Galaxie" est désormais constituée, le concept est opérationnel, chacun peut commencer à travailler autour d'un même Projet Fédérateur.

Les consignes pour plus d'efficacité.

Pour appliquer cette relation d'échange entre le vendeur et l'acheteur, quelques consignes s'avèrent nécessaires à suivre :

• **Etre à l'écoute,** encore et toujours
(Relire à ce propos "Le chaos du management" de Tom Peters au Chapitre 7 ainsi que le livre de M. Crozier, "L'entreprise à l'écoute").

• **Rechercher les intérêts** qui se cachent entre le vendeur et l'acheteur et se mettre bien d'accord sur ceux qui constitueront le dénominateur commun.

• **Estimer l'autre** a priori, lui faire confiance. Si vous vous apercevez que la personne en face de vous ne modifie pas son comportement après que vous lui avez expliqué les règles qui régissent cette nouvelle relation d'échange, n'hésitez pas à arrêter. Placer les conversations sous le signe de l'authenticité et de la transparence.

• **Faire preuve de créativité** afin de trouver les produits et / ou les services destinés à être travaillés ensemble mais en tenant compte de la conception qui consiste à privilégier le "mieux-être" sur le "consommer plus".

• **Jamais proposer un produit, un service ou des prestations sans les concevoir de qualité, dans le cadre d'un système, et avec du conseil.**

La qualité se passe de commentaire. Le système signifie que le produit ou le service doit s'intégrer dans une filière économique, en amont et en aval, dans un ensemble, dans un tout avec ses interactions, ses contraintes et ses "plus".

La trilogie : Qualité, Conseils, Système.

Enfin, le consommateur ne supporte plus une prestation, un produit ou un service dénué de conseils (cf. Darty : mode d'emploi avec fiches techniques, brochures détaillées et claires, plans de montages, etc.). Une nouvelle loi oblige d'ailleurs les distributeurs à présenter de tels conseils aux consommateurs.

Pour illustrer ce deuxième principe nous avons choisi deux exemples

Premier exemple : - L'acheteur d'une centrale d'achats face au directeur commercial d' un fournisseur.

La grande distribution n'échappe pas à la crise, ce que traduisent des signes indiscutables : baisse de la consommation, saturation des emplacements, etc.

La mise en place d'une nouvelle relation d'échange avec les fournisseurs paraît constituer l'une des actions les plus payantes à court terme. Nous n'avons pas, en Europe, attendu les Américains et leur Trade-Marketing pour développer ces approches depuis plus de quinze ans dans différents secteurs.

L'acheteur de la centrale propose au directeur commercial de le référencer, de lui accorder un linéaire bien placé et la possibilité d'animer une tête de gondole quatre fois par an, de faire connaître la marque en la faisant figurer sur les catalogues ou sur des tracts commerciaux. Il se refuse à négocier une cascade de ristournes ou un prix dérisoire parce que le fournisseur doit également gagner sa vie.

Le vendeur, quant à lui, négocie aux conditions quantitatives recommandées par sa société mais prend en charge la recherche, le packaging et le merchandising de deux ou trois produits spécifiques choisis d'un commun accord avec l'acheteur, produits qu'ils élaborent ensemble avant d'inventer et de mettre en oeuvre les services particuliers qui en découlent.

Conséquence : une collaboration s'instaure qui se traduit par une véritable alliance entre le fournisseur et la marque de l'hypermarché.

Deuxième exemple : - **Une chaîne de déménageurs**

Les responsables de deux sociétés de déménagement, vinrent nous consulter dans l'idée de regrouper les artisans-déménageurs disséminés en France afin de lancer une chaîne nationale en franchise. Le but étant d'éviter de revenir le plus possible à vide lors d'un Toulouse-Strasbourg ou d'un Brest-Lyon par exemple.

L'éconenthique peut vous aider à transformer la nature de votre relation avec la clientèle.

Notre première approche porta sur la relation d'échange entre le déménagé et le déménageur. Après une longue étude sur l'acte que représente le déménagement, un constat s'imposa : il était presque toujours associé à l'idée d'abandon et de mort, peur de perdre sa famille et ses amis, peur de la destruction d'objets chers, peur du changement d'habitudes et de l'endroit qui nous a vu grandir, incertitude de l'avenir génératrice d'un sentiment d'angoisse, etc.

Des séances de créativité auxquelles assistèrent la Direction, les cadres, le personnel, des artisans et ouvriers-déménageurs, nous permirent d'élaborer une toute autre conception du déménagement autour de deux finalités :

• Revaloriser la profession.
• Faire du déménagement une fête.

• Pour revaloriser la profession.

- Remplacer le mot "ouvrier" par le mot "compagnon", et l'accompagner d'une véritable Charte de Compagnonnage inspirée des Compagnons-Bâtisseurs, avec les idées de challenge et de projet personnel,

- Transformer progressivement le mot "déménagement", à connotation négative, par le mot "aménagement", d'où le terme de "compagnons-aménageurs",

- Choisir le cadre de la franchise, avec toute sa rigueur, sa transparence et son aspect légal, conformément à la loi Doubin (première et unique loi qui régisse la création et le fonctionnement d'un réseau de distribution).

• Pour transformer le déménagement en fête.

Un vrai partenariat de fournisseurs.

Inventer de nouvelles prestations dont chacune sera le fruit d'un accord entre deux partenaires : d'un côté la maison-mère, qui agit ici en tant que franchiseur qui achète des services, de l'autre des fournisseurs offrant des prestations spécifiques et originales destinées à transformer le déménagement en fête.

La société de déménagements offre systématiquement la carte Cofinoga avec les multiples services qui lui sont attachés, ses commerciaux sont mandatés pour remplir les demandes de financement du déménagement sur les imprimés fournis par Cofinoga. De l'autre côté, Cofinoga recommande systématiquement cette société de déménagements, leur fait de la publicité gratuite dans ses supports et a mis au point un produit financier spécifique.

Les Associations des Villes françaises d'Accueil réussirent à faire coïncider les intérêts d'une entreprise à but lucratif avec ceux d'une association à but non lucratif, pari qui pouvait sembler relever de l'impossible !

Les déménageurs proposent, dès la signature du contrat, un service visant à mettre en relation leur client avec l'association d'accueil de la nouvelle destination, trois mois avant le déménagement.
Le "déménagé" peut ainsi se procurer des adresses de médecins, d'écoles, d'agences, des renseignements sur le meilleur quartier de la ville, etc... auprès de l'association. Il reçoit une visite dès le jour de son arrivée. Attendu, reconnu, il peut très rapidement rencontrer d'autres personnes, être membre d'un club ou d'une association sportive ou culturelle, bref, ne pas avoir le cafard et, surtout, ne pas rester seul.

Pour l'association, l'avantage consiste à connaître à l'avance, par l'intermédiaire des déménageurs, le nom et le nombre des futurs arrivants dans la ville afin de pouvoir leur proposer les principaux services et les différentes activités de la ville. Les déménageurs deviennent ainsi des "recruteurs" pour les associations.

Avec OK Services (Société d'installation et de dépannage), fut résolu le problème qui consiste à rebrancher tous les appareils "bruns et blancs". Dans la ville de départ, le jour où s'effectue le déménagement et le lendemain dans la ville d'arrivée en même temps qu'on aménage. Le soir même, le réfrigérateur ou la cuisinière fonctionnent.

• Quatrième principe : Généraliser l'éthique à toutes les structures et rouages de la société.

Effet de mode ou émergence d'un besoin ?

Les recherches historiques montrent à quel point toute morale vécue dépend d'un ensemble de contextes politique, culturel, économique et religieux. L'étude de Jean Fourastié ("Essais de morale prospective", Ed. Gonthier, 1986) explique très bien comment la morale varie selon les époques.

Ne pas séparer l'éthique de son contexte politique, culturel, économique et religieux.

Dans une société très dure, où pauvreté, misère et mort précoce sont le lot de la majorité, la morale est le reflet de l'immense effort déployé pour survivre. Elle se dégage à peine de l'instinct : jusqu'au milieu du XIXème siècle, on allait au bagne pour avoir volé du pain. A cette époque, il fallait faire plus d'enfants pour atteindre un taux de natalité inférieur au taux actuel en raison de la forte mortalité infantile. Nos aïeux ne connaissaient pas la pilule et le préservatif. Les mariages arrangés étaient destinés à ménager l'intérêt économique des familles. Dans le monde de nos grands-parents, on était souvent orphelins à quatorze ans, mariés à vingt ans, morts ou veufs à quarante ans en ayant vu mourir au moins deux enfants.

Peu à peu le mot morale est remplacé par le mot éthique, car depuis une vingtaine d'années il fait sourire ou ricaner. On le pensait sans objet, sans pertinence et sans avenir. La société s'était libérée des contraintes et des tabous du passé, le monde n'était plus soumis qu'aux seules exigences du progrès.

Le mot éthique n'a jamais autant été prononcé qu'aujourd'hui ! Paradoxe ? Ou simplement émergence du besoin, dans tous les domaines, de mieux comprendre et de se donner des repères.

Face à la logique des techniques et à la notion de productivité démesurée, la société moderne éprouve le décalage d'un retard dans sa réflexion sur le devenir de l'homme. "La science avance plus vite que l'homme", disait le Président François Mitterrand lors de la création du Comité National d'Ethique.

L'accélération du changement, l'effet de mode, la modification des goûts, les besoins nouveaux donnent à notre environnement un aspect fugitif déconcertant. D'où cette nécessité qu'éprouve tout un chacun de poser à nouveau les vrais problèmes et de se raccrocher à des valeurs qui symbolisent à la fois le passé, le présent et le futur.

Il y a eu la mode de "l'excellence" ou la mode du "zéro défaut" mais ce que certains appellent "la mode de l'éthique" a l'air de s'apparenter davantage à la prise de conscience collective de nouveaux enjeux qu'à la résurgence d'une préoccupation morale passagère. Nous savons tous maintenant, peu ou prou, que nous décidons aujourd'hui, par nos choix ou nos refus de choisir, par nos actes ou par nos refus d'agir, quelle terre nous léguerons aux générations à venir et ce que sera l'humanité demain.

Il y a des questions qui sont hors du temps par leur importance même. Elles dépassent la responsabilité de chacun, mais nous engagent tous les uns par rapport aux autres, comme elles engagent la société française vis-à-vis des autres sociétés ou notre époque au regard de nos descendants :

Il y a des questions qui sont hors du temps ...

- Comment et au nom de quoi réguler la recherche biologique ?
- Quelles limites apporter à nos entreprises pour préserver la nature et la santé ?
- Comment protéger la vie privée de chacun quand tout peut être communiqué et stocké, entre autres, par les fichiers informatiques ?
- Y a-t-il des frontières à ne pas franchir ?
- etc.

Rechercher un discours éthique efficace.

Les préoccupations éthiques de la société actuelle ne signifient pas pour autant le retour à la morale traditionnelle. L'homme contemporain a traversé le temps du soupçon et du scepticisme vis-à-vis des discours qui flattaient la "bonne conscience". Il cherche à sortir de cette morale étroite, remplie d'interdits et de grands principes afin de se situer sur le terrain de la décision et de poser la vraie question d'un arbitrage entre les valeurs. Une démarche pragmatique, qui s'inspire des expériences acquises et des problèmes rencontrés, l'homme aujourd'hui demande au discours éthique d'être efficace, de réduire les conflits, de permettre ainsi un meilleur fonctionnement humain et institutionnel.

L'homme contemporain aspire à un discours du sens articulant valeurs et principes généraux.

Les revendications actuelles ne sont pas sans comporter le désir d'un discours du sens articulant valeurs et principes généraux. Mais parallèlement, dans nos sociétés marquées par l'individualisme, le sujet se reconnaît à lui tout seul le droit de traduire ou non ses principes en normes ou critères d'action.

Enfin, dans notre pays dit démocratique, il n'y a plus d'institutions dont l'autorité soit suffisamment reconnue pour que leur discours éthique s'impose comme base d'un discours plus large.

Faits et chiffres attestant du renouveau de l'éthique.

• Enquête IPSOS auprès de cadres d'entreprise à propos de la notion d'éthique (Septembre 1991 - Les Echos) :

- 64 % estiment que l'intérêt de l'entreprise doit primer sur l'intérêt public.
- 76 % d'entre eux sont favorables à l'élaboration d'un code d'éthique dans l'entreprise.
- 64 % pensent que le manque d'éthique personnelle des individus explique l'existence de pratiques plus ou moins critiquables dans la marche des affaires et des entreprises.
- 46 % ont dû défendre un projet auquel ils ne croyaient pas.
- 16 % un projet qu'ils jugeaient critiquable sur le plan de l'éthique.

• A la question : "chacune des pratiques suivantes vous paraît-elle très, assez, peu ou pas du tout répandue dans les entreprises françaises", les réponses "très" et "assez répandue" donnaient le résultat suivant :

- Faire pression par intimidation sur un fournisseur afin de le pousser à diminuer ses pris : 61 %

- Ne pas dire toute la vérité à un client pour être sûr d'emporter sa décision : 59 %
- Vendre un produit en sachant pertinemment que les délais prévus ne seront pas respectés : 47 %
- Profiter de sa fonction afin d'obtenir des facilités dans sa vie privée : 43 %
- Taire une partie de la vérité à un candidat lors de l'entretien de recrutement : 32 %
- Outrepasser sa fonction ou usurper un titre : 22 %
- Profiter d'informations privilégiées pour investir à titre personnel : 22 %
- Recevoir d'un fournisseur une rémunération occulte : 16 %

• Sondage réalisé par l'IFOP pour *"L'Expansion"* auprès d'un échantillon représentatif de cadres entre le9 et le 12 Juillet 1990 :

- 76 % pensent que l'entreprise doit être un lieu convivial.
- 70 % placent l'intérêt de leur travail en tête de leurs priorités professionnelles, loin devant le salaire (43 %).
- 74 % attendent de leur employeur une reconnaissance individuelle.

Autant de confirmations du fait que l'éthique consiste à porter un autre regard sur la vie des affaires

• Sondage CSA, "La Vie" et Institut de la Communication auprès de 1 100 personnes de 18 ans et plus (entre le 31 Mars et le 3 Avril 1989) :

- Il est excusable de :
- Faire des photocopies privées sur le photocopieur de l'entreprise : 70%
- Se servir dans l'entreprise en petites fournitures : 50%
- Faire prendre en charge par l'entreprise ses frais de voiture personnelle : 80%
- Il n'est pas rare :
- D'employer des travailleurs au noir : 72 %.
- De se faire délivrer de temps en temps un certificat médical de complaisance pour ne pas aller travailler : 71 %.
- L'Etat serait bien inspiré d'introduire plus de moralité dans la vie des affaires : 61 %.
- Il serait souhaitable d'élaborer un code de bonne conduite au sein de l'entreprise : 74 %.

• Enquête de "L'Entreprise" auprès de 1 000 patrons et cadres supérieurs sur le thème : "morale individuelle et éthique de l'entreprise" (1988) :

Les valeurs essentielles :

- L'esprit de responsabilité : 60,1 %.
- L'honnêteté : 48,1 %.
- L'ardeur au travail : 33,4 %.

- L'imagination : 27,3 %.
- La tolérance : 25 %.

La finalité de l'entreprise :
-Faire du profit : 87 %.
-Rendre service au client : 83 %.

L'atteinte à l'image :
-Le non respect de la parole donnée : 46,3 %.
-La rétention de l'information : 39,2 %.
-L'égoïsme : 38,6 %.
-L'inertie : 30,5 %.

La menace de l'éthique :
-Mépris du client : 78,9 %.
-Manque de dialogue : 51,9 %.

Et pour terminer savez vous que nous avons dénombrer la parution de plus de 15 livres abordant le probléme de l'éthique dans les affaires depuis 1990.

L'éthique acquiert enfin ses lettres de noblesses!!

Ethique et morale : deux synonymes ?

Dans l'usage courant, les deux mots sont à peu près interchangeables, et les dictionnaires le confirment qui définissent la morale par référence à l'éthique, et l'éthique en renvoyant à la notion de morale. L'étymologie indique que le mot "éthique" vient du grec "ethos", qui désigne l'art de vivre, alors que le mot "morale" vient du latin "mos", c'est-à-dire les moeurs, la façon de vivre ou d'agir. Aussi, quand un Romain voulait traduire "ethos" dans sa langue, il utilisait "mos" et inversement.

La distinction apparente, confirmée par l'usage, est que le mot d'origine grecque est considéré comme plus recherché, plus élaboré que le mot d'origine latine. La nuance serait, par conséquent, plus sociologique que philosophique.

La morale et l'éthique font référence à des normes et à des valeurs.

Quoi qu'il en soit, morale et éthique ont en commun de tenir **un discours normatif** qui suppose un jugement de valeurs, mais **la morale porte sur tout ce qui oppose le bien au mal** en tant que valeurs **absolues,** voire transcendantes, quand **l'éthique** se qualifie comme un discours normatif qui **oppose le bon au mauvais** en valeurs **relatives**. Le bien et le mal sont bien et mal en soi, alors que le bon et le mauvais ne le sont que de façon relative, par rapport à des désirs ou intérêts propres, et par conséquent subjectifs.

Autrement dit, parce qu'elles se définissent comme absolues, les valeurs morales prétendent s'imposer à tous. Elles se veulent universelles. Par contre, le bon et le mauvais étant spécifiques à un individu ou à un groupe, donc relatifs, ils engendrent une éthique qui ne peut être que particulière.

En droit, il n'y aura qu'une morale, alors qu'il sera possible de distinguer **plusieurs éthiques.** La morale, constituée d'impératifs qui s'imposent inconditionnellement à nous est vécue par le sujet comme une somme de devoirs. L'éthique, par contre, porte sur des valeurs relatives et particulières et se présente moins sous la forme d'une série de commandements que de conseils, moins comme un ensemble "d'impératifs catégoriques" que d'"impératifs hypothétiques", selon l'expression kantienne ...

La morale oppose le bien au mal, l'éthique oppose le bon au mauvais.

L'éthique se compose ainsi, non pas de devoirs ou d'obligations, mais de conseils, de points de vue et de désirs. Si bien que la morale répond à la question **"que dois-je faire ?"**, alors que **l'éthique** répond à la question **"comment vivre ?".**

Il est tout à fait possible, comme l'a affirmé Nietzsche, d'obéir à une éthique en étant absolument dépourvu de morale.

Longtemps les étudiants d'une grande école auxquels j'enseigne l'éthique restèrent sur la défensive. Ils avaient du mal à assimiler la différence entre éthique et morale. Dans leur esprit, il s'agissait dans tous les cas d'un ensemble de devoirs, d'impératifs, de commandements qui devaient s'imposer inconditionnellement à tous et ils n'avaient qu'une envie : ne pas pénétrer cet univers.

La morale présente un caractère universel, l'éthique ne peut être que particulière.

Il est toujours délicat de savoir, pour une action donnée, si nous avons agi pour des raisons éthiques ou pour des raisons morales, tant ces deux notions sont proches l'une de l'autre, comme imbriquées l'une dans l'autre. Et pourtant, elles sont bien distinctes : **agir par devoir ou par plaisir** n'est pas vraiment comparable.

L'éthique de l'amour.

L'éthique serait le moteur de nos actions dans une perspective bien précise : être heureux, bien sûr, mais également atteindre un "mieux-être" proche de la *"vie bonne"* d'Aristote. Cette réussite constituerait la fin ultime de nos actions.

Elle nous obligerait donc à choisir les actions considérées comme *"bonnes"*. C'est cette notion de *"bon"* qui motiverait nos actions dans le but de vivre bien. L'éthique de Spinoza pose par exemple que ce qui est bon par-dessus tout, c'est d'aimer et d'être aimé. L'éthique de l'amour anime également la tradition chrétienne. "Aime et fais ce que tu voudras" disait Saint-Augustin.

L'éthique des affaires.

Dans les entreprises françaises, l'éthique commence à peine à acquérir ses lettres de noblesse, contrairement au contexte économique américain, où elle apparaît très développée.

En France, jusqu'à une date récente, elle s'est heurtée en effet à deux grands courants :

- une certaine tradition catholique, pétrie de morale mais embourbée dans le dualisme de la séparation de l'âme et du corps, qui répugne à ce que les problèmes de l'entreprise traitent des problèmes réservés à la conscience de chacun, d'une part,
- une certaine tradition républicaine, qui ne souhaite pas que l'entreprise puisse jouer un rôle actif sur le plan des valeurs, domaine par excellence réservé à la Nation, s'exprimant à travers ses lois et ses tribunaux,d'autre part.

Les travaux que nous avons réalisés nous amènent à vous proposer une définition de l'éthique s'inspirant de ce qui précède, et qui pourrait se formuler ainsi :

Définition de l'Ethique des Affaires.

L'éthique des affaires est l'art d'éclairer les comportements en s'appuyant sur un ensemble de valeurs cooptées.

Examinons plus en détail le sens de ces différents mots.

L'art d'éclairer :

Pourrait également s'entendre comme l'art d'apporter une lumière, une solution, une certaine vérité. L'éthique donne alors un nouvel éclairage, un sens différent à l'action.

Un comportement :

L'éthique est pratique. Elle s'inscrit dans une démarche complète qui génère des changements d'attitudes. Elle exige donc, avant de "passer à l'acte", de réfléchir sur les gestes et sur les paroles que l'on va faire ou prononcer. Elle entraîne donc une certaine cohérence entre les discours et les actes.

Un ensemble de valeurs :

Le mot "valeur" se définit selon des critères personnels ou sociaux, auxquels il sert de référence.

Or, dans l'entreprise, ces références proviennent de plusieurs sources:
- L'environnement de la structure (us et coutumes du pays dans lequel la société se trouve implantée, législation sociale, type d'économie, régime politique, système législatif et lois en vigueur, religion dominante,...).
- La profession et la déontologie qui l'accompagne.
- La culture de l'entreprise, avec ses traditions, ses règlements et habitudes, etc.
- Enfin, la conscience individuelle de chacun.

Toute entreprise réunit un échantillon important de valeurs dont la liste varie selon la structure adoptée, en conséquence, on parlera de "système de valeurs".

Cooptées :

Les valeurs retenues ne peuvent motiver et recueillir l'approbation du plus grand nombre que si elles ont fait l'objet d'une sélection rigoureuse issue d'un va et vient constant entre les différents "corps" de l'entreprise (dirigeants, personnel, clients, partenaires commerciaux, réseaux de fournisseurs et de distributeurs,...), afin de s'établir sur le plus large consensus possible.

Les nombreuses autres définitions de l'éthique manquent souvent de rigueur.

- Définition générale du dictionnaire Paul Robert :
. Au sens large : science de la morale ; art de diriger la conduite.
.Au sens restreint : science qui prend pour objet immédiat les jugements d'appréciation sur les actes qualifiés bons ou mauvais (Lalande).
. Au niveau de la morale : préceptes éthiques ; sciences éthiques.

- *"Nous entendons par morale des affaires les règles définissant des rapports perçus comme efficaces et légitimes entre les partenaires immédiats ou éloignés d'une interaction marchande ou gestionnaire"* (Jean-Gustave Padioleau, Revue Française de Gestion, Juin 1989, n° 76).

- *"Par éthique des affaires, j'entends l'attention pratique et normative accordée aux décisions qui doivent être prises quotidiennement au sein de l'entreprise"* (Henk Van Luijk, Premier Symposium International sur l'Ethique, l'Economie et l'Entreprise, 20 Avril 1989).

- *"Le Business Ethics est une éthique appliquée. Elle est l'application de notre compréhension, de ce qui est bon et juste à cet ensemble d'institutions; de technologies, de transactions d'activités et d'efforts que nous appelons le business"* (Manuel G. Velazquez, Business Ethics : concepts and cases, 2ème édition).

- *"L'éthique, c'est l'agir humain en tant qu'il se réfère à un sens, ce sens étant à la fois signification et direction. Ce sont les finalités poursuivies qui donnent un sens à une action. Ce sont les valeurs qui s'expriment à travers des objectifs à atteindre, que l'entreprise doit mener à bonne fin. Un acte d'éthique, c'est l'acte d'une personne qui exerce sa liberté à travers une décision de la conscience"* (Hugues Puel, L'économie au défi de l'éthique, numéros 9 et 11).

- *"Pour Aristote, l'éthique est fondée sur la finalité de l'action humaine. Elle fait un choix en fonction d'un but qui est mon bien. Car je suis capable d'opérations volontaires en vue du bonheur. C'est l'éthique de la responsabilité, qui implique le respect des autres et la coopération... De là naît la notion de bien commun. L'éthique de la responsabilité, avec pour finalité le bien commun, est à la base du management des entreprises modernes"* (Revue de l'Institut de la Boétie, Bernard de la Rochefoucaud, Novembre 1989).

- *"Doctrine du bonheur des hommes et des moyens d'accès à cette fin. Ensemble particulier de règles de conduite (déontologie)"* (Définition du Petit Larousse, très proche de l'esprit d'Aristote).

- *"L'éthique des affaires est une réflexion sur les pratiques d'affaires dans lesquelles sont impliquées les normes et les valeurs des individus, des entreprises et de la société"* (EBEN, European Business Ethics Network).

- *"L'éthique dans l'entreprise et dans les affaires, c'est un ensemble de valeurs concrètes, de références, éclairant les comportements, donnant une logique et un sens à l'action commune et à la vie quotidienne en formant un lien de civilisation et de culture entre les membres de l'entreprise de la profession et les partenaires économiques"* (Synthèse des travaux de l'APREF, Symposium Ethique et Formation).

- La recherche des fondements raisonnables du Bien Agir, Etienne Perrot, Economiste.

- *"La morale, c'est savoir jusqu'où on peut aller en restant dans le cadre de la légalité"* (Un dirigeant).

- *"L'Ethique dans mon entreprise, c'est d'abord respecter les lois"* (id.).

- *"S'il fallait définir l'éthique en un mot, je choisirais le mot "transparence"*. (id.).

- *"L'éthique, c'est pouvoir raconter tout ce que je fais dans mon travail à mes enfants"* (Alain Gauthier, Conseil de Direction chez Mac Kinsey Europe et Consultant au C.J.D., Centre des Jeunes Dirigeants).

- *"Le mot "morale" sous-entend un certain code social, l'ensemble des règles auxquelles chacun doit se conformer pour être admis dans une société donnée. Il évoque l'intervention d'une autorité traditionnelle, souvent religieuse, capable d'indiquer ce qui doit être fait ou évité. Dans une société culturellement désintégrée, dans laquelle fleurissent l'individualisme et le refus de tout dogmatisme, le mot engendre la méfiance"* (Jean Mousse, Fondement d'une éthique professionnelle).

Mais dans notre définition de l'éthique des affaires nous voudrions dissocier la déontologie de la notion d'éthique. La déontologie est réservée aux règles du jeu de la profession, et s'assortit le plus souvent de sanctions qui peuvent aller jusqu'à l'exclusion du milieu professionnel.

Enfin parler d'éthique ne peut se faire sans préciser à quelles moeurs, à quelle population, à quel système économique ou encore à quelle culture on se réfère, car l'éthique se construit sur des valeurs ou sur des centres d'intérêts variables selon :

- les conduites humaines; qui changent d'une génération à l'autre et d'une culture à l'autre;
- la diversité des morales vécues;
- la conception du bien et du mal, du vrai et du bien.

Dissocier l'univers de la morale du domaine de l'éthique et de la déontologie.

Les Romains n'hésitaient pas à éliminer les enfants mal formés, encore aujourd'hui, les membres d'une tribu malgache pratiquent le rejet systématique des jumeaux. L'homosexualité faisait partie des moeurs admises à l'époque de l'empereur Adrien au début du IIème siècle après J.C. La peine de mort n'était-elle pas tolérée jusqu'à une époque récente ? Quant à la polygamie, elle reste encore de règle dans de nombreuses sociétés.

Ainsi comprend-on mieux à quel point une éthique dépend de son contexte politique, économique, culturel et religieux, et pourquoi il nous faut étudier à fond l'environnement de l'entreprise lorsqu'on évoque l'Ethique dans les Affaires.

Ambiguïté de l'inconfort, des hésitations, des incertitudes et des tensions de la "liberté" humaine. L'éthique croit aujourd'hui dans un écosystème terriblement complexe, c'est pourquoi le discours éthique doit se faire de plus en plus interdisciplinaire et européen, se mettre à l'écoute de la psychologie, de la sociologie, de l'histoire, de l'anthropologie, du droit, des sciences, de la biologie, etc.

L'éthique de la conviction.

L'acte d'éthique est l'acte par lequel une personne exerce sa liberté en recherchant un intérêt construit autour de certaines valeurs, valeurs qui font l'objet d'une conviction

"La conviction pourrait se définir comme l'affirmation des valeurs qui donnent un sens à ce que nous faisons, valeurs élaborées par chacun d'entre nous avec plus ou moins de cohérence, de lucidité et de liberté à partir de nos expériences propres, d'une part, et des confrontations que nous pouvons avoir face aux situations mondiales et aux idées des autres, d'autre part" (Jean Mousse, "Fondement d'une éthique professionnelle", et Max Weber).

Affirmer des valeurs auxquelles on croit.

L'acte d'éthique animé par la conviction est un acte particulier car, procédant de la décision d'une personne, il est ouvert mais lié aux autres, sur lesquels il rétroagit.

L'éthique de la responsabilité.

L'homme responsable, fort des convictions qu'il a librement élaborées et renforcées par son expérience est en butte à l'inépuisable complexité du monde dans lequel il pousuit sa tâche. En fonction des responsabilités qu'il a acceptées, son éthique professionnelle peut subir des influences et des pressions considérables (Conseil d'Administration, ambition politique, etc.).

L'acte d'éthique peut être influencé par l'environnement.

L'acte d'éthique nécessite un discernement.

L'acte éthique ne saurait donc se limiter à un simple discours sur les valeurs. C'est aussi un discernement, à partir des actes réalisés dans le passé, par soi et par d'autres et en liaison avec les actes à entreprendre dans le futur face à la nécessité de redresser une situation difficile, d'importantes initiatives à prendre et des objectifs à fixer et à atteindre.

Ethique et compromis

Le compromis existe !

Certains actes professionnels ne seront jamais tout blancs ou tout noirs, ce qui nous amène à envisager le problème du compromis, qui se présente sous deux aspects :

• Le premier consiste à choisir plusieurs solutions inégalement avantageuses face à un problème donné. Il s'agit alors de faire des concessions destinées à maintenir une certaine efficacité économique tout en tenant compte des égoïsmes individuels et de la volonté dominatrice de l'un ou de l'autre. Il en va ainsi pour la P.A.C., la nouvelle Politique Agricole Commune de la C.E.E., dans laquelle les besoins des uns s'opposent aux intérêts des autres.

• Le deuxième aspect exige une appréciation lucide de la réalité avec laquelle force est de composer. Il est en effet des situations dans lesquelles le meilleur devient l'ennemi du bien, comme ce fut le cas pour Lafarge Coppée, par exemple, qui s'est vu dans l'obligation de mettre en cessation d'activité une usine de 700 personnes. Dans ce cas le responsable d'une décision doit se résigner à prononcer ce qui, à première vue, peut paraître un mal. Il ne s'agit pourtant ni de démission, ni de lâcheté ou d'hypocrisie mais d'intelligence au service du mieux-être. L'éthique ne fait que mettre en évidence le fait et le devoir. Elle implique la notion de cheminement, par opposition à une situation définie une fois pour toutes comme rigide et parfaite.

Vivre conformément à une Ethique des Affaires vous marginalisera peut-être mais vous fera certainement respecter.

Vivre conformément à une éthique des affaires, c'est accepter d'entamer un certain nomadisme. C'est accepter d'être rejeté, "chiné", "raillé" et isolé. En même temps, sous cette apparente mise à l'écart, vous serez respecté et on vous admirera secrètement. La pratique de l'éthique implique cependant une bonne dose d'humilité et s'accorde mal avec un dogmatisme moral qui déclare de façon catégorique qu'une personne donnée doit être condamnée pour ce qu'elle fait ou pense. La plus grande qualité de l'homme qui désire pratiquer l'éthique demeure l'ouverture et la capacité d'interrogation constante, l'accueil d'autres points de vue que le sien.

Il faut garder toujours à l'esprit :

- Que le mieux est parfois l'ennemi du bien.
En voulant faire trop bien, en se montrant perfectionniste au point d'en devenir maniaque, on risque de tout gâcher. Il est nécessaire de respecter une certaine mesure dans la recherche du bien.

- Nul n'est tenu à l'héroïsme quotidien.
Il est bon d'être capable de reconnaître ses propres limites et de ne pas se fixer de challenge au-dessus de ses moyens.

Dans quel cas le gris se justifie-t-il ?

- Les préceptes n'obligent pas toujours et partout.
On ne peut pas faire du bien à tout le monde en même temps.

- Toute vérité n'est pas toujours bonne à dire.
Certains secrets professionnels obligent à mentir. Mais attention, le droit à la vérité se nuance du devoir de respect d'autrui !

- Sachant pourtant :
- Que mieux vaut subir un mal que le faire.
- Collaborer équivaut à consentir et à faire.

L'erreur consisterait à croire que le choix oscille entre l'idéal et la réalité des faits. L'idéal guide la conviction, Il l'oriente et l'imprègne, il colore le projet mais n'est pas l'objet du choix.

Devant la difficulté à résoudre ces compromis, nous avons été amenés à préconiser puis à expérimenter une méthode de comportement éthique, développée plus loin et qui s'intitule la "M.C.E.A." (Méthodologie Comportementale pour une Ethique de l'Action) très utile lorsque nous nous trouvons face à un acte important à accomplir ou dans l'obligation de prendre une décision lourde de conséquences.

Deux garde-fous : le droit et la conscience.

- Le Droit.

Le juridique implique la contrainte, sa loi oblige ou autorise, alors que l'éthique va au-delà de la crainte et de la contrainte, en faisant appel aux sens et à la conscience personnelle de chacun. Les sources du droit sont de deux natures :
- La coutume qui véhicule des expériences des valeurs difficilement altérables
- La jurisprudence

Les lois cherchent avant tout à protéger les droits.

L'éthique préfère puiser dans les coutumes que dans la jurisprudence.
Le droit est collectif, il s'adresse à l'ensemble de la population, alors que l'éthique vise à rendre possible l'épanouissement de la liberté personnelle grâce à une solidarité avec les autres et avec le monde. Mais les lois n'ont pas seulement une fonction coercitive visant à empêcher le mal et à garantir un minimum de bien. Elles cherchent aussi à protéger des droits. Rédigées, dans nos démocraties dans un but d'équité, indépendamment de leur caractère contraignant, elles ont également une fonction éducative non négligeable. L'interdiction de l'usage du tabac dans les lieux publics et dans les entreprises a modifié par exemple plus rapidement et beaucoup plus efficacement les comportements que que n'importe quelle campagne de sensibilisation.

Nous sommes progressivement passés d'une société fondée sur le devoir à une société de droits et de libertés, si bien que l'immense stock des lois actuelles constitue à la fois une richesse pour la société, un fouillis et un piège pour l'éthique des affaires.

Le risque qu'implique la loi est qu'on se repose entièrement sur elle, en abdiquant toute réflexion.

Les lois et les réglements n'en restent pas moins et avant tout des guides.

La loi comporte ses limites, et les règlements et les lois restent avant tout des guides et des moyens relatifs. Ils évoluent régulièrement grâce à une jurisprudence à l'écoute de la société, reprise ensuite par le législateur et les institutions, qui réagissent d'ailleurs souvent avec un temps de retard, à partir de ce qu'ils vivent et ressentent. C'est pourquoi les lois ne font bien souvent que consacrer des conduites déjà admises ou tolérées.

Les lois doivent évoluer avec les moeurs, les valeurs, les générations et l'environnement.

Enfin, la loi change et évolue selon les moeurs, les valeurs, la génération et l'environnement. La notion de droit est donc totalement relative. Ce qui nous amène à se poser la question de ce qui prime dans l'expérience humaine : **la loi qui nous fait connaître ses obligations ou la conscience qui discerne elle-même entre le bien et le mal ?**

- La conscience.

Chacun de nous obéit à une *"loi intime"*.

La conscience est cette connaissance qu'élabore la raison et qui nous autorise à porter des jugements de valeur morale sur nos actes. Cette connaissance peut être **antérieure** (elle commande, avertit, interdit), **concommitante** (elle assiste à l'acte), ou **conséquente** (elle approuve ou condamne). On parle souvent de conscience professionnelle lorsque quelqu'un a le souci de bien faire son métier : finir le travail commencé malgré le dépassement d'horaire, en sorte que l'équipe suivante puisse commencer sans perdre de temps, prendre une initiative ou une responsabilité par simple solidarité, par exemple. Mais jusqu'où cette conscience peut-elle être autonome. **Peut-on forcer quelqu'un à agir contre sa conscience,** en l'obligeant, par exemple, à soudoyer un responsable afin de décrocher des adjudications ?

Peut-on forcer quel-qu'un à agir contre sa conscience ?

Le bien et le mal au niveau de la morale n'existent qu'à l'intérieur d'une liberté consciente. Quiconque agit conformément à sa conscience en étant sûr de faire le bien agit bien. La conscience est notre seul guide, ce qui explique qu'en raison de leur formation et de leurs croyances, de leur conditionnement culturel et du milieu ambiant, certains jugent bon ce que d'autres jugent mauvais, et vice versa, y compris dans des domaines techniques ou stratégiques, où les jugements pourraient paraître évidents à première vue. En tout état de cause, **aucune autorité humaine n'a le droit d'intervenir dans la conscience d'autrui ni de l'influencer, encore moins de la manipuler.**

Ce qui suppose en retour que chacun doive respecter la conscience d'autrui et non essayer d'imposer sa propre "vérité", ni surtout mépriser celui qui pense autrement. Nous avons tous en tête ces campagnes de publicité, ces stages de motivation ou de vente qui enferment parfois l'individu dans un labyrinthe ou dans un processus de pensée l'obligeant à commettre des actes contraires à sa conscience.

Apprendre à mentir !

• A l'occasion de nos cours d'Ethique des Affaires nous faisions travailler un petit groupe d'étudiants de 4ème année d'une Ecole Supérieure sur un cas d'éthique. L'un des participants raconta alors ce qui suit : *"Etant tenu d'effectuer, dans le cadre de ma scolarité, un stage de plusieurs mois en entreprise, j'optai pour la vente automobile. Ce stage, qui se déroulait chez un grand constructeur étranger, débuta par une semaine de formation et d'initiation à la vente des voitures. Le premier jour, le Directeur des "Ventes sur la France" commença par nous expliquer, arguments et vidéo à l'appui, que la voiture X que nous devions vendre ne possédait pas d'avantages significatifs par rapport aux autres marques de la même catégorie. Autrement dit, à l'exception des accessoires, de la forme et de la couleur, toutes les voitures d'une même catégorie (de la Clio à la 205, par exemple) étaient comparables." En conséquence, proclama-t-il, nous avons mis au point une nouvelle technique de vente: elle se nomme MENTIR ! ". Cela vous permettra d'expliquer à une personne âgée des avantages ou des caractéristiques qui n'existent pas. Vous pouvez alors réussir vos ventes.*

Suivirent quatre jours de formation expliquant comment inventer des arguments convaincants"

Grignoter sur la vie privée ...

• Deuxième exemple, tout aussi fréquent, les dirigeants que sont les PDG, cadres supérieurs et même contremaîtres qui n'ont d'autre but dans la vie que leur entreprise et obligent leurs associés et collaborateurs à une disponibilité totale (Rendez-vous à 19 heures pour une réunion soit-disant très importante, séminaire de réflexion le samedi sous prétexte qu'il faut réserver les autres jours à la production et au commerce, difficulté à concevoir que les autres puissent prendre des vacances)

Ethique et argent

Aristote avait déterminé les grandes fonctions de la monnaie, à la fois instrument d'échange, outil de mesure et moyen de réserve de valeurs.

L'interrogation éthique que pose l'argent porte bien moins sur sa légitimité et sur son rôle dans les échanges que sur la responsabilité des acteurs engagés dans le mouvement des flux monétaires.

L'argent constitue-t-il la finalité de notre vie ?

L'argent se trouve au coeur des relations humaines individuelles et collectives. Il n'est pas facile de conserver sa liberté par rapport à lui. On le possède, certes, mais il nous possède à son tour. L'argent, de nos jours, est vénéré au-delà de sa valeur intrinsèque. Il s'impose à nous bien davantage que ne l'exigent les besoins vitaux mais n'en deleure pas moins toujours suspect : on hésite avant d'avouer son salaire (à la différence des Etats-Unis), ses rentes, ses héritages, etc... On craint l'humiliation, l'impudeur ou parfois la jalousie.

Que faisons-nous de notre argent ?

La pratique des affaires est d'abord une relation entre êtres humains l'argent doit demeurer un moyen et n'être en aucun cas une fin en soi. Si gagner de l'argent permet d'obtenir davantage de confort, croire qu'il apporte le bonheur et que bien vivre se limite à acheter tout ce que l'on désire, c'est ne rien comprendre à la vie !

Enfin, il est très intéressant de constater que depuis quelques années, on se remet à parler en France et dans certains pays étrangers d'autres moyens d'échanges que l'argent :

• Le troc moderne au nom complexe de "compensatoire"
• L'Ecosophie de Silvio Geseil, Jacques Dartan avec le principe de la "Monnaie Fondante"
repris par Michel Tavernier
• Les tickets salaires que l'on retire à la Poste pour payer le "personnel de maison".
• etc.

Ethique et pouvoir.

L'éthique a son rôle à jouer dans le choix du type de pouvoir qu'un responsable va décider d'adopter.

Ne pas faire de la puissance une arme de crainte, car elle engendre la force.

La puissance
On exerce alors un pouvoir, en s'imposant par la force qui suscite la peur et l'obeissance.

Le prestige
Il désigne le pouvoir fondé sur l'adhésion et la reconnaissance d'autrui. C'est le PDG charismatique, chez lequel le salarié reconnaît les valeurs auxquelles il attache de l'importance.

Le pouvoir par le prestige.

Pour maintenir le prestige supposé, il s'avère en l'occurrence indispensable de concerver une certaine distance, son abolition étant souvent source de désenchantement, un minimum de "pompe", d'étiquette et de privilèges doivent constituer les signes accompagnateurs de ce genre de pouvoir.

Un tel pouvoir repose sur l'assentiment mais, sous l'accord apparent, la reconnaissance est susceptible d'être bafouée à tout moment.

Dans un tel rapport, le chef n'est pas vraiment reconnu par une personne libre, puisque l'admiration trasforme le subordonné en miroir, et l'ambiguité qui en découle représente une menace perpétuelle.

La participation
Un dernier type de pouvoir s'appuie sur la compétence et sur le consensus permanent, qui laisse aux acteurs leur liberté. Ce système de pouvoir s'apparente à la démocratie. Il implique le maximum de personnes et s'appuie sur un accord rationnel entre les parties dont chacune poursuit son intérêt en le conjuguant à l'intérêt de l'autre. Une telle relation se limite cependant à des travaux communs, délibérément choisis par le plus grand nombre, au-delà desquels le subordonné agit à sa guise. C'est pourquoi ce type de pouvoir requiert une écoute permanente et des dispositions certaines à faire parler et à obtenir une synthèse commune et davantage de temps consacré aux réunions et aux rendez-vous.

Un doux mélange de démocratie et de dictature.

Mais comme en démocratie, l'exécutif doit appliquer à la lettre les décisions prises d'un communb accord, ceci à travers des projets d'entreprise, des plannings, des plans d'action individuels, des contrôles de résultats et même, si cela s'avère nécessaire, des sanctions.

Ce système de pouvoir appelle le consentement de celui qui exécute, tout comme elle nécessite des techniques d'application élaborées en commun. Ce consentement est fondé sur l'espoir d'un avantage, à défaut duquel il perdrait toute raison d'être. Cette manière d'exercer le pouvoir suppose que, dans le travail, les hommes entretiennent une certaine idée de la tâche qu'ils accomplissent et de sa portée, laquelle va bien au-delà du cercle étroit des intérêts particuliers.

Il est bien évident que, dans la réalité, aucune des trois modalités du pouvoir énoncées plus haut ne se manifeste à l'état pur. Il appartient alors à chacun d'analyser la situation et de composer entre la puissance, le prestige et la participation.

Ethique et rentabilité.

Le vrai développement prend également en compte les besoins sociaux, culturels et spirituels de l'homme.

L'usage de l'éthique au quotidien accroît de façon substantielle les performances et la rentabilité d'une organisation.
L'absence d'éthique constitue aujourd'hui un frein non négligeable au développement. Lorsque les scandales et les habitudes commerciales viennent à fausser les règles du jeu de la transaction, provoquant d'importantes pertes de marché, c'est l'existence même de la société qui se trouve menacée. De même lorsque l'espionnage industriel réduit à néant, en quelques mois plusieurs années de recherche et de développement, il brise net toute la phase d'expansion de l'entreprise.

L'un des premiers **résultats de l'éthique** est de permettre de **stimuler tous les acteurs** d'une organisation, de leur **redonner confiance** et de les **regrouper autour d'un challenge**. L'éthique est très vite "payante" parce qu'elle s'appuie sur :
- un progrès dans la "conscience professionnelle",
- une progression de la "qualité totale",
- une grande confiance de la clientèle, source de fidélisation.

L'éthique permet en outre de construire des alliances avec ses partenaires basées sur un nouveau mode relationnel, de partager entre plusieurs sociétés les investissements matériels et immatériels, d'échanger les savoir-faire, de se regrouper pour gagner ensemble.

L'éthique engendre la performance.

La pratique de l'éthique se conjugue très vite avec la réussite et les sociétés sont de plus en plus nombreuses à consacrer une partie de leurs efforts à sa généralisation dans leur management : Body Shop, Shell, Hewlett-Packard, IBM France, Lafarge Coppée, Air Liquide, Renault, Elf, Gringoire-Brossard, etc.

En guise de synthèse l'Ethique jouera un rôle primordial dans le contexte d'un nouveau capitalisme. On peut en résumer ses préceptes dans le tableau qui suit.

Tableau N°5

"Les dix préceptes de l'éthique dans les affaires"

L'éthique n'est pas une mode,
mais une exigence actuelle forte et durable,
qui tend de plus en plus à apparaître
comme un besoin vital pour l'homme de l'an 2000.
Répondant à la question " comment vivre ?",
elle peut devenir le moteur de notre action,
se différenciant ainsi de la morale.

L'éthique est un appel à la reconnaissance et à l'estime d'autrui.
C'est un oui à la vie avec les autres.

L'éthique doit tenir compte de l'environnement,
des mœurs et de la rapidité des changements.

L'éthique s'appuie sur des valeurs dont la plus importante
est la transparence.

L'éthique explique le comportement que doit adopter
chacun d'entre nous
afin de rendre bonnes les actions que nous entreprenons.

L'acte éthique opère un mélange singulier de conviction
et de responsabilité.

L'éthique possède deux garde-fous :
le droit et la conscience.

L'éthique nous oblige à nous interroger régulièrement
sur l'utilisation que nous faisons de l'argent.

L'éthique est à l'origine d'un nouveau type de management :
la démocrature.

Avec l'Ethique, l'Economie et l'Environnement accompagné de sa dimension Ecologique, nous avons les éléments de base d'une nouvelle réflexion pour construire un Projet de Société. Regardons maintenant comment dans la vie de tous les jours de nombreuses personnes ont commencé à mettre en application cette approche surnommée : l'ECONENTHIQUE.

QUELQUES SUGGESTIONS ...

- **n° 8** : Il serait possible de réunir des collaborateurs, de leur faire une photocopie de ce chapitre et de les faire réfléchir sur le capitalisme actuel. Que souhaiteraient-ils supprimer, conserver, apporter ?
- **n° 9** : Faire travailler ses responsables pendant une journée sur les quatre nouveaux principes qui donnent un autre visage au capitalisme et essayer d'en trouver d'autres.
- **n° 10** : Ne pas produire pour produire. Chercher au contraire à fabriquer un produit ou à offrir un service de QUALITE dans le cadre d'un SYSTEME qui s'appuie sur des CONSEILS.
- **n° 11** : Réfléchir avant de lancer une OPA sur une entreprise.
- **n° 12** : Accepter de s'enfermer dans un lieu de silence pendant trois jours afin de réfléchir à la finalité de sa vie, de son métier et de l'organisation dans laquelle on travaille.
- **n° 13** : Ne plus construire des bureaux inutiles et des cités dortoirs
- **n° 14** : Abandonner les rapports de force que nous entretenions avec nos collaborateurs, nos fournisseurs ou nos adhérents pour mettre en place un véritable PARTENARIAT qui s'appuie sur une nouvelle relation d'échange.
- **n° 15** : Proposer à sa compagne de rechercher ensemble les cinq références sur lesquelles s'appuie notre vie personnelle.
- **n° 16** : Réfléchir aux méthodes à mettre en place pour faire descendre le coéfficient de 46 % de cadres qui ont dû défendre un projet auquel ils ne croyaient pas.
- **n° 17** : Oublier que, pour "positiver" dans une organisation, il faut savoir répondre aux chiffres : 76 % des cadres sont favorables à la création d'un code d'éthique dans l'entreprise. Ne faut-il pas prévoir de mettre en chantier, rapidement, avec l'aide de spécialistes un nouveau projet d'entreprise accompagné d'une Charte ? 70 % d'entre eux placent l'intérêt pour le travail en tête de leurs priorités professionnelles, loin devant le salaire (43 %). Cela ne nous interroge-t-il pas ?
- **n° 18** : Ne faut-il pas décider d'introduire systématiquement l'éthique dans notre organisation et dans ma vie, à tous les échelons et dans tous les cas.
- **n° 19** : Afin d'apprendre à discerner entre l'éthique pure et dure, "la blanche", le compromis et "le noir" des mafieux, on reprend les dix dernières affaires ou actions entreprises et on cherche, avec quelques initiés, à les classer en "blanc", "noir" ou "gris".

• **n° 20** : Respecter le temps réservé à la vie privée de ceux qui travaillent avec nous. Ne plus organiser de réunions à des heures impossibles.

• **n° 21** : Relire tous les deux mois les dix préceptes d'éthique.
Suite à la lecture de ce chapitre quelles sont les idées que je souhaite retenir et quelles sont les décisions que je prends.

Suite à la lecture de ce chapitre quelles sont les idées que je souhaite retenir et quelles sont les décisions que je prends.

CHAPITRE 3

UNE DÉMARCHE CONCRÉTE EN SEPT ÉTAPES POUR AGIR ET ANIMER AUTREMENT

LES POINTS CLÉS

• LE PROCESSUS GLOBAL DE LA DEMARCHE.

• LE MOTEUR DE LA REUSSITE :

• PREMIERE ETAPE :
Scruter en permanence l'environnement de son entreprise

• DEUXIEME ETAPE :
Créer ou redécouvrir la culture de son organisation
avec sa dimension éthique.

• TROISIEME ETAPE :
Faire coïncider les valeurs et les intérêts de son l'organisation
avec ceux des acteurs.

• QUATRIEME ETAPE :
En déduire le sens de la mission.

• CINQUIEME ETAPE :
Faire acquérir un comportement éthique.

• SIXIEME ETAPE :
Diriger et animer autrement ou les conséquences
d'un capitalisme plus éthique.

• SEPTIEME ETAPE :
Evaluer les profits.

> " Le vrai développement ne concerne pas seulement la satisfaction des besoins matériels des hommes. Il prend aussi en compte leurs besoins sociaux culturels et spirituels."
> (Pierre LENOIR, ancien directeur de l'ENA)

Il suffit d'ouvrir un quotidien pour admirer les découvertes incessantes réalisées par l'homme, lesquelles renforcent encore sa capacité extraordinaire à s'adapter au changement.

Les entreprises se sont engagées dans un processus de profonde transformation afin d'offrir à tous les acteurs qui les composent et participent à leur développement de nouveaux modèles de fonctionnement, un nouveau cadre de vie et peut-être même une réponse à ce que la société, la vie familiale et la solidarité ont de plus en plus de mal à apporter.

L'entreprise prend le relais de la famille, de l'école et de la société dans le domaine des références et des valeurs.

L'entreprise tend ainsi à remplacer, voire parfois à supplanter ces instances défaillantes. Il suffit pour s'en convaincre de rentrer dans le détail des catalogues de formation de certaines entreprises, d'analyser les méthodes pédagogiques souvent d'avant-garde qu'elles utilisent et de porter un jugement sur les résultats obtenus.

Ces responsabilité et mission qui incombent désormais à l'entreprise, nécessitent une mutation si elle veut mobiliser les hommes pour passer le cap difficile des années à venir.

Nul n'accepte plus de bonne grâce de consacrer les neuf-dixièmes de son temps actif à une organisation étouffante, qu'il faut subir, et dans laquelle le travail demeure répétitif et non valorisant. Chacun refuse désormais d'obéir à des responsables qui n'ont pas appris **à donner un sens à la mission de chaque membre du personnel ni à proposer un véritable Projet de Société.**

LE PROCESSUS GLOBAL DE LA DÉMARCHE :

Si l'on souhaite entraîner autour d'un projet une équipe, la motiver et obtenir des résultats en un minimum de temps, il est nécessaire de proposer une démarche claire et pratique, susceptible d'être mise immédiatement en place.

Si vous animez une Association et que vous désirez augmenter l'efficacité de vos adhérents, si vous éprouvez le besoin de donner un sens à votre vie et vous remettre en "cause", la démarche qui suit peut être une réponse à vos attentes.

Elle est constituée d'étapes successives et repose sur neuf années d'expériences, d'hésitations, de perfectionnements et de réflexions de groupes. Son utilisation n'est pas limitée à l'entreprise, elle peut être déclinée à tous les types d'organisations. Elle est aussi bien susceptible de s'appliquer aux syndicats, aux partis politiques, aux coopératives, aux franchises ou aux administrations etc. Avant de rentrer dans le détail de chaque étape, voici en résumé le fil conducteur.

1ère étape : Voir ce qui se passe autour de soi
Toute structure ou organisation qui accepte d'entrer dans un processus de réflexion éthique doit commencer son investigation par une observation de son environnement pris dans le sens global du terme.

2ème étape : Comprendre ce qui se passe, en s'appuyant sur la culture de son organisation

Décomposer les éléments du problème afin de pénétrer les mystères des services ou de l'organigramme (les silences de l'un et les allusions de l'autre ou l'hypocrisie de certains hiérarchiques). Une recherche qui implique également une descente dans l'histoire et dans les traditions de l'organisation, ainsi qu'une étude de sa culture.

3ème étape : Discerner, formuler un jugement à partir de la notion de valeur et d'intérêt

Pour porter un jugement sur la situation, sur les améliorations à apporter ou sur les changements à opérer, il faut s'appuyer sur des références, c'est à dire introduire les notions de "valeur" et "d'intérêts".

Face à la crise, il faut proposer une démarche claire dans le cadre d'un véritable projet de société.

Nous expliquerons plus longuement, lors de l'application de la démarche, en quoi le fait de rechercher ou de préciser les valeurs qui ont fait l'objet d'un consensus permet d'élaborer une construction nouvelle. On notera que ces valeurs se trouvent non seulement dans la structure concernée, mais aussi dans chacun des individus qui exerce une activité en son sein.

De même, on effectuera une investigation ayant pour objet la recherche des intérêts de chacun des protagonistes de la structure d'abord, des acteurs ensuite (le personnel), les associés ou adhérents, les fournisseurs, les investisseurs, l'Etat, etc.).

La liste de ces valeurs et intérêts doit faire l'objet d'un tri, afin de déterminer une sélection susceptible d'être mise par écrit sous forme de Charte, qui servira alors de référence.

4ème étape : Pourquoi agir ? Quelle finalité ?

La structure en question doit, tout comme les membres qui la composent, chercher à préciser sa mission, le sens de cette mission, les objets et les paris en cours.

5ème étape : Comment agir en incluant l'éthique dans ses actions et dans ses comportements quotidiens ?

A ce stade de notre développement, il s'avère indispensable de s'appuyer sur la personne humaine pour réussir parfaitement la mutation interne. Il ne suffit pas d'analyser les faits, de choisir les valeurs sur lesquelles bâtir le projet de développement, de préciser les intérêts de chaque partie et de déterminer des objectifs et des finalités.

Encore faut-il inciter chacun des acteurs de l'organisation à CHANGER DE COMPORTEMENT, pour une meilleure efficacité et un véritable épanouissement individuel.

6ème étape : Agir autrement : vers une autre manière de Diriger.

Les étapes précédentes nous ont permis d'introduire la notion d'environnement permanent, de sélectionner des valeurs, de tenir compte des intérêts de chacun, d'orienter en donnant un sens à la mission commune, bref de pratiquer l'éthique. Cela entraîne une remise en cause totale de la manière de diriger et d'animer une structure. Aussi, dans cette étape, passerons-nous en revue toutes les fonctions concernées (recrutement, formation, financement, stimulation, communication ...) et essaierons-nous d'analyser pourquoi et comment elles seront vécues autrement.

C'est une étape essentielle, à la fois cause et conséquence d'un nouveau management de l'entreprise que nous avons intitulé le PARTALLIANCE

7ème étape : Les Résultats - Les Profits

Toute action importante, toute opération doit être suivie d'une évaluation destinée à mesurer les résultats obtenus, les PROFITS. Il existe pour cela des outils d'évaluation, des grilles de bilan destinées à responsabiliser les équipes.

Mais prêcher ne suffit pas, car on n'a jamais vu d'éthique pratiquée sans le soutien d'un système de sanction" (Octave Gélinier, "l'éthique des affaires").

C'est pourquoi nous réfléchirons jusqu'où aller, dans chaque structure, pour rendre la sanction dissuasive et discrète, tout en n'étant pas moins réelle.

Il convient maintenant de reprendre de façon concrète la démarche que nous préconisons en l'appliquant à l'entreprise car c'est notre domaine d'expérience. D'autres auteurs pourraient appliquer le fil conducteur de cette démarche à d'autres univers tels que le monde associatif ou éducatif.

Ces différentes étapes sont résumées dans le Tableau n° 6 qui retrace le processus global de la démarche.

Tableau N°6

L'ECONENTHIQUE
"Une démarche concrète en 7 étapes pour agir et animer autrement"

LE FIL CONDUCTEUR	Comment adapter son entreprise à cette période en mutation	Les OUTILS nécésaires à chaque étape	Les changements *de comportement que cela entraine la méthode "MCEA"*
ETAPE 1 VOIR ce qui se passe	*Scruter en permanence l'ENVIRONNEMENT GLOBAL*	*L'Observatoire de l'ENVIRONNEMENT GLOBAL*	*• Recueillir les FAITS • Analyser la situation*
ETAPE 2 COMPRENDRE ce qui se passe	*Créer ou redécouvrir la CULTURE de l'Organisation*	*Le tableau de la CULTURE et son approche ethique Tableaux 10 et 11*	*• Etudier les LOIS et la juris prudence liées à la future action • Ne pas oublier les règlements intérieurs et la déontologie professionnelle*
ETAPE 3 DISCERNER formuler un jugement	*Faire coïncider les VALEURS et les INTERETS de l'organisation avec ceux des acteurs (associés, personnels, fournisseurs, adhérents)*	*Le CREUSET des valeurs et intérêts ayant obtenu l'accord des deux parties. Tableau 12*	*Selectionner les VALEURS et INTERETS ayant fait l'objet d'un accord entre les 2 parties*
ETAPE 4 POURQUOI AGIR ?	*En déduire le SENS DE LA MISSION, avec : • sa vision • ses finalités • ses stratégies*	*Construire ou refaire • une plaquette présentant le nouveau projet de développement ou d'intérêt commun • une charte ou un guide éthique*	*• Interpréter la situation et en déduire les BUTS, les FINS de l'action envisagée • Préciser le sens de la mission*
ETAPE 5 COMMENT AGIR ?	*Faire acquérir un COMPORTEMENT ETHIQUE*	*La MCEA se reporter à la colonne 4*	*S'appuyer sur les six ATTITUDES d'un comportement éthique*
ETAPE 6 AGIR AUTREMENT	*AGIR et ANIMER AUTREMENT*	*• livre du savoir-faire • Pacte • Cercles d'échanges • Qualité • Procedure concenssus • Plan d'affaire*	*Passer à l'ACTION en n'oubliant jamais les 4 grands principes de l'éthique*
ETAPE 7 MESURER CONTROLER	*Evaluer les PROFITS*	*• Moment de réflexion • Projet Individuel d'Evaluation*	*• TEST d'éthique • Sanctions*

LE MOTEUR
DE VOTRE REUSSITE

" OU COMMENT APPLIQUER CETTE DEMARCHE A L'ENTREPRISE ?"

Quelles que soient les responsabilités ou le niveau hiérarchique qui sont les nôtres au sein de la structure, nous recherchons en permanence des solutions nouvelles afin d'entraîner derrière nous des équipes motivées, d'obtenir les meilleurs résultats et des performances croissantes.

Nous resterons très génériques dans les termes employés afin de permettre au lecteur qu ne travaille pas dans une entreprise de pouvoir appliquer cette démarche à sa propre structure. Par contre, les commentaires qui en découlent se référeront uniquement au monde du travail.

Les sept étapes de notre démarche pourraient se représenter par le dessin suivant qui schématise la forme d'un "moteur rotatif" composé :

- de trois chambres à explosion (numérotées de 1 à 3)

- d'une rotation à trois temps (numérotées de 4 à 6)

- d'une conséquence qui se dégage du coeur du procédé : le Profit (numéroté par le chiffre 7)

Tableau N°7

L'ECONENTHIQUE
Comment adapter son entreprise à cette période de mutation

LES SEPT ETAPES

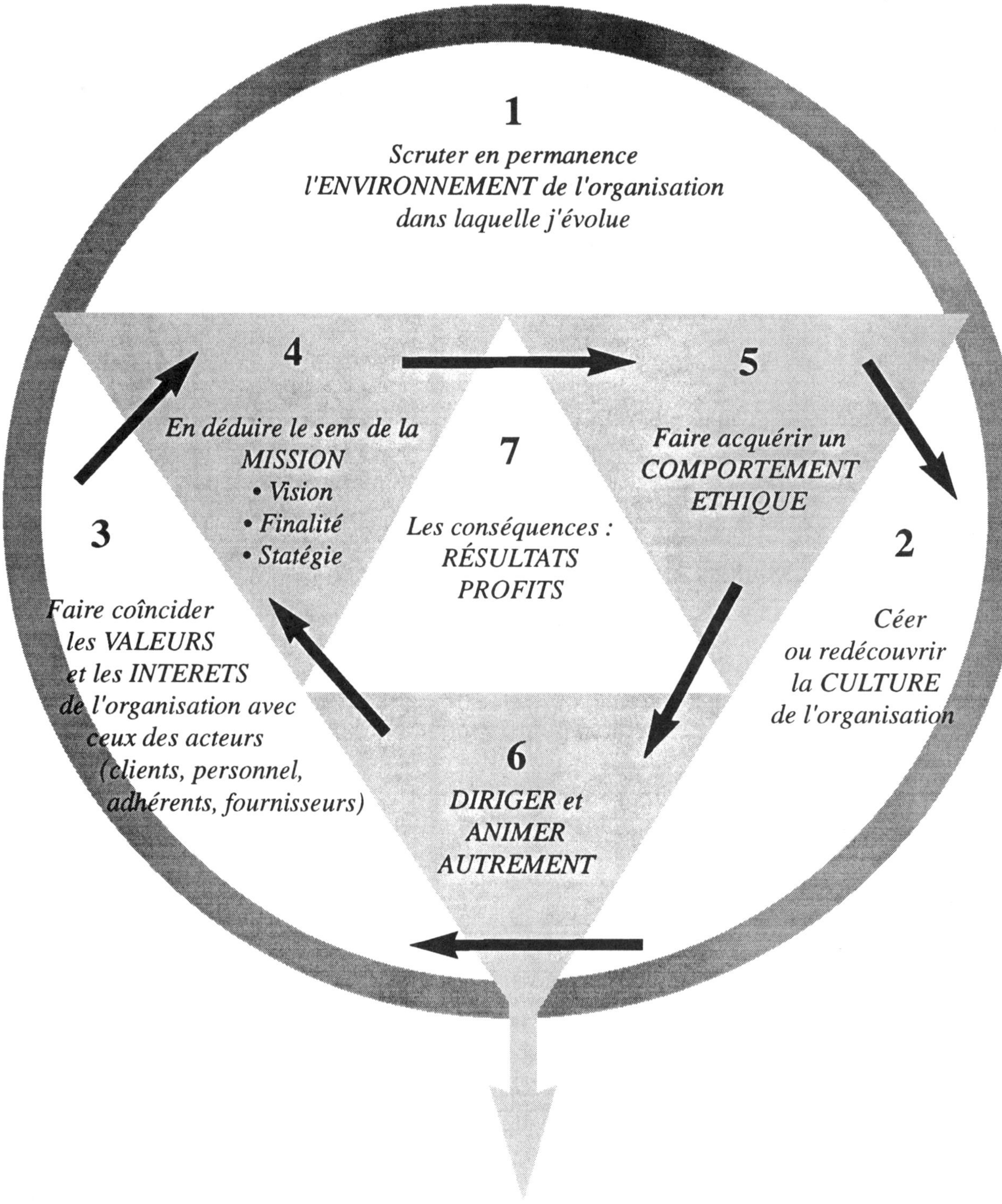

LE MOTEUR DE LA REUSSITE

P.S : Le mot "Organisation" utilisé dans ce tableau s'entend au sens générique du terme.Il s'applique donc aussi bien à une entreprise qu'à un syndicat, à une église ou à une association.

Première
ETAPE

SCRUTER EN PERMANENCE L'ENVIRONNEMENT DE SON ENTREPRISE

LES POINTS CLÉS

- LA BRUSQUE ACCELERATION DU CHANGEMENT.
- LA COMPLEXITE CROISSANTE DE L'ENSEMBLE DE NOTRE ENVIRONNEMENT.
- L'INTERNATIONALISATION ET L'EUROPEANISATION DES PHENOMENES.
- LA REVOLUTION DANS LES TRANSPORTS ET MOYENS DE LIAISON INTERNATIONAUX.
- LA COURBE INFINIE DES PROGRES ET DES DECOUVERTES.
- L'INFLUENCE DES EVENEMENTS POLITIQUES.
- LA PUISSANCE INCONTROLABLE DES MEDIAS.
- L'INSTABILITE DE LA MAIN-D'OEUVRE ET DU PERSONNEL.
- LA JURISPRUDENCE DEVIENT COMMUNAUTAIRE.
- LE RAZ-DE-MAREE ECOLOGISTE.
- LES PROFONDS CHANGEMENTS DU CONSOMMATEUR.
- L'ESPIONNAGE DE LA CONCURRENCE.
- LA NECESSITE DE CREER UN "OBSERVATOIRE DE L'ENVIRONNEMENT GLOBAL".

"L'environnement devient une valeur ajoutée et, quand il y a valeur ajoutée, il y a croissance" (Bertrand Collomb).

Lorsque vous vous trouvez devant la nécessité de remettre en question l'orientation et l'avenir de votre organisation, que ce soit une entreprise, une association ou un parti politique, il vous faut impérativement réfléchir sur votre environnement, et ce quel que soit votre niveau de responsabilité.

L'environnement englobe les éléments et les phénomènes naturels ou artificiels dans lesquels se déroule notre existence d'êtres vivants. Il s'entend de ce qui gravite autour de nous, donc de ce qui va jouer un rôle, de l'extérieur, sur le fonctionnement interne de l'organisation dans laquelle nous nous trouvons. Nous dépassons largement le sens "écologique" du mot environnement pour parler de l'"ENVIRONNEMENT GLOBAL".

Le devin parle : l'avenir appartient à celui qui connaît et maîtrise son environnement global.

LA BRUSQUE ACCÉLÉRATION DU CHANGEMENT.

"Dans un monde en perpétuel changement, les situations définitives n'existent pas. Ce n'est pas en s'agrippant obstinément à la façon courante de faire les choses que l'on peut lutter avec efficacité contre la dérive naturelle vers l'habitude et la paresse"
(K. OHMAE, "L'entreprise sans frontières").

Le changement s'accélère, les ondes de choc sont de plus en plus rapprochées, les cassures de plus en plus imprévisibles, brutales et rapides. Les points de repère s'effondrent. Nous ne sommes plus à l'époque des Trente Glorieuses, où les économistes avaient le beau rôle, en prévoyant facilement l'avenir grâce à des courbes qui extrapolaient le passé d'une manière linéaire.

Les périodes de crise sont toujours fécondes en innovations.

Devant de tels changements, à la fois brusques et inexorables, il faut se souvenir que les périodes de plus grande rigueur face à la crise sont fécondes pour deux raisons fondamentales :

Elles nous obligent à nous surpasser.

- **Elles nous obligent à nous surpasser.** Seuls les idées, le talent et l'imagination, voire le recours au culturel et à l'aspiration artistique permettent aux entreprises d'être prospères et de le demeurer. Et ce d'autant plus que les moyens d'information et de connaissance sur un sujet déterminé sont devenus universels et instantanés.
Le phénomène nouveau d'uniformité mondiale des produits et des services exige une **créativité** croissante et constante, afin de rester original, d'être en mesure d'offrir un **"plus"** par rapport aux concurrents, de trouver le **segment** et non plus seulement le marché, ce qui nous pousse à aller de l'avant et à innover sans cesse.

Elles nous trouvent prêts au moment où les signes de reprise apparaissent.

- L'histoire de l'économie prouve que **toute entreprise qui investit et innove en période de morosité est parfaitement prête au premier signe de reprise.** Elle fait face immédiatement à la demande et conquiert des parts de marché, tandis que ses concurrents attendent la certitude d'une reprise effective pour prendre la décision d'investir.

LA COMPLEXITÉ CROISSANTE DE L'ENSEMBLE DE NOTRE ENVIRONNEMENT

La complexité croissante qui caractérise notre environnement engendre une nouvelle forme de pensée qui va totalement modifier l'évolution des organisations. Là aussi, il ne s'agit pas d'une mode mais bien d'une certitude que le dirigeant se doit de prendre en considération.

Accepter de reconnaître que tout se complique.

Cela peut paraître banal d'affirmer que l'un des problèmes essentiels que se pose actuellement un décideur est celui de maîtriser une **complexité,** qui ne cesse d'augmenter au fur et à mesure que l'on avance dans le temps.

Mon père animait une importante entreprise de second oeuvre de Toulouse. Il n'a cessé, sa vie durant, d'être poursuivi par trois grandes préoccupations : se tenir au courant des nouvelles techniques, organiser quotidiennement et de façon judicieuse ses équipes de "monteurs" et, enfin, tenter de rester honnête.

Accepter de se faire aider.

Aujourd'hui, s'il vivait, il lui faudrait non seulement préciser régulièrement la finalité de son entreprise et déterminer les objectifs de l'année, mais également créer des cercles de qualité, appliquer le principe du zéro défaut, affronter une concurrence éffrénée où tous les coups sont permis, faire du marketing et mettre au point des formations spécifiques, sans oublier de s'informer constamment à partir d'une masse de messages qui ne cesse de croître, ne permettant même plus d'en distinguer l'essentiel.

La complexité : un trou noir.

De nos jours la solitude et la difficulté à gérer la complexité demeurent les deux principaux problèmes que rencontrent les patrons. Cette complexité ne saurait être assimilée à un degré supérieur ou à un enchevêtrement de complications qui pourraient se réduire à des modèles simples par le biais de la rationnalisation. Si la complication peut être résolue avec le temps, maîtriser la complexité du réel relève de tout autre chose.

Pourquoi la complexité augmente-t-elle ?
Cela ne proviendrait-il pas, comme le suggère Dominique Génélot, PDG de l'INSEP, du **"regard de plus en plus pénétrant que l'homme est désormais capable de porter sur le monde qui l'entoure, découvrant que son ignorance grandit au fur et à mesure que sa connaissance progresse et qu'en fait les choses sont toujours plus simples qu'il n'y paraît ?"**

La médiatisation, l'internationalisation, la puissance de recherche, l'accélération des changements dans tous les domaines, l'évolution constante des goûts des consommateurs, toutes ces variables interfèrent, et il devient de plus en plus difficile de les satisfaire simultanément. La complexité apparaît ainsi comme un trou noir, quelque chose d'inextricable.

Son sens latin, “complexus”, signifie “ce qui est tissé ensemble”. Elle me fait penser aux belles toiles provençales, dont les centaines de motifs, les fils de couleurs et les matières offrent une si grande variété. “Et pourtant, la connaissance analytique des différents fils composant une tapisserie ne permettra jamais d'appréhender l'oeuvre d'art dans sa globalité” (Edgar Morin).

Cette définition s'adapte parfaitement à l'entreprise, car la somme des individus qui la composent ne suffit pas à la constituer.Un individu isolé ne saurait être assimilé à un simple élément parmi d'autres, il est à la fois plus et moins, ce sont les relations entre les membres qui la composent et ses partenaires qui font l'entreprise bien plus que ses composantes internes.

Les dirigeants essaient désormais de tenir compte des milieux et des paramètres qui influent sur la conduite de leur entreprise, mais se heurtent en permanence au problème de la complexité. Pour vous aider à gérer cette dernière, nous avons sélectionné sept “conseils” qui ont souvent donné d'excellents résultats.

1er “conseil” : Porter un regard panoramique sur la situation ..., ne dégager que les points positifs.

Face à un problème complexe, il faut toujours commencer par étudier son environnement, comme au sommet d'un pic en altitude, on cherche à identifier chacune des montagnes qui l'entourent.

Laisser de côté, dans un premier temps, tous les points négatifs, toutes les faiblesses, tout ce qui ne marche pas ou laisse à désirer, et s'attacher en revanche à faire ressortir sous forme de liste tous les points forts de l'entreprise par rapport à la concurrence, ses richesses et ses aspects positifs, lesquels serviront ultérieurement à rebâtir une situation saine.

L'Econenthique et ses sept étapes permettent de venir à bout des situations les plus embrouillées.

2ème “conseil” : Assimiler le problème à un “système”.

Pour simplifier le problème posé, il faut l'assimiler à un”système” dont on s'emploie à démêler l'écheveau.

Chaque brin de laine correspondant à un sous-ensemble. Il convient alors de recourir à des méthodes telles que des “Grilles”ou des “Matrices Croisées”.

Il s'agit de raisonner sur la finalité du système et sur les interactions entre ses différents sous-ensembles. Pour cela, il est nécessaire de se remémorer les caractéristiques de tout système vivant organisé :

- Un système se trouve toujours dans un environnement, avec lequel il entretient des échanges permanents .
- Il se définit par sa finalité.
- Ses interactions sont structurées par une organisation.
- Il évolue sans perdre son identité pour autant.

Décomposer le problème en sous-problèmes puis en faits principaux.

Mettre
en exergue
le fil conducteur.

3ème "conseil" : Apprendre à faire la différence entre les causes et les conséquences.

4ème "conseil" : Ne pas hésiter à utiliser l'une des 36 méthodes de résolution des problèmes et former les hommes à leur pratique.

La difficulté réside dans le choix de la méthode par rapport à la nature des complexités à traiter. Une méthode **"analogique"** pourra être très complémentaire à celle du **"concassage".**

Quant au **"brainstorming",** il reste bien souvent encore trop superficiel. C'est pourquoi il faut lui préférer un **"circept"** ou un **"rêve éveillé".** La pratique de ces méthodes devrait d'ailleurs faire l'objet d'un enseignement dans toutes les écoles supérieures, tout comme elles devraient ne pas être inconnues des cadres supérieurs et figurer dans tous les catalogues de formation.

Utiliser
la créativité.

Toutes les méthodes de résolution de problèmes ont pour finalité de dégager d'un labyrinthe de possibilités, la ou les deux ou trois meilleures solutions.

5ème "conseil" : Mettre en place des "BRISEURS DE NORMES".

Il faut accepter de se remettre en cause, ne jamais dire :**"C'est impossible, on l'a déjà fait et cela n'a rien donné, etc",** apprendre à dialoguer avec l'irrationnel, avec l'inconscient, avec l'incertain, etc., reconnaître que dans tous les univers physiques, sociologiques ou biologiques qui nous entourent, il y a un **"DIALOGIQUE",** combinaison originale des notions d'ordre, de désordre et d'organisation.

Créer une équipe
de "briseurs de
normes" qui
remette en cause
l'univers qui
nous entoure.

Modifier les habitudes, encourager les idées farfelues, c'est le rôle de ce personnage particulier qu'est le **"briseur de normes".** C'est ainsi qu'il y a quelques années, nous avons pu résoudre une partie des problèmes de développement de la société Chambourcy (groupe Nestlé), grâce à la mise en place d'un groupe de six personnes renouvelé une fois, lequel a joué le rôle d'un **"Equipage de Briseurs de Normes"** ou de **"Principes Etablis".**

6ème "conseil" : Ne pas oublier que les causes de la complexité peuvent être à la fois contradictoires et complémentaires.

La complexité
engendre la
dualité.

Il existe, au sein de toute organisation, une dualité permanente entre les intérêts des individus et ceux de la société. Divergence qui se retrouve dans les quatre ou cinq valeurs sur lesquelles s'appuie tout être humain ou toute organisation. Nous nous emploierons donc à rechercher leurs points communs, leur complémentarité et leurs divergences.

Reconnaître ces différences , c'est ne pas écraser l'un par rapport à l'autre,(c'est d'ailleurs tout le problème du couple et la raison principale des cas de divorce) ! Dans l'entreprise, c'est l'exemple typique de la rivalité due aux intérêts divergents, voire antagonistes, entre les commerciaux, **"ces hommes de terrain qui ne comprennent jamais rien aux contraintes de leur usine, et la production et inversement ".**

7ème "conseil" : Cesser de vouloir résoudre la complexite par l'approche de la "qualite totale" qui a ses limites !.

Dans la brochure "La complexité, boîte à outils", rédigée à l'occasion des travaux de l'association Entreprise et Progrès, le problème de la complexité se trouve résolu une fois de plus par l'application des méthodes prônées par la "Qualité Totale".

La qualité n'a jamais eu la prétention d'apporter des méthodes d'investigation destinées à gérer la complexité, pas plus qu'elle n'a eu pour but de définir la vision, la finalité et les stratégies d'une entreprise.

La "Qualité Totale" a ses limites !

Un projet de Qualité Totale vise plutôt à sensibiliser au problème de la qualité à tous les niveaux du cycle productif par une coopération de toutes les parties prenantes. Le TQS (Total Quality System), précurseur de la Qualité Totale "à la française" rappelait à cet effet que la qualité devait se définir comme "la manière de bien faire quelque chose".

Tableau N°8

SEPT CONSEILS POUR VAINCRE LA COMPLEXITE EN PÉRIODE DE MUTATION.

• L'ECONENTHIQUE •

Conseil N°1
Porter un regard panoramique sur la situation et l'environnement global pour en dégager les points positifs

Conseil N°2
Assimiler le problème à un "système"

Conseil N°3
Apprendre à faire la différence entre les causes et les conséquences

Conseil N°4
Ne pas hésiter à utiliser les méthodes de résolution des problèmes : entrainer les responsables

Conseil N°5
Mettre en place des "Briseurs de Normes" C'est à dire accepter de se remettre en cause

Conseil N°6
Ne pas oublier que les causes de la complexité peuvent être à la fois contradictoires et complémentaires

Conseil N°7
Cesser de vouloir résoudre la complexité par l'approche de la Qualité Totale

P.S : Ceci peut s'appliquer aussi bien à une organisation autre que l'entreprise, comme une association, un sydicat, un parti politique, l'Eglise.

**La science économique a éclaté.
Ses fonctions se sont écroulées.
Les économistes y perdent leur latin ...
Quel magnifique cas de complexité !**

Pauvres économistes ! Ils regrettent le temps où ils étaient considérés comme des devins. Ils n'ont plus la cote ! A Wall Street, leurs salaires ont chûté de 25%, quand ils ne sont pas au chômage. En réalité, on leur reproche moins de ne pas avoir prévu le Krach que d'avoir loupé la reprise qui a suivi.

Pourtant, peu d'économistes sont aussi sévères que leur éminent représentant, Edmond Malinvaud, Professeur au Collège de France, qui reconnaît cet échec lorsqu'il déclare : "les erreurs des économistes ont pour origine les lacunes de notre compréhension objective des problèmes et des phénomènes.

Ces lacunes ont été aggravées par un fréquent dogmatisme, par un fréquent manque de modestie, par une fréquente incapacité à convaincre...La science économique a éclaté, ses fondations se sont écroulées".

En bref, keynésiens, monétaristes et reaganiens pataugent dans les décombres de belles constructions théoriques qui n'ont pas résisté à l'épreuve des faits. Ils repartent à zéro en cherchant désormais à comprendre leurs erreurs et à inventer des modèles plus fiables.

De fait, une reconstruction de la science économique est engagée à l'écart des idéologies, à l'écoute des réalités. L'effondrement de la grande distinction entre micro et macro-économie va leur permettre de repartir sur d'autres bases et de nous aider à résoudre la complexité des problèmes du monde.

"L'Expansion", 1er Novembre 1989.

La science économique a éclaté. Ses fondations se sont écroulées.

La pléthore d'informations excède désormais notre capacité de traitement.

1 + 1 ne font pas deux mais trois.

Attention au mirage de la prévision qui ne peut pas prendre en compte l'influence des comportements et des interactions

L'économie d'aujourd'hui est mouvante, mondiale et complexe. Nous le savons, mais nous n'en tirons pas les conséquences. Le résultat est pourtant là : les résultats, malgré la surabondance de données, tombent de plus en plus "à côté de la plaque". Pourtant, il fut un temps où tous les grands indicateurs (produit intérieur brut, sondages d'opinion : Maastricht, chômage, inflation...), obéissaient avec une relative sagesse à des évolutions qui, bien que non tracées à l'avance, étaient cependant assez bien discernables.

Chacun se souvient des chiffres imprudemment publiés à la fin de l'année 1987 par l'Allemagne à propos d'un taux de croissance pour l'année 1988. L'erreur ne fut que de 100% !

La réalité d'aujourd'hui appelle à plus de modestie. Beaucoup considèrent que la quantité d'informations dont nous disposons excède désormais nos capacités de traitement, de nombreuses et permanentes interactions remettant régulièrement en cause des estimations beaucoup trop précises.

Car cette réalité économique est tout bonnement d'une autre nature que celle que nous avons en tête. Si, jusqu'à présent, les économistes ont su analyser les faits, les décortiquer en critères, faire des projections, ils ont par contre négligé l'influence des comportements et des interactions.

La seule mise en rapport de deux individus, de deux entreprises étrangères ou de deux structures crée une situation que l'on ne peut plus décrypter en se contentant de se référer à chacun d'eux pris isolèment. Car l'équation 1+1 ne fait pas 2, mais donne naissance à toute une richesse, à de nouveaux courants qui font que 1+1=3. Parce que chacun intègre des données que sa présence pousse l'autre à lui communiquer, et réciproquement.

Que deviennent alors la prévision et la véracité de certaines études ? Peuvent-elles rester la seule mise à plat des tendances lourdes repérées à un moment donné ? Il est difficile de le croire, sans quoi nous ne connaîtrions pas des désillusions récentes.

Elaborer des scénarios traduit incontestablement un progrès, mais il arrive de plus en plus souvent qu'ils ne se concrétisent pas. En effet, le simple fait de l'imaginer modifie déjà notre comportement, donc les actes qui en découlent, donc la réalité. Montaigne n'a-t-il pas écrit : "Qui craint de souffrir, il souffre déjà ce qu'il craint" ?

François Rachline
"Le Monde", 1er Septembre 1992

L'INTERNATIONALISATION
ET L'EUROPEANISATION DES PHÉNOMENES

Avec l'internationalisation croissante des phénomènes, ce qui se passe à l'extérieur de la France soit se produit simultanément, soit se produira dans un futur proche dans notre pays.

- Le début d'un profond changement chez les Japonais

Que se passe-t-il au pays de l'emploi à vie, celui des japonais voués corps et âme à leur entreprise ? Le 5 Janvier 1989 a été lancé un magazine, "DODA", tirant à 400 000 exemplaires, présentant chaque semaine plusieurs milliers d'offres d'emploi de recrutement en cours de carrière.

Plus de trois millions de salariés japonais ont ainsi changé d'emploi l'année suivante et ce pour trois raisons essentielles : la pénurie de main-d'oeuvre, un désaccord avec un supérieur mais, essentiellement, la nécessité de satisfaire de nouvelles aspirations.

Ce phénomène n'existait pas avant cette date. Le Japon commence ainsi à connaître les mêmes aspirations humaines et les mêmes exigences que les pays occidentaux et va ainsi se trouver confronté à des remises en question qui fléchiront de manière considérable sa compétitivité !

Les jeunes cadres commencent à prendre des vacances et n'acceptent plus de loger à 5 par pièce. Les coûts sociaux et les salaires doivent augmenter

Même le Japon se trouve atteint par ce mal étrange : le désir d'une vie plus agréable.

- Internationalisation des Etats-Majors :

Après avoir largement contribué à la mondialisation de leur production, les grands groupes s'engagent à présent dans l'internationalisation de leurs équipes.

C'est ce que révèle une étude récente réalisée par l'Eurosearch auprès de trente groupes français et étrangers. Ainsi, les instances de direction de

La valse des cadres polyglotes modifie l'environnement.

sociétés comme Air Liquide, Casino, les Ciments Français ou Sommer-Allibert pour ne citer qu'elles, se trouvent timidement mais sûrement investies par 10 à 30% d'étrangers.

A cela s'ajoute l'exemple de la société Accor, laquelle s'est imposée pour règle qu'une personne embauchée sur deux doit être d'origine étrangère, tout comme ses filiales étrangères sont de préférence dirigées, dans 60 à 100% des cas, par des responsables locaux.

La plupart de ces groupes ne cherchent pas à imposer leur culture, mais au contraire à intégrer la culture des pays dans lesquels ils s'implantent.

- La nécessité de penser "EUROPE".

Une vision rapide et superficielle du monde aurait donner l'impression qu'il hésite encore, à l'aube du troisième millénaire, entre la marche en avant vers le XXIème siècle et le retour vers le XIXème siècle.

D'un côté, on assiste à l'extension d'un continent américain qui, sous la houlette de Washington, a entrepris avec un enthousiasme naïf de mettre en place, à l'instar de la C.E.E., un marché commun nord-américain de 320 millions de consommateurs.

La pression tentaculaire de l'Europe sur votre organisation.

De l'autre, on voit la grande Europe se déliter à la suite de l'effondrement de l'empire soviétique, de la décomposition des entités yougoslave et tchécoslovaque et des vélléités d'indépendance de la Corse et du Pays Basque espagnol, pour ne citer qu'eux.

Face à cela, la Communauté des Douze et l'AELE paraissent quelque peu débordées.

Seul le projet d'une Confédération Européenne, maladroitement lancé par le Président Mitterrand, semble être une solution cohérente. Une Europe dont on se demande si elle veut entrer dignement dans ce XXIème siècle en garantissant le développement matériel et les richesses des identités multiples de ses 650 millions d'habitants.

"L'Europe peut contribuer à la reprise. Elle doit pour cela remettre en selle le SME et surmonter la grande crise de confiance actuelle, ce qui exige de la modestie, chaque pays devant accepter l'épreuve de l'examen de sa propre politique par les autres pays (principe de la surveillance mutuelle).

Le moment n'est pas venu de se replier sur un noyau dur composé des pays "vertueux" et entouré de cercles comprenant les pays moins bien préparés. Il faut au contraire que les pays qui ont pris de l'avance facilitent le retour de ceux qui sont en retard". (Michel Cmacessus, Directeur Général du FMI - Le Monde du 19 Décembre 1992)

Mais le philosophe espagnol Miguel de Unamuno, pourtant farouche régionaliste basque, avait tenu, à l'occasion des Jeux Floraux qui se sont déroulés à Bilbao en 1901, des propos quelque peu prémonitoires que les chefs d'entreprises européens seraient bien inspirés de méditer : **"les murailles de Chine, matérielles ou spirituelles, totales ou partielles, appartiennent aux peuples qui ont perdu la foi en eux-mêmes"** (extrait d'un article paru dans "Les Echos" le 11 Septembre 1991).

Lorsqu'on me demande **"quel challenge professionnel votre génération est-elle susceptible d'apporter aux jeunes diplômés qui entrent dans le**

monde des affaires ?", je réponds invariablement : "l'Europe !".

La nouvelle génération de responsables sera celle de l'Europe. Il lui incombera de poursuivre l'oeuvre entreprise par Robert Schuman, d'apporter des modifications au Traité de Maastricht ou de créer une force d'intervention et des colloques internationaux destinés à trouver la meilleure façon d'appliquer et de faire évoluer un capitalisme éthique.

Un défi qui ne peut se relever qu'en se souvenant de la phrase prononcée par Jean Monnet peu de temps avant sa mort :

L'Europe : le seul vrai et grand projet de société à offrir aux jeunes de demain.

"Si j'avais à recommencer la construction de l'Europe, je commencerais par la CULTURE ! ".

Nous aussi, dans notre démarche, nous verrons un peu plus loin l'importance d'installer une culture Européenne au sein de toute organisation et plus particulièrement de l'Entreprise.

LA RÉVOLUTION DANS LES TRANSPORTS

ET DANS LES MOYENS DE LIAISON INTERNATIONAUX

Nous entrons dans l'ère des grands ensembles et de la mondialisation des peuples et des Etats.

La prodigieuse accélération des transports et de la communication a rétréci le monde en annulant l'espace qui séparait, voire isolait, les hommes dans leurs multiples cantons. La Chine reste le dernier pays au monde où l'on n'ignore encore un peu ce qui se passe.

Autrefois, un pays pouvait s'auto-suffire, si petit fût-il, à condition que ses terres fussent bien cultivées. L'essentiel des besoins relevait alors de l'alimentation et du logement, si bien qu'il n'existait pas de taille critique pour une nation.

La moitié de la consommation relève aujourd'hui de la production industrielle personnalisée en grande série (voitures, radios, téléviseurs, appareils ménagers).

La facilité des moyens de transport et de liaison.

Le plein emploi nécessite désormais l'existence de secteurs industriels et de services très développés mais organisés en unités à taille humaine.

C'est l'évolution scientifique et technologique, créatrice d'objets et de besoins qui pousse inexorablement vers le développement de ces unités de production spécialisées, délocalisées en unités à taille humaine, souvent entourées de sous-traitants bien placés sur des axes de communication très fréquentés et possédant une main-d'oeuvre qualifiée satisfaisante.

L'exemple de l'Aérospatiale reste significatif à cet égard, avec sa maison mère à Toulouse, ses usines en Allemagne et en Angleterre, et ses centaines de sous-traitants.

Le capitalisme n'est pas le moteur premier de cette marche vers la mondialisation de l'économie, la technologie et la science en font un phénomène inéluctable, irréversible, fatidique !

Tout dirigeant doit s'interroger sur le devenir de son activité dans les cinq années à venir, sur son aptitude à conquérir l'Europe et même le monde, sur l'éventualité d'opérer un regroupement avec d'autres afin de recréer une chaîne d'usines réparties sur la planète.

La contrepartie de cette unification progressive des marchés et des nations, due à la facilité des moyens de transport et de liaison, génère un phénomène de décentralisation interne dans tous les pays, qu'ils soient de création récente comme la Russie ou l'ex Yougoslavie, ou beaucoup plus ancienne comme la France. Elle constitue l'indispensable soupape aux diversités régionales.

Sommes-nous prêts à partir à la conquête de l'Europe ?

Déjà les fameuses "niches" chères aux hommes de marketing pointent leurs visages? N'y aurait-il pas de nouveaux produits ou de nouveaux services à créer ?

Dans les chaînes de franchise, on vend différemment en Bretagne, à à Paris et dans la région Provence-Côte d'Azur.

On constate à cet égard, au sein du Marché Commun Européen, que la relative autonomie des Länder confère une fois de plus à l'Allemagne un avantage certain, à la différence de la centralisation française, jacobine ou nationaliste qui ne facilitera pas, loin s'en faut, les indispensables ajustements nécessaires à l'Europe de demain. Nos conseils régionaux devraient être repensés dans ce sens.

LA COURBE INFINIE DES PROGRES ET DES DÉCOUVERTES

Il devient indispensable de mettre en place un moyen de suivre au quotidien les progrès, les découvertes, idées nouvelles réalisés ou émis dans chaque coin du monde dans le secteur d'activité qui vous concerne.

Suivre en permanence les progrès.

L'exemple de la "Logique Floue" peut servir à illustrer cette affirmation.

Une technique, d'origine américaine, chérie par les Japonais, qui a longtemps été méprisée par les Américains et les Européens.

"Les Japonais, qui n'ont pas de culture abstraite, n'aiment pas modéliser et se moquent bien de savoir quels sont les rouages d'un système alors que les Français veulent toujours comprendre ce qu'ils font avant d'exécuter".

Imaginez un aspirateur qui, non seulement, se déplacerait seul mais saurait aussi quelle brosse employer et avec quelle puissance ; une machine à laver qui saurait choisir lequel de ses 3 800 programmes est le mieux adapté au linge qu'on y a déposé, en fonction de sa texture et de son degré de saleté ; un robinet qui éviterait les désagréables chauds et froids qui ne manquent pas de survenir lorsque l'un est sous la douche pendant que l'autre décide inopinément de tirer de l'eau au même moment ; un four à micro-ondes qui réglerait de lui-même l'intensité et la durée de cuisson en fonction du plat qu'il doit réchauffer."

Tous ces produits existent et connaissent au Japon des records de vente. Ils figurent au hit-parade des produits les plus consommés dans l'archipel en 1990, selon une étude réalisée par Dentsu (l'une des premières agences mondiales de publicité).

Techniquement, ils utilisent un même type de dispositif : des contrôleurs à logique floue dont la commercialisation est encore pratiquement inexistante en Europe et même aux Etats-Unis.

Il y a fort à parier que des constructeurs japonais comme Matsushita et Hitachi inonderont bientôt les marchés occidentaux de leurs productions, déclenchant ainsi chez les consommateurs le même engouement qu'au Japon et ce sans rencontrer la moindre concurrence.

Les utilisations de la logique floue ne sont pas toutes aussi futiles que celles mentionnées plus haut. Hitachi en a développé pour faciliter la conduite des trains. Nissan en équipe ses automobiles pour améliorer les performances des dispositifs électroniques de freinage (ABS). Yamaichi Securities, une société de gestion de titres japonaise, s'en sert pour gérer un portefeuille de 1 100 titres" (Roland Pesty, responsable d'une société d'ingéniérie - "Le Monde", 6 Mars 1991).

Tous les jours, dans le domaine d'activité qui vous est propre, votre environnement technique vous apporte son lot de brevets, de concepts et d'idées. (Il suffit pour s'en convaincre de lire régulièrement "L'Usine Nouvelle" ou la revue "Idées Lucratives")..

L'INFLUENCE DES ÉVÉNEMENTS POLITIQUES.

Il s'agit de tenter de prévoir ou, en tous cas de s'informer des répercussions que peut avoir un événement politique national ou mondial sur la structure dirigée.

La lecture d'un quotidien économique comme "Les Echos" ou "La Tribune", tout comme le fait de prendre régulièrement le temps de discuter des grands événements de notre temps avec votre équipe de Direction (une réunion mensuelle est un minimum) représente une nécessité.

Les fluctuations du dollar, la guerre du Golfe à l'origine de la paralysie de certaines économies, la grève des routiers ne sont que des exemples parmi d'autres à méditer afin d'adapter en conséquence la marche de l'entreprise.

L'environnement politique joue un rôle considérable sur le tonus ou sur l'apathie de nos projets.

Les événements politiques font partie, intégrante, de la vie quotidienne d'une entreprise et l'événement surgit, bouscule, imprévisible, il arrive toujours comme un voleur, même si, après coup, tout semblait l'annoncer.

A 17 heures 15, le 8 novembre 1989, le rédacteur en chef de la radio-télévision de Berlin annonçait que rien d'important ne se passerait pendant le week-end qui suivait.

A 20 heures, la station apprenait au monde la chute du Mur.

LA PUISSANCE INCONTROLABLE DES MEDIAS.

Trait frappant de l'évolution vertigineuse de notre environnement ces dix dernières années : une brève information distillée au journal de 20 heures sur la situation de votre entreprise, et la Bourse s'écroule, les banquiers cessent de vous prêter et vos fournisseurs ne vous livrent plus !

Et que dire de la force de ces médias, plus limités quand il ne s'agissait que de radio mais qui, maintenant, lancent un produit en trois semaines, fabriquent subrepticement une mode ou une opinion et créent artificiellement en permanence ces "besoins inutiles" qui nous inondent.

La médiatisation participe à l'information des agents économiques, à la promotion des produits et des services et/ou aussi à l'évolution des comportements. Et cela tant en termes d'influence sur les décisions que de modélisation et d'uniformisation.

La puissance d'une entreprise dépend de sa capacité à maîtriser son systè-me de médiatisation.

L'INSTABILITE DE LA MAIN-D'OEUVRE ET DU PERSONNEL

L'environnement économique peut évoluer : fermetures d'usines, déplacement des centres d'intérêts et désertification des campagnes se trouvent à l'origine de mouvements importants de population.

Que deviennent alors la disponibilité, la qualité et le prix de la main-d'oeuvre ? Peut-il y avoir pénurie puis pléthore d'ingénieurs selon les périodes ? Tout cela n'est qu'une question de gestion !

Apprenons à consommer européen plutôt qu'asiatique.

Mais, si la main-d'oeuvre et les techniciens locaux n'évoluent pas, ce qui les prive de la culture technique nécessaire à la bonne marche de l'entreprise et les rend susceptibles de mettre en cause son existence même, il faut alors procéder à d'importantes restructurations.

Le prix de la main-d'oeuvre, qui varie en fonction de ses diversités régionales (Paris, province) ou nationales (la rémunération d'un ouvrier taïwanais est dix fois moins élevée que celle d'un ouvrier européen), constitue l'une des préoccupations fondamentales des entreprises.

La société Mitchell (fabricant français leader mondial du moulinet et de la canne à pêche) a préféré fermer son usine de Cluses (dans les Alpes) pour s'installer à Taïwan, afin de réduire ses coûts de fabrication, et rester ainsi compétitive par rapport à ses principaux concurrents japonais.

L'Europe doit uniformiser les conditions sociales européennes et fermer ses frontières aux importations malhonnêtes.

Tant d'autres, comme elle, ont quiitté le pays pour faire fabriquer leurs produits en Asie, et rester ainsi dans la course. Mais il est désormais possible de s'implanter dans n'importe quelle région de la Communauté Européenne, sachant qu'il faut cependant se hâter d'uniformiser les conditions sociales afin que des affaires Grunding ne se produisent plus. Il devient également urgent de fermer les frontières européennes à des produits fabriqués dans des pays dans lesquels l'homme se trouve exploité pour un salaire de misère et de convaincre les Européens de consommer de préférence les produits fabriqués en Europe.

LA JURISPRUDENCE DEVIENT COMMUNAUTAIRE.

Dans ce domaine également, un responsable est obligé de s'informer et de recevoir la jurisprudence relative à sa profession, parce qu'il doit en tenir compte dans ses orientations.

La loi Doubin :

Première loi à réglementer la création et l'organisation des réseaux de distributeurs ou de détaillants.

Cette loi, publiée le 1er Janvier 1991, a pour but de moraliser et de codifier toute l'organisation et le développement des réseaux de distributeurs indépendants : concessionnaires, franchisés, affiliés, coopérateurs, réseaux de partenaires, etc. Jusqu'alors, une entreprise qui distribuait ses produits par le biais d'un distributeur n'obéissait à aucune contrainte, pas plus qu'elle n'était soumise à un quelconque règlement.

C'est ainsi que, dans les années 1984-1986, le réseau Kiss lança un premier quadrillage sur la France de boutiques de cordonnerie-minute et de clé-minute en promettant à chacun de ses interlocuteurs une zone d'exclusivité ainsi que de nombreux avantages.

Or, elle implantait parallèlement les meilleurs emplacements par le biais d'un deuxième réseau, si bien que l'on rencontrait des Kiss à 50 ou 100 mètres les uns des autres, sans qu'aucun des avantages promis ne soit honoré.

Le but du fondateur de la marque était de bâtir sa fortune sur la vente rapide de matériel. Poursuivi en justice, il récidiva aux Etats-Unis et provoqua la faillite de nombreux adhérents.

De même, la marque "SPORTEUS", chaîne de petits magasins de sports de proximité montée par trois frères qui, par leur seul bagout, avaient réussi le tour de force de convaincre 250 franchisés en deux ans et qui, après avoir demandé et obtenu des droits d'entrée pharamineux, firent faillite en 48 heures, avec un passif tel que la chaîne n'a jamais pu être reprise...

La loi Doubin et son interprétation par la cour de cassation dans différentes jurisprudences permet de conseiller aux dirigeants de Réseaux de Distribution de :

- Procéder à une étude de marché au niveau national. Etude remise à jour régulièrement et donnant lieu à des études locales d'implantation pour chaque futur point de vente. De plus, une estimation relativement précise du futur chiffre d'affaires ainsi que la présentation d'un Compte d'Exploitation Prévisionnel est également requise.
- Mettre par écrit le savoir-faire de la Maison-Mère, sous la forme d'un "Livre de Méthodes", présentant toutes les facettes du métier au futur adhérent du réseau.

- Accepter le principe d'une parfaite transparence dans le cadre des relations bilatérales.
- Posséder des Magasins Pilotes qui ont fait leurs preuves et qui fonctionnent depuis deux ans au moins ; etc.
- Vérifier si la nature de leur contrat de distributeur ne nécessite pas la demande d'un Droit d'Exemption à Bruxelles, ou d'une Lettre de Classement.

Il existe aujourd'hui en France des milliers d'entreprises qui sont à la tête de réseaux de distributeurs avec lesquels il ne leur est plus possible de faire tout et n'importe quoi. Ce qui explique pourquoi, depuis deux ans, les faillites dans les domaines de la franchise ou de la concession, ce sont faites plus rares que dans les années 1988-1990.

Le monopole pharmaceutique :

Alors que les frontières des pays qui appartiennent à la Communauté Européenne explosent, les scandaleux monopoles des pharmacies françaises sont toujours là, alors qu'ils ont disparu partout ailleurs !

Le Conseil National de la Consommation, souhaitait depuis longtemps modifier l'article L. 512 du code de la santé publique, afin de déterminer le nouveau champ d'action du monopole, tout en prévoyant cependant l'exclusion de certains produits. C'est ce qu'il a fait, aidé en cela par le Secrétaire d'Etat à la Consommation et largement encouragé en ce sens par le Ministre de la Santé et de l'Economie de l'époque, Véronique Neïertz.

La fin "des monopoles" des "études"!

Quant aux magasins Leclerc et Carrefour ils n'ont pas attendu, quant à eux, pour créer un rayon spécialisé, ce qui n'est d'ailleurs pas allé sans de nombreux procès. Et même encore actuellement, l'ouverture en paraît encore bien frileuse.

Vous êtes pharmacien, directeur de supermarché ou fabricant de produits pharmaceutiques ? Ne pensez-vous pas devoir suivre au jour le jour cette guerre d'avant-garde qui peut remettre en cause l'activité que vous exercez et vous obliger à vous diversifier, comme l'ont déjà fait certains pharmaciens prévoyants, ou à repenser vos circuits de commercialisation ? Car il faut bien garder à l'esprit qu'une loi, qu'elle ait été favorable ou non à votre profession, peut avoir des conséquences inchiffrables sur votre activité.

Le droit communautaire :

Ce troisième point commence à révolutionner notre façon de diriger.

Alors qu'elle était encore inconnue de la plupart d'entre nous il y a quelques années de cela, la jurisprudence du droit communautaire vient envahir régulièrement le monde économique qui est le nôtre par un ordre juridique propre qui s'intègre dans les systèmes de droit des Etats-membres et qui s'impose à eux.

Le juge national se voit donc investi d'une mission nouvelle qui consiste à mettre en oeuvre le droit issu des traités européens, ce qui n'est d'ailleurs pas sans poser des problèmes d'insertion dans l'ordre juridique interne.

Le juge national peut faire référence à des lois différentes de celles votées en France.

Les règles du droit communautaire sont définies par la Cour de Justice des Communautés Européennes et sont de nature à modifier en profondeur la conception traditionnelle de la fonction du juge et le contenu des jurisprudences étatiques.

L'une de ses principales conséquences repose sur **"le principe de**

l'applicabilité directe", que Maître Robert Lecourt définit comme étant "le droit de toute personne (client, sous-traitant, distributeur franchisé : concessionnaire ou adhérent d'un groupement) à demander au juge de lui appliquer les traités, réglements, directives ou décisions communautaires.

C'est l'obligation faite au juge de faire usage de ces textes quelle que soit la législation du pays duquel il relève et notamment quant à l'interprétation des lois en fonction des traités communautaires, l'inapplicabilité de la loi interne contraire au droit communautaire ainsi que la protection effective des droits du particulier.

Comme par exemple le droit d'un entraîneur de football belge à faire annuler, comme contraire à la libre circulation des travailleurs, la décision du Ministre de la Jeunesse et des Sports lui refusant l'équivalence en France d'un diplôme d'enseignement spécial obtenu en Belgique. Ou la demande d'une société allemande du remboursement des taxes de contrôle phytosanitaire illégalement perçues à l'occasion de l'importation de pommes françaises en Allemagne.

Ordre juridique devenu autonome, le droit communautaire trouve son originalité dans les objectifs économiques qu'il vise : recherche de l'expansion, de la stabilité des prix, de l'élévation et de la convergence des niveaux de vie, du plein emploi, etc.

Mais ce sont aussi des actions d'échanges économiques, de financement, de **concurrence** et de **marché**, des formes d'organisation d'entreprises, des réseaux de distribution (franchises et concessions automobiles).

Le droit communautaire, ce sont enfin tous les problèmes des dominations économiques, des concentrations et de monopoles.

Ce droit communautaire prend donc progressivement la forme d'un véritable contre-pouvoir qui se développe d'ailleurs très rapidement et oblige chacun d'entre nous , du contre-maître au PDG à en tenir compte dans sa vie quotidienne. Car, tout un chacun, client ou distributeur, est susceptible de provoquer un procès assaisonné "à la sauce communautaire". Il n'est désormais plus possible de faire n'importe quoi.

Les sanctions tombent : on ne plaisante plus avec le non respect du droit à la concurrence !

Un dernier exemple, emprunté au Danemark, montre bien la prédominance du droit communautaire.

Il faut commencer par se remémorer que l'article 33 de la sixième Directive 77/388 de la Communauté Européenne interdit à tout Etat-membre d'introduire des impôts, droits et taxes ayant le caractère de taxes sur le chiffre d'affaires. Et ceci d'une manière claire, précise et inconditionnelle, protégeant ainsi le consommateur contre les décisions fiscales intempestives.

Or, le 18 Décembre 1987, l'Etat danois décrète une contribution de soutien au marché de l'emploi, dans le cadre de la politique économique de l'époque, et destinée à relancer la croissance et à développer l'emploi (la tentation serait d'ailleurs forte de procéder de même en France à l'heure actuelle).

Afin de réduire les charges des entreprises, le Gouvernement danois a estimé indispensable de faire financer par l'Etat certaines charges à caractère social, assumées jusqu'alors par les employeurs. Pour se procurer les recettes publiques correspondantes, il a institué une contribution

Le droit communautaire prend peu à peu la forme d'un véritable contre-pouvoir.

destinée à être répercutée sur le consommateur danois et correspondant à 2,5 % du montant total des ventes.

Cette opération, qui a pris fin le 1er Janvier 1992, a été remplacée par une augmentation équivalente de la TVA. Des entreprises comme DANSK-DENKAVIT (fourrages) et comme POULSEN-TRADING (hauts-parleurs) ont alors attaqué le Gouvernement danois, procès qui leur a donné gain de cause, et il s'est avéré que l'Etat danois avait perçu la modeste somme de sept milliards d'Ecus, soit 4 % de ses recettes totales pendant la période concernée.

Le seul fait d'avoir à considérer les demandes de restitution de cette contribution par chaque consommateur risquerait de provoquer un effondrement des systèmes judiciaire et fiscal danois.

Seul l'avenir dira si le consommateur n'est pas devenu pour la CEE le pivot de toute une nouvelle stratégie économique selon laquelle tout n'est plus permis ni même tolérable. A bon entendeur ...

LE RAZ-DE-MAREE ECOLOGISTE.

L'impact de la prise de conscience écologiste (tracé du TGV Méditerranée, site de décharge de Saint-Aubin, Sommet de la Terre à Rio, Tchernobyl, etc) implique la nécessité pour l'entreprise de l'intégrer comme un paramètre incontournable. Le mouvement écologiste, qui se présentait à l'origine comme une protestation contre les nuisances et les agressions faites à la nature, a progressivement évolué.

Il s'attaque aujourd'hui, avec une audience accrue, aux causes de la détérioration de l'environnement que sont les orientations des politiques industrielles, les ministères et les banques qui financent aujourd'hui les entreprises polluantes ou dangereuses. Il tente de proposer d'autres arbitrages que ceux du court et du long termes, de la croissance quantitative et de la croissance qualitative.

Face aux contraintes qui lui sont imposées, l'entreprise a souvent tendance à limiter sa réaction à une attitude défensive, notamment pour ce qui a trait aux règlements relatifs aux maladies professionnelles ou à la pollution de l'eau ou de l'air. Or, il est évident qu'un autre comportement et une attitude toute différente s'imposent.

L'écologie nous oblige à redéfinir un autre projet de société.

A l'heure où la société française n'arrive pas à proposer un projet de société qui retienne l'attention, l'écologie semble bien représenter une idée mobilisatrice qui rencontre un large écho dans l'opinion publique.

Une telle vitalité repose sur toute une conception du monde, mais se heurte à des enjeux techniques, scientifiques, politiques et industriels.

Elle construit ses fondements sur la responsabilité de chacun d'entre nous, sur l'attention aux autres, nos contemporains bien sûr, mais aussi les générations à venir, qui doivent pouvoir vivre dans la même nature que la nôtre, dans un monde sauvegardé autant que faire se peut.

L'écologie opère ainsi une véritable remise en question de notre comportement quotidien (elle préconise, par exemple, d'aller au bureau à trois dans une même voiture) et vise à redéfinir les notions de production, de modes de travail, d'achat et de vente, ou encore d'aménagement de l'espace (construire une autoroute bruyante et polluante en plein milieu d'une vallée touristique et calme de haute montagne), etc.

Voici quelques chiffres, tirés d'une enquête menée par le Groupe Prospective de l'Environnement en 1990, qui font réfléchir sur la croissance de certains secteurs d'activités économiques et d'équipement entre 1970 et 1990 (valeur approchée à 5% près).

Ce qui a	Activité	Taux de croissance ou Coeffecient Multiplicateur
plus que quintuplé	-Déchets nucléaires cumulés -Production d'énergie nucléaire -Superficie cumulée des hyper et des supermarchés.	> 50 x 50 x 7
plus que quadruplé	Kilomètres d'autoroutes	x 4
plus que triplé	Consommation de pesticides	x 3,5
plus que doublé	-Volume de la circulation routière (voitures, camions) -Parc automobile -Produits pharmaceutiques et chimie fine	x 2,2 x 2 x 2,2

L'écologie pourrait se définir comme l'étude des inter-relations entre, d'une part, les différents constituants d'un écosystème et, d'autre part, les écosystèmeseux-mêmes, car elle fait appel à de nombreuses disciplines, comme la biologie, la géologie, les mathématiques ou la sociologie.

Tout comme elle examine l'environnement à des échelles différentes, pouvant ainsi s'intéresser, par exemple, à une rivière ou à une forêt, à l'océan ou à la planète toute entière. Là encore, nous rentrons dans la complexité des problèmes écologiques que les responsable d'entreprisesoude toute autre structure ne peuvent plus ignorer.

L'écologie : un choix stratégique.

Un chimiste comme Bayer fait de la prise en compte du risque l'un de ses objectifs industriels majeurs, ce qu'il reprend en assemblée générale lorsqu'il affirme que la pérénnité de l'entreprise est en jeu et que le respect de l'environnement va de pair avec la recherche de la qualité et de la profitabilité.

L'écologie exige de plus en plus d'investissements, en particulier dans le domaine de la recherche fondamentale, tout comme elle nécessite de développer l'exportation de méthodologies rigoureuses, afin d'améliorer, notamment, les connaissances des seuils dangereux de concentration, les différents types de toxicité, la classification des risques et des procédés de recyclage, ou encore la mise en pratique de normes ou de labels. C'est ainsi que, chez Bayer, plus de mille personnes sont spécialement affectées à la protection de l'environnement. En 1990, le montant des dépenses consacrées exclusivement à ce secteur d'activité atteignait déjà six milliards de francs.

Il faut savoir que 20% des déchets toxiques sont actuellement présents dans les ordures ménagères (contre 1% en 1960).

Beaucoup reste à faire pour sensibiliser les entreprises et le consommateur !

LES PROFONDS CHANGEMENTS DES CONSOMMATEURS

Le seul à déterminer en amont les comportements de l'entreprise est le consommateur, l'utilisateur final. Or, depuis quatre ou cinq ans, il est en train de modifier radicalement ses modes de consommation. Aucun responsable ou distributeur ne peut faire fi de ces changements, sans quoi ses concurrents prendront vite plusieurs longueurs d'avance.

Si l'on veut dresser un bref historique de l'évolution de la situation, on peut la résumer comme suit :

- Les années 1958 à 1970 se caractérisent par une consommation de masse. On achète tout et n'importe quoi, parce qu'une importante partie de la population a accédé au double salaire, à un statut social, et à un revenu plus important.

- Les années 1980-1990 marquent une pause : les fabricants découvrent le début d'une segmentation en grands marchés, on commence à parler de différenciation. On réalise, en 1988, par exemple, que l'enfant et l'adolescent peuvent représenter un courant d'affaires spécifiques.

Prendre conscience de l'accélération du changement dans les attentes du con-sommateur.

- Les années 1990 à 1992 connaissent un lot d'événements sans précédent : chûte de l'empire soviétique, guerre du Golfe, nationalismes européens, déconsidération politique, lesquels créent un climat d'incertitudes et de craintes (chômage, sida), de méfiance aussi et, surtout, depuis 1992, d'attentisme, mal ô combien néfaste !

- Les années 1993-1994 apportent au consommateur la certitude qu'il commence des années difficiles. Il ne voit plus le bout du tunnel, il commence à prendre conscience qu'il est allé trop loin, qu'une véritable mutation s'opère.

Tous ces événements se trouvent également sans cesse amplifiés par une hyper-médiatisation qui alterne surinformation et désinformation, ce qui se traduit, chez le consommateur, par un climat de prudence, de raison et de sérieux qui se conjugue, parfois, avec une relative pénurie budgétaire.

Pourtant, et on l'oublie souvent, c'est le client qui fait le produit !

En conséquence essayons maintenant de déterminer les grandes tendances du consommateur de demain.

Ce que le producteur pense de ce qu'il fabrique n'a plus aucune importance. Ce que le consommateur pense de ce qu'il va acheter a toute son importance.

Premier constat : LE FRANCAIS ACHETE MOINS !

• Moins de besoins, car il a l'essentiel. La France possède tout! Elle est entrée dans l'ère de la consommation de masse.
• Moins d'envies, car trop sollicité par une publicité agressive et par la surabondance des propositions d'offres. Il suffit de se promener dans un hyper-marché à soixante caisses pour comprendre à quel point la diversité de choix peut freiner l'achat. !
• Moins de désir de paraître ou de faire de l'esbrouffe vis-à-vis des copains, donc moins de dépenses de standing.
• Moins de dépenses inutiles superflues.

**Le consommateur devient plus réfléchi,
plus sélectif.
Il raisonne, il picore !**

Deuxième constat : IL CONSOMME MIEUX

• Le consommateur sait désormais résister aux tentations de la mode, aux stimulations du marketing et de la publicité, aux fausses promesses commerciales et aux arguments de vente superficiels.
C'est pourquoi l'utilisateur final de vos produits se détourne progressivement de la consommation pour se diriger vers d'autres valeurs liées à des choix de vie personnels qui vont l'orienter vers de nouvelles dépenses de type culturel, sportif ou de loisirs.
A cela il faut ajouter plusieurs caractéristiques.
• Il est mieux informé grâce aux médias.
• Il sait dépister les meilleurs points de vente dans le but d'acquérir un produit de qualité au prix le plus raisonnable possible. D'où l'importance des surfaces d'exposition, de bornes vidéo interactives, destinées à montrer des produits "de visu" ou "en situation" et à apporter des arguments convaincants ou réfléchis.
• Il achète en connaissant parfaitement les prix, qu'il compare grâce à sa machine à calculer. Il fait jouer la concurrence.
• Il sait attendre le meilleur moment pour réaliser une bonne affaire.

**Le consommateur achète juste, au prix juste,
la juste quantité.
Il devient exigeant.**

Troisième constat : IL CONSOMME SIMPLE

Il refuse :

• La complexité des produits :

- la machine à laver à quatorze programmes alors qu'il n'en utilise que trois,
- le magnétoscope que seul le petit-fils rompu aux subtilités de l'électronique réussit à faire marcher,
- l'excès d'automatisation.

• L'investissement :

- dans les produits qu'il ne sait pas utiliser,
- dans les gadgets, fait entièrement nouveau !

• Un trop rapide bouleversement de ses habitudes, car c'est lui qui commande, et il n'accepte plus que les fabricants ou la publicité lui dictent la conduite à suivre, dans le seul but de le faire entrer dans leurs "fourches caudines".

• L'excès de choix.

• Le clinquant, l'artifice, la frime, le périssable.

Mais il gère son temps:

• car il a de plus en plus de temps libre

Année	En 1800	En 1900	En 1990
Espérance de vie	36 ans	50 ans	72,5 ans
Temps libre d'adultes	8%	12%	24%
Travail	31%	24%	10%
Temps physiologique (sommeil-repas)	42%	44%	41%

Le solde de temps de chaque colonne correspond à des temps divers tels que le transport, le temps de l'enfance et la scolarité.

• car il fait la chasse au Temps Bête, inutile, considéré comme dévalorisant.

La perte de temps à faire cuire un repas explique la progression foudroyante du micro-ondes dont le taux d'équipement des ménages était :

en 1987 de 11 % des ménages
en 1990 de 23 % des ménages
en 1993 de 40 %

Le consommateur recherche:
- le vrai,
- le pratique,
- le gain de temps.

Quatrième constat : IL CONSOMME AVEC SES SENS

• Il aime recréer une atmosphère de famille, de chez soi, d'intimité (on parle alors de "cocooning") :
- prolifération de photos de famille et de plantes vertes,
- des machines à café de plus en plus conviviales au travail,
- montée en flèche des animaux domestiques.

• Il veut marier son univers intérieur avec la nature, faire entrer le soleil et les couleurs. Il est très sensible au courant écologique.

• Il aime se faire des petits plaisirs - ce qui explique que le premier prix et le Haut de Gamme est souvent demandé

Le consommateur éprouve la nécessité de se relier aux autres.et développe "le cocooning" Il est très sensitif.

En résumé, nous n'oublierons plus que :

Le nouveau profil du consommateur des années à venir se caractérise par une SEGMENTATION de plus en plus FINE.

LE CONSOMMATEUR
CHANGE

PREMIER CONSTAT
Il consomme moins
on l'appelle :
LE PICOREUR
Plus selectif, plus réfléchi, il raisonne...

DEUXIEME CONSTAT
Il consomme mieux
on l'appelle :
L'EXIGENT
Il achète juste, au prix juste, la juste quantité.

TROISIEME CONSTAT
Il consomme simple
on l'appelle :
LE PRATIQUE
Il recherche :
Le vrai, le gain de temps.

QUATRIEME CONSTAT
Il consomme avec ses sens
on l'appelle :
LE SENSITIF
Il éprouve la nécessité de se relier aux autres
et développe le "cocooning".

L'ESPIONNAGE DE LA CONCURRENCE

C'est là l'un des derniers aspects de l'environnement de l'entreprise qui nécessite toute l'attention.

Il nous apparaît important d'insister sur le caractère primordial d'une réflexion approfondie et régulière sur la concurrence.

Une entreprise se doit de connaître en permanence les faits et gestes de ses concurrents, d'autant qu'il devient très difficile de trouver régulièrement des inventions, des brevets et des améliorations qui permettent de rester leader face à une concurrence de plus en plus dynamique.

Pour gagner du temps, affiner votre stratégie, simplifier vos problèmes, maintenir votre avance technologique, faire face à l'invasion des nouvelles entreprises qui arrivent d'Europe, il va vous falloir mettre en place tout un Plan d'action face à cette concurrence à laquelle vous vous trouvez confronté, et ce de trois façons :

- Observer en permanence leurs faits et gestes.
- Etudier et mettre en valeur vos PLUS par rapport à leurs produits, à leurs services et à leurs stratégies.
- Réorienter vos axes de Recherche et Développement vers les points faibles, afin de créer des produits ou services soit différents, soit complémentaires.

Afin de réaliser ce programme, il s'avère nécessaire de scruter en permanence la concurrence et de posséder un Service de Renseignement. Là encore, des possibilités s'offrent à nous :

- Les méthodes noires : l'espionnage pur et dur (fortement déconseillé)
- Les méthodes grises : la veille concurrentielle (à utiliser avec précaution)
- La méthode blanche : l'observatoire de l'Environnement (qui a notre préférence)

La méthode noire : l'espionnage pur et dur

La guerre économique.

Les services secrets de la plupart des pays industrialisés ne se privent pas de pratiquer l'espionnage industriel.

Aux Etats-Unis, par exemple, tout le monde connaît le Temple Mondial du Secret à Sigint-City, lequel héberge la Grande Oreille des USA qu'est la National Security Agency (NSA), dotée d'un budget supérieur à la CIA.

Elle emploie plus de 35 000 personnes et sont but essentiel demeure la protection des secrets américains, grâce notamment à l'écoute de tout ce que le spectre hertzien compte de radio-communication ou à l'analyse des photos d'une importante escadrille de satellites espions.

La France ne fait pas exception puisque, depuis 1981, la SDECE (devenue DGSE) a été dotée par son directeur de l'époque, Pierre Marion, d'un “Service de Renseignements Economiques, Technologiques et Industriels”, lequel permet de fournir à une firme française un dossier détaillé sur les propositions concurrentes relatives à un appel d'offres.

Notamment pour ce qui est du matériel aéronautique, comme ce fut le cas lors de la vente de 49 avions “Mirage” à l’Inde par Dassault, en février 1981, pour un montant d’un milliard de dollars.

Quelques exemples
• A Tokio, les représentants d’une entreprise française de cosmétiques confient leurs bagages à un véhicule d’accompagnement pendant qu’eux-mêmes montent dans une voiture avec chauffeur envoyée par leurs hôtes. Quand ils récupèrent leurs bagages quelques heures plus tard, un concurrent japonais a eu le temps, grâce à la complicité du chauffeur, d’intercepter les valises et de photocopier les propositions et les devis des Français.

• En 1987, tous les ingrédients d’un roman d’espionnage sont réunis dans “l’affaire Ariane” : un ingénieur tombe amoureux d’une belle soviétique, Ludmilla Variguine, dont il fait sa maîtresse. Mais jalouse, elle le dénonce et les secrets d’Ariane passent dans les mains du GRU, les renseignements militaires soviétiques...

• L’innocent stagiaire est la bête noire du contre-espionnage, l’anguille, la brebis galeuse, le ver dans le fruit ! Bénéficiant d’une vue privilégiée dans l’entreprise, il peut devenir une source d’informations inestimables pour la concurrence. La DST affirme détecter chaque année plusieurs centaines de stagiaires téléguidés.

Quelques exemples d’espionnage industriel à déconseiller.

L’écoute téléphonique de l’ennemi est également très pratiquée : pour exemple la société Bio-Vet, dont le directeur, Alain Oïda, témoigne dans “Libération” : **“J’ai compris pourquoi mes contrats m’échappaient au moment de la négociation finale, même en cassant les prix, pourquoi mon concurrent était au courant de mes moindres déplacements et visitait parfois mon client de la journée dès le lendemain de ma venue. Dès que j’ai eu découvert qu’il m’espionnait grâce à un système d’écoutes, j’ai triplé mon chiffre d’affaires !**

Nous pourrions citer d’autres exemples allant jusqu’à la menace, voire même jusqu’à l’accident corporel, dans le but d’intimider un concurrent trop menaçant ! Les pratiques illégales ne sont pas en régression mais au contraire en hausse constante sur le marché mondial. Pour preuve le développement de la mafia sicilienne ou l’apparition, beaucoup plus récente, d’une mafia qui opère à l’Est de l’Europe.

La méthode grise : la veille concurrentielle

Sur des marchés aussi ouverts et exposés que les marchés français, la veille concurrentielle est une obligation ! Comment voulez-vous animer une équipe de vente si on ne connaît pas, ne serait-ce que partiellement, les attitudes de ses concurrents ?

Nous avons souvent remarqué qu'il ne servait à rien de protéger un savoir-faire en tant que tel, car il est facile à détourner et devient vite caduque. Il en est de même à fortiori pour un produit dont la durée de vie est inférieure à trois ans, comme c'est souvent le cas dans le domaine alimentaire. Insister trop lourdement sur la notion de secret ne fait que provoquer une attitude défensive et n'incite pas le personnel à adopter une attitude plus offensive pour rechercher partout l'information.

Quant à juxtaposer un service de sûreté et un service de veille, cela paraît tout bonnement antinomique que les personnes affectées à la défense protègent des informations dont elles ne perçoivent pas toujours l'importance ou les répercussions, d'une part, et que, d'autre part, les chercheurs, souvent peu au fait des problèmes de sûreté, ignorent la nature des agressions dont fait l'objet leur entreprise.

Reste à poser les limites d'une attitude offensive en matière d'information, qui ne contreviennent pas à la déontologie concurrentielle. La plupart des entreprises éludent le sujet quand elles ne l'ignorent pas purement et simplement, comme s'il s'agissait d'un interdit. Ce silence regrettable empêche de passer du stade de la prévention à celui de la véritable information.

Voici quelques méthodes de "grisaille" telles qu'elles sont pratiquées par les services de veille concurrentielle :

-Débaucher un cadre concurrent d'une manière organisée.

-Envoyer une délégation visiter une usine, chacun se voyant affecté d'une mission précise, prise de photos à l'appui.

-Laisser tremper sa cravate dans des liquides dont la nature relève de secrets de fabrication.

-Etre équipé de semelles fortes adhésives auxquelles aucune poussière n'échappe.

-Soudoyer un chasseur de tête comme source d'informations.

- etc.

La méthode blanche :"L'Observatoire de l'Environnement Global"

Comment mettre en place des moyens honnêtes destinés à mesurer en permanence la concurrence et, d'une manière plus générale, l'évolution de son environnement ? L'Observatoire de l'environnement global est une réponse qui permet de concilier efficacité et éthique, et dépasse, dans sa finalité même, le simple problème d'information sur la concurrence.

> **"Savoir pour prévoir afin de pouvoir", disait Auguste Comte**

Cette maxime résume parfaitement ce chapitre sur l'environnement au sens large, que nous appellerons dorénavant "l'Environnement Global", en effet :

• Si la structure que vous dirigez ne fait pas un effort considérable afin de **SAVOIR** ce qui se passe à chaque instant dans son Environnement, elle n'existera plus dans cinq ans.

• Mais, pour cela, il faut **PRÉVOIR**, ce qui signifie s'organiser, afin de capter tous ces messages que la politique, la jurisprudence, l'écologie et la concurrence nous délivrent à chaque instant.

• "l'Observatoire de l'Environnement Global" permet d'acquérir cette possibilité et vous donne alors le **POUVOIR** de l'action.

Les trois mots-clés du "Gentleman-Astrologue" : savoir, prévoir, pouvoir.

Il faut passer désormais de la prise de conscience de l'environnement extérieur à celle qui consiste à le capter, à l'appréhender, à le diriger.

Le souci de l'environnement va influencer la culture de notre organisation. Il est à l'origine d'enjeux financiers considérables en termes de coûts des investissements et de rentabilité des réalisations (recherche de nouvelles molécules, de nouveaux procédés d'épuration, de nouveaux emballages, etc.).

Il génère des lois et des normes qu'il faut connaître afin d'éviter tout excès.

Beaucoup plus qu'un simple devoir d'information, nous abordons une véritable sensibilisation de toute la structure à la notion d'environnment.

La fonction de l'Observatoire

Elle est double :

• Soumettre à la Direction Générale des informations fiables et régulières sur l'Environnement Global et externe à l'entreprise.

• Développer le souci de l'Environnement Global dans les mentalités et auprès de tous ceux qui oeuvrent à la production et à la création de nouveaux produits.

Forts de ces renseignements, les responsables seront en mesure de choisir les bonnes stratégies et de prendre les bonnes décisions.

Les tâches et la structure de l'Observatoire.

On distingue deux tâches fondamentales qui peuvent être exercées à mi-temps :

• La tâche de SCRUTATEUR, lequel a pour rôle de chercher les renseignements, de remonter les filières, d'informer, de procéder à de véritables instructions ou enquêtes policières, d'observer et d'analyser.

• La tâche de COORDINATEUR, qui a la charge de toutes les actions déjà engagées dans ce domaine par les services Qualité, Recherche et Développement, Sécurité, Fournisseurs ou Sous-Traitants, etc...

Les titres vont de "directeur" à "responsable", en passant par "coordinateur" de l'Environnement Global. Mais, dans tous les cas, il dépend de la direction générale et est susceptible d'appartenir au Comité de Direction.

Le profil recherché sera celui d'un généraliste de haut niveau, capable d'animer une équipe, possédant une bonne capacité à communiquer, maîtrisant les questions techniques et financières, apte à recourir aux moyens modernes de communication interne et externe et à l'aise dans le suivi des aspects juridiques et normatifs liés à ces questions, mais qui devra avant tout posséder deux qualités de base : la curiosité et l'esprit de synthèse.

Le structure se compose d'un responsable et d'une assistante-secrétaire, chargée de tenir les panels, de mettre à jour les outils d'information et de superviser les enquêtes.

Il va de soi qu'une efficacité maximale ne peut être obtenue que grâce à la décentralisation des activités, par le système dit "en réseaux". Chaque problème doit se traiter sur les sites, sur le terrain, que ce soit à travers les Cercles de Qualité, la Commission de Sécurité ou les stages de formation.

Il s'agit de renforcer la sensibilisation à l'environnement auprès de chacun et de désigner un CORRESPONDANT à l'environnement dans chaque équipe, dans chaque service, dans chaque cellule existante. Les cellules étant coordonnées entre elles grâce à un Responsable à l'Environnement".

Cette structure peut varier en taille selon qu'elle s'applique à une PMI, à une PME ou à une grande entreprise :

Pour les PMI-PME, il est vital de créer ce poste si leurs dirigeants veulent prendre de l'avance, se constituer des PLUS par rapport à la concurrence, économiser le coût parfois élevé d'une équipe de Recherche et de Développement., mais la fonction peut en être confiée soit au Directeur Marketing ou Commercial, soit au Directeur Technique, qui devra y consacrer au moins une journée par semaine.

Pour les grosses sociétés, la structure peut être étoffée par des Enquêteurs ou par des stagiaires des écoles supérieures.

Différence entre Vigie, Veille Technologique et Responsable de l'Environnement Global.

La fonction de "Responsable de l'Environnement Global" dépasse complètement le rôle d'une simple vigie, et ce pour deux raisons au moins :

D'abord parce qu'une vigie ou un veilleur se contente de rester en haut de son mât et d'attendre l'événement, alors qu'ici on part à sa rencontre, on l'anticipe.

Ensuite parce que l'activité d'une vigie ou d'un veilleur se limite surtout à surveiller la concurrence, alors qu'ici le champ d'action est très large, puisqu'il touche à l'environnement perçu sous toutes ses formes.

Les Rôles de l'observatoire :
Ils seront de :

•.Anticiper les changements économiques qui vous entourent.
• Contribuer à réduire la complexité des problèmes de l'environnement.
• Mesurer les conséquences de l'internationalisation et de la mondialisation des problèmes.
• Former votre entreprise à prendre en compte le pouvoir de l'Europe dans de nombreux problèmes d'application.

• Faire réaliser que le transport d'un objet, d'une image ou d'une idée d'un point à un autre ne pose plus de réelles difficultés.
• Vous tenir au courant des découvertes qui se rapportent à votre activité,
• Tenir compte des événements politiques qui influencent de plus en plus, au quotidien, la vie de votre entreprise (grèves, taxes, jurisprudence, etc).
• Savoir jouer avec les médias, les canaliser et les décrypter.
• Prendre en considération tous les aspects écologiques.
• Rester très clairvoyant face au changement permanent des attentes du consommateur final.
• Scruter la concurrence, etc.

Les outils.

L'Observatoire du Pic du Midi a pour mission, comme la plupart des autres sites dans le monde, non seulement d'observer, mais aussi et surtout de scruter les étoiles, de découvrir ce qu'elles cachent, de remonter les mécanismes complexes du temps et des origines de la vie. Pour cela, il utilise des outils, conçoit des programmes, emploie des méthodes.

Notre Observatoire de l'Environnement Global dispose de même d' une panoplie d'outils pour mener à bien sa mission.

Le "Benchmarking"

Une technique dont l'éthymologie signifie la borne, la référence et, par extension, l'art de se comparer, dans un domaine précis (que ce soit la logistique, la maintenance ou les achats,), à une ou à plusieurs autres entreprises qui font référence dans la spécialité concernée.

Cette comparaison à d'autres organisations permet à une entreprise de mesurer les écarts de référence qui la séparent de ces "modèles" et, surtout, d'analyser les procédures éprouvées par eux, et de chercher, en les adaptant à son cas particulier, à s'améliorer.

C'est grâce à cette technique que Rank Xérox a divisé par trois ses coûts de production. Le GAN, le Crédit du Nord, Digital France et Renault y ont également recours.

Aller chercher des idées innovatrices dans une autre structure.

Parallèlement à ce benchmarking externe, il existe un benchmarking interne qui consiste en l'art de comparer entre elles les performances des différentes unités d'un même groupe.

La méthodologie pourrait se résumer ainsi :

- Identification d'une entreprise cible.
- Mesure des écarts qui séparent l'élève du maître.
- Analyse des facteurs de performance de l'entreprise benchmarkée.
- Détermination d'un PLAN D'ACTION destiné à adapter chez soi ce que l'autre réussit si bien chez lui.

Le benchmarking se révèle particulièrement efficace lorsqu'il s'agit de STIMULER une équipe car il ne dit pas **"D'autres font mieux que vous" mais "voilà comment font les meilleurs, voilà ce qu'ils obtiennent. Or, ils ne sont pas plus intelligents que vous, ils ne travaillent pas non plus trois fois plus. Seulement, ils travaillent différemment"**. Autrement dit, il ne se contente pas de constater, de critiquer et de culpabiliser, il explique et donne des méthodes afin de surpasser ou, à tout le moins, d'égaler le concurrent.

La Business School.

C'est une extension du benchmarking qui consiste à emmener les cadres de l'entreprise à la rencontre d'une culture étrangère et de sociétés étrangères, leaders dans le même domaine d'activité que le sien et obligatoirement situés dans un autre pays que la France.

Le séjour alterne visites d'installations et de réalisations et une formation dispensée par des spécialistes étrangers, périodes entre lesquelles s'intercalent des moments forts d'échanges d'expériences vécues entre les cadres des deux pays. On en revient chaque fois avec des brassées d'idées plein les bras et des témoignages convaincants qui viennent enrichir l'Observatoire de l'Environnement Global.

Créer un mouvement d'opinion en sa faveur.

Le lobbying.

Très souvent confondu, en France avec la communication d'influence ou avec certaines formes de relations publiques, le lobbying tel que nous le préconisons se définit comme "l'art de maîtriser les effets de l'Environnement Global".

Le processus se rapprocherait ainsi du Jeu de Go, qui consiste à protéger l'entreprise en lui donnant les moyens de connaître toujours mieux son entourage et de construire des stratégies adaptées.

Les créations du lobbying peuvent prendre des formes variées : veille stratégique, négociation sur les normes, influence sur son marché, rapprochement et alliance, amélioration de l'image de l'entreprise et des institutions auprès des instances nationales et internationales, montage d'opérations critiques à caractère offensif ou défensif, changement de Présidence ou de Direction Générale, etc. Mais attention, il y a lobbying et lobbying ! Car, derrière chaque organisation se cache une culture, avec les valeurs et les intérêts qui lui sont propres. Si le lobbying reste dans le contexte de ces valeurs, il réussit et il demeure honnête. Par contre, s'il s'en éloigne, il déforme l'entreprise et les acteurs qui l'animent.

Le lobbying se vit comme un travail dans l'ombre, dans les coulisses du pouvoir, destiné à recueillir et à traiter l'information en fonction des messages du commanditaire, puis de l'influencer par ses actions. C'est un métier de funambule. (J'ai personnellement subi les contrecoups du lobbying qui m'ont ainsi empêché, pendant près de vingt années, de mettre sur le marché une nouvelle plante qui allait concurrencer l'industrie de la papeterie).

Mais le lobbying devient, par contre, très efficace et parfois indispensable dans de nombreuses campagnes d'opinion, telles la lutte contre le tabac, contre l'alcool ou encore le maintien du franc.

Sillonner les foires et salons

Les foires et les grandes manifestations.

Quel gain de temps vous allez réaliser, et quelle efficacité, si l'on vous aide à participer à un salon professionnel : indication des emplacements qui permettent de toucher le maximum de "prospects", élaboration de documents destinés à être le plus convaincants possible, observation des concurrents, etc. !

D'autre part si :

- -Vous ignorez comment tirer parti d'un congrès ?
- -Vous cherchez à prendre une part active dans une manifestation, dans le but d'y faire passer des messages que vous estimez essentiels?
- -Vous avez des conventions à mettre en place, mais elles mobilisent des énergies internes pendant des mois, et elles ne vous donnent pas satisfaction dans la manière de faire remonter les informations en provenance des distributeurs ?

Pour chaque cas, il existe maintenant des cabinets spécialisés susceptibles de vous apporter les méthodes et les moyens qui vous permettent d'être rapidement très performants et de tirer le maximum d'avantages de ces salons et grandes manifestations.

Créer des Panels pour votre profession

Panels et Votes-Colorés.

La création d'un **panel** personnalisé dans un domaine déterminé, afin de mesurer en permanence l'évolution de vos parts de marché ou les attentes de vos clients peut être intéressante.

Utilisez à cet effet les **"votes colorés"**, procédé rapide et d'emploi facile qui permet de réaliser des bilans d'opinion dans des populations de 50 à 1 000 individus, afin de connaître, entre autres, les priorités de vos distributeurs, les réactions de votre personnel face à un événement donné ou les besoins d'une catégorie déterminée de clientèle.

Ces votes se présentent sous la forme d'une liste restreinte de QCM (Questions à Choix Multiple) auxquelles l'on répond en cochant dans des colonnes aux couleurs de l'arc-en-ciel :

- - Vert signifie "je suis d'accord avec la question posée".
- - Rouge signifie "je ne suis pas du tout d'accord".
- - Blanc signifie "je m'abstiens", etc.

La formation.

Il est possible de créer des modules de formation spécifiques afin de sensibiliser le personnel aux problèmes de l'environnement ou aux méthodes permettant de rester curieux et de savoir tirer parti de la richesse de l'environnement.

Un séminaire spécial de formation du Responsable de l'Environnement Global de votre entreprise peut se concevoir.

L'audit interne sur l'environnement global.

Il se compose d'un ensemble de procédures et de mesures qui permettent à l'entreprise de suivre et de contrôler de façon permanente certains indicateurs.

Ecouter.
Ouvrir ses
oreilles
et ses yes

L'indice "ENGLO" de l'environnement global.

Il consiste en l'attribution d'un système de notes ou de points à certains indicateurs décrits précédemment dans le paragraphe ci-dessus intitulé "Vigie et veille technologique". Ces indicateurs peuvent être identiques pour une même profession ou pour un même réseau de distribution (groupements, franchises, concessions).

La note ou "indice englo" de "environnement global" qu'on leur attribue permet de comparer et de mesurer les écarts relatifs à la capacité à observer et à analyser son Environnement Global pour une entreprise donnée par rapport à une autre.

L'appui des cabinets de conseils.

Pour mettre en place cet "Observatoire de l'Environnement Global", il existe des cabinets qui peuvent vous aider à élaborer les méthodes, les objectifs, la sélection et la formation du Responsable et vous organiser des visites d'autres structures, entreprises, organisations à l'étranger.

QUELQUES SUGGESTIONS

• **n° 22** : Se méfier des bruits de couloir et des informations sans preuve. Exiger toujours un descriptif des faits sans interprétation !

• **n° 23** : S'entraîner à être attentif en inventant des actions : téléphoner à un vieux client qui ne travaille plus avec vous afin de lui demander ce qu'il pense de la situation, donner suite aux réclamations laissées en suspens, ne pas jouer à l'homme débordé quand un collègue vient entamer la conversation, etc.

• **n° 24** : Réfléchir au style de pouvoir que vous exercez. La puissance, la force, "l'assistanat", ou l'écoute, la participation ?

• **n° 25** : Rédiger un éditorial afin d'expliquer que la crise nous donne une occasion de nous surpasser.

• **n° 26** : Face à une situation ou à un problème difficile, s'entraîner à suivre les conseils des sept conseils qui permettent de vaincre la complexité. (voir tableau N° 8)

• **n° 27** : Etudier comment donner une dimension européenne à nos actions.

• **n° 28** : S'organiser pour décortiquer deux journaux, l'un généraliste, l'autre professionnel; et s'interroger, après chaque lecture, sur les répercussions que pourraient provoquer les événements politiques et économiques sur notre organisation.

• **n° 29** : Se méfier des médias, prendre du recul par rapport à l'information. Laisser le temps agir ....

• **n° 30** : Découvrir la pratique du lobbying en demandant la fermeture des frontières européennes aux produits fabriqués de manière déloyale et lancer des campagnes auprès des consommateurs afin de les inciter fortement à choisir de préférence les produits fabriqués en Europe.

• **n° 31** : Sponsoriser des émissions de radio ou de télévision consacrées à l'éducation civique.

• **n° 32** : Prendre conscience du bouleversement apporté par le droit communautaire dans les pratiques commerciales.

• **n° 33** : Vérifier que son réseau de distribution est bien en règle par rapport à la Loi Doubin, sous peine de risquer de commettre un délit pénal qui pourrait justifier une peine de prison.

• **n° 34** : Afin de gagner des parts de marché, lancer un nouveau produit, service ou emballage conforme aux exigences écologiques.

• **n° 35** : S'accorder chaque mois une journée afin de partir à la rencontre des consommateurs, des adhérents et des clients et ainsi sentir les évolutions de leurs attentes (voir tableau n° 9)

• **n° 36** : Procéder à un recensement de toutes les méthodes d'observation de la concurrence utilisées dans son organisation et provoquer une réunion avec les responsables afin de classer les procédés que nous utilisons en noir, gris ou blanc.

• **n° 37** : Prendre conscience que la première chose à faire pour réagir contre la baisse de l'activité consiste à créer ou à développer un "Observatoire de l'Environnement Global" grâce auquel on connaîtra les manques et les faiblesses adverses ainsi que les attentes des consommateurs, ce qui permettra d'occuper immédiatement une nouvelle niche et de conquérir un segment de marché.

Suite à la lecture de ce chapitre quelles sont les idées que je souhaite retenir et quelles sont les décisions que je prends.

Deuxième

ETAPE

CREER OU REDECOUVRIR LA CULTURE DE SON ORGANISATION AVEC SA DIMENSION ETHIQUE

LES POINTS CLÉS

• POURQUOI PARLER DE CULTURE ET D'ETHIQUE ?

• COMMENT S'ELABORE LA CULTURE DE SON ORGANISATION :

• LE TABLEAU DE LA CULTURE AVEC SON APPROCHE ETHIQUE.

- LA TOILE DE FOND :

. LES ELEMENTS DE BASE.
. LES FAMILLES D'ACTEURS.

- LE COEUR DU TABLEAU :

. LES VALEURS.
. LES INTERETS.

- LE CADRE DU TABLEAU :

. LES DOCUMENTS.
. LES LIEUX.
. LES OUTILS.
. LES AUTRES SOURCES D'INVESTIGATION

• LE CHOC DES CULTURES.

• DE LA CULTURE D'ENTREPRISE AU CULTE DE L'ENTREPRISE.

**LORSQUE L'ON NE SAIT PAS BIEN OU L'ON VA,
IL FAUT REGARDER D'OU L'ON VIENT.
(Proverbe arabe)**

POURQUOI PARLER
DE CULTURE ET D'ETHIQUE?

Au moment où des milliers de regards se tournent vers certains pays de l'Occident pour y chercher un modèle de société, les propos du savant Sakharov prennent un poids particulier quand il nous demande : **"Comment le monde libre peut-il assumer sa responsabilité morale ?"**

Cette question, transposée au monde de l'entreprise, peut se traduire par : **"Comment une organisation peut-elle, au sein d'une économie libérale, assumer ses responsabilités dans un contexte éthique ?".**

La réponse, bien que délicate, est d'autant plus urgente que nous voyons frapper à notre porte des cadres et des responsables d'entreprises des Pays de l'Est et de l'Afrique, qui espèrent de nous une autre conception de l'entreprise, enrichie d'une vraie personnalité et forte d'une culture spécifique.

Le socialisme s'éssouffle : il n'offre plus de challenge !

L'évolution de notre société française est aujourd'hui agitée par deux grandes tendances qui transforment progressivement sa culture dans un discret et complice silence :

- Le premier courant a déjà laissé ses empreintes.

Il s'agit du philosophe américain Richard de Rorty, qui a formulé la "Nouvelle Utopie de la Banalité", prônant une société libérale dépourvue de valeurs et pour laquelle le bien-être serait l'unique chose qui vaille la peine d'être vécue.

- Le second courant, qui s'inscrit dans le sillage du premier pourrait s'intituler :**"Le Nihilisme Inconscient"**. On est très proches de la "Mode du Libéralisme de Gauche" évoqué par Sakharov.

Les conséquences de ces idéologies peuvent se résumer ainsi :

• Un pays qui perd ses racines.
• Le refus de parler et de prôner des valeurs.
• Des adultes ayant pour nouvel idéal : le "cocooning" !
• Des jeunes auxquels les hommes politiques n'offrent en guise de Projet de Société que le chômage au bout de leurs vingt-quatre années d'études. Une génération du "boff !", qui ne connaît pas l'enthousiasme, ne sait plus faire de choix et ne peut encore moins, a fortiori, s'engager sur le long terme !

La liberté n'a de sens que si elle s'appuie sur des valeurs.

Il devient urgent d'établir un véritable **projet de société**, qui n'occulte pas le lien étroit existant entre la Culture, la Liberté et l'Ethique, qui sache que la liberté ne garde sa dignité que si elle est reliée à un fondement, à une mission éthique.

Une liberté dont l'unique contenu se limite à la possibilité d'assouvir ses besoins n'est pas une liberté humaine et les décisions de la majorité ne peuvent être considérées comme humaines et raisonnables que tant qu'elles supposent l''existence d'un Sens de l'humanitaire, respecté au titre de véritable bien commun, condition de tous les autres biens.

Cultiver les jugements moraux essentiels, les maintenir et les protéger sans les imposer de façon coercitive (ou paternaliste) nous paraît constituer une condition de subsistance de la liberté face au ras-de-marée nihiliste et à ses menaces totalitaires.

L'économie libérale de demain devra, qu'elle le veuille ou non, s'appuyer sur des valeurs, sur une certaine éthique, elle-même fondée sur la culture de l'entreprise.

COMMENT S'ELABORE

LA CULTURE DE MON ENTREPRISE

"La culture se définit essentiellement par ce qui est partagé et transmis. La culture, c'est ce que nous avons en commun avec d'autres. Toute la question est de savoir si cette culture sera la communication de tous ou la complicité de quelques-uns".

(Claude Roy, 1915)

La culture de l'entreprise se forge au fil des ans selon un processus précis et se construit autour de :

• Quatre composantes de base : les traditions, les croyances, les références, les richesses.

• Quatre groupes d'individus : les dirigeants, le personnel, les partenaires extérieurs, les clients.

Ces différents paramètres sont à l'origine de valeurs et d'intérêts qui déterminent et modèlent progressivement la culture de l'entreprise. Nous pouvons les schématiser par le dessin suivant (tableau 10).

Tableau N°10

Comment redécouvrir LA CULTURE DE MON ENTREPRISE ou d'une ORGANISATION

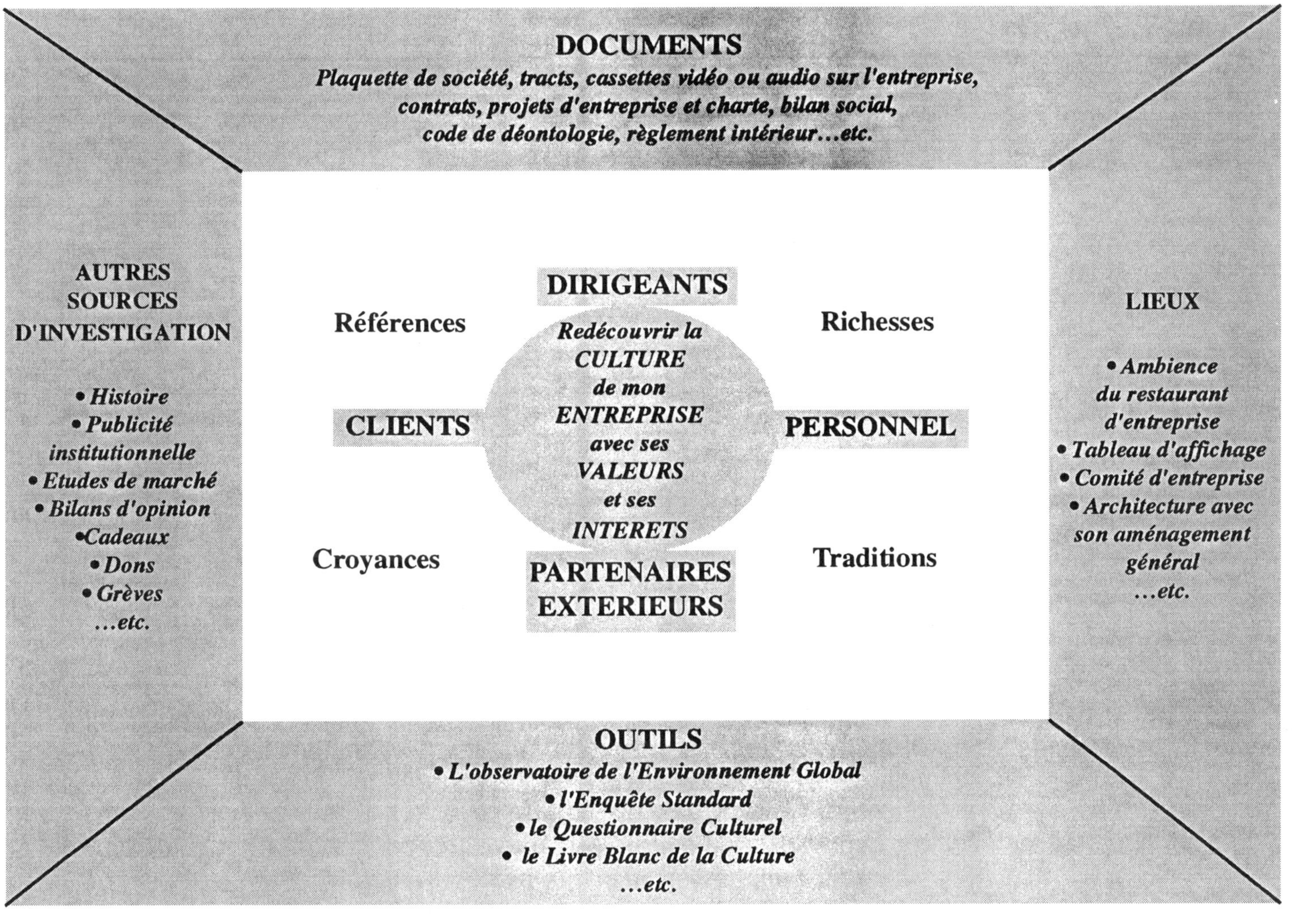

Reprenons tour à tour les différents éléments du graphique précédent et agençons-les de telle façon qu'ils constituent peu à peu un **Tableau** harmonieux traduisant la personnalité de l'entreprise avec sa culture, ses valeurs et ses richesses intérieures. Chaque organisation étudiée (ce qui suit est valable non seulement pour l'entreprise mais aussi pour toute structure, qu'elle prenne la forme d'une association, d'un syndicat ou d'un gouvernement) donnera une **Toile** différente, plus ou moins complexe ou dépouillée selon son ancienneté et son degré d'expérience.

LA TOILE DE FOND

Elle représente la trame où coexistent, se superposent et s'entrechoquent l'ensemble des variables qui composent l'entreprise :

- Quatre éléments de base : les traditions, les croyances, les références, et les richesses.
- Quatre familles d'acteurs : le(s) dirigeant(s), les personnels, les partenaires externes, les clients.

Reprenons ces composantes un peu plus dans le détail.

Les quatre éléments de base

Les traditions.

Les traditions : une source inépuisable !

A une époque où tant d'hommes ne savent plus où ils en sont et souffrent d'une profonde crise d'identité, l'appel à la mémoire du passé de l'humanité par le biais de l'évocation d'épisodes significatifs de son histoire est une façon d'aider individus et collectivités à reconstruire cette identité sans laquelle il est impossible de trouver une raison de vivre. Car le passé est **une source inépuisable** en perpétuelle mutation que chaque génération reçoit et qu'elle modifie à son tour afin de la transmettre à ses successeurs.

La tradition, c'est un ensemble de rites et de manifestations aussi divers que les fêtes, anniversaires, symposiums, remises de médaille, challenges, concours, voyages annuels, etc. Il en va ainsi pour la grande messe de Renault à l'occasion du lancement d'un nouveau modèle, par exemple. Autant d'éléments qui, une fois relatés, filmés, enregistrés et décryptés nous donnent de nombreux renseignements sur les **valeurs** qu'ils véhiculent.

Les croyances.

L'homme a besoin de certitudes pour ne pas sombrer.

Il existe des certitudes auxquelles l'on croit avec foi et passion et qui paraissent à l'origine de motivations profondes susceptibles d'expliquer certains comportements :

-Passion pour le **Patron "Charismatique".**
-Conviction profonde que l'on est le **Leader**, le meilleur.
-Croyance dans le pouvoir tentaculaire de l'**Argent.**
-Croyance en un **Idéal Religieux** :
.Fidélité aux **préceptes du Coran** pour le musulman.
.**Vanité du monde** pour le bouddhiste.
.**Charité et amour** pour le chrétien.

Les références.

> Alors qu'il était âgé de 81 ans, Winston Churchill avait déclaré à des journalistes : "Je n'aimerais pas revivre ma vie car il y a maintenant une véritable détérioration des principes qui rend l'existence invivable".

Ce sont souvent des principes hérités de notre formation judéo-chrétienne qui deviennent une règle de conduite acceptée, voire même désirée, au fur et à mesure que le temps passe et dont les références peuvent être aussi diverses que :

Partons à la recherche des références.

- La notion du temps, différente chez l'occidental et l'oriental.
- Un code de déontologie, une charte interne ou professionnelle.
- Les axiomes d'un système économique tel que le capitalisme rhénan.
- La politique d'un pays ou la constitution qui le régit.
- La législation sociale.
- La loi d'interdiction de fumer dans les lieux publics.
- etc.

Les richesses.

Le mot recouvre un sens très large, puisque l'on entend par là tous les points forts qui caractérisent l'entreprise, c'est-à-dire tous ses PLUS par rapport à la concurrence, tous ses ATOUTS qui vont faire la différence, richesses des SERVICES, richesses des PRODUITS.

Les quatre familles d'acteurs

Nous nous trouvons confrontés à un tableau vivant dont les acteurs,- Le(s) dirigeant(s). - Les personnels.- Les partenaires externes. - Les clients. vont transmettre leur culture propre à l'entreprise :

- Soit de façon formelle, par la formation interne, par l'accueil, par le parrainage des nouvelles recrues.
- Soit de façon plus distillee, dans le comportement de tous les jours.

Ces acteurs possèdent tous une culture particulière, avec des valeurs, des intérêts, des références éthiques qui leur sont propres. En outre, ces mêmes acteurs tiennent des propos différents lorsqu'ils parlent au nom de l'entreprise et quand ils s'expriment en leur nom propre.

Il faudra toujours s'attacher à distinguer cela dans le cadre d'entretiens dont la conduite nous amènera à aborder en permanence l'aspect éthique de cette culture, tout comme ils nous aideront à étudier en quoi et pourquoi une personne exerce, plutôt qu'une autre, une influence indiscutable sur la culture de l'entreprise.

Le(s) dirigeant(s)

La culture d'une or-ganisation se modè-le en fonction des systèmes de réfé-rences des individus qui la composent.

Ils sont à l'origine du choix des valeurs mises en exergue, lesquelles dépendent elles-mêmes des croyances qui sont les leurs (athéisme, nihilisme, catholicisme).
De même auront-ils tendance à développer un thème au détriment d'un autre (challenge, sponsorisation) selon que leur passion va à la Formule 1 ou à la voile ou encore préfèreront-ils créer une fondation littéraire, musicale ou picturale en fonction de leurs goûts artistiques.
En réalité, une des tâches du dirigeant consiste à agir en s'appuyant sur la culture de son entreprise, voire à la faire évoluer par petites touches, sans précipitation.

Les personnels.

Il ne s'agit pas, dans le cadre de ce paragraphe, d'étudier toutes les catégories de personnels, mais seulement de faire émerger les dix ou vingt personnes situées aux carrefours hiérarchiques ou stratégiques, personnes en lesquelles l'entreprise a confiance et sur lesquelles elle s'appuie.
Il en va ainsi, par exemple, pour une secrétaire de direction, un contremaître, un syndicaliste, un responsable du comité d'entreprise, un commercial, etc., car ce sont ceux-là mêmes qui marquent de leur empreinte la culture d'une structure.
C'est pourquoi il est toujours indispensable de connaître les suggestions qu'ils peuvent formuler.

Les partenaires externes.

Nous intéressent ici tous ceux pour lesquels la culture de l'entreprise représente le "cordon ombilical avec cette dernière", tous ceux qui se sentent moralement investis de la responsabilité de :
• Développer l'image de marque de l'enseigne, comme il en va pour les distributeurs (franchisés, concessionnaires, affiliés à un groupement, coopérateurs,...).
• Défendre les intérêts de la société, rôle notamment dévolu au banquier principal.
• Signer des accords de partenariat, comme il en va pour les fournisseurs et sous-traitants privilégiés.
Lorsque nous réalisons une investigation sur la culture d'une entreprise, nous rencontrons éventuellement un ou deux actionnaires.
Malheureusement, aujourd'hui, les problèmes de culture et d'éthique sont très rarement abordés au sein des conseils d'administration, alors qu'ils devraient se trouver à l'origine de tous les choix politiques et de toutes les stratégies.
Aussi, de plus en plus souvent, arrivons-nous à intéresser au développement de la culture de l'organisation ces differents types de partenaires.

Les clients.

Nous terminons ces investigations par la visite de clients sélectionnés.
L'idéal serait de pouvoir en rencontrer une trentaine, afin de leur

demander comment ils perçoivent, de l'extérieur, la culture de l'entreprise, en lcur demandant par exemple, l'entreprise pratique-t-elle : l'entreprise pratique-t-elle la transparence? développe-t-elle une capacité au dialogue, utilise-t-elle la qualité totale? possède-t-elle une charte client? la respecte-t-elle, etc. ?

Le client est le principal miroir de la culture de mon entreprise.

LE COEUR DU TABLEAU

A partir de ces analyses et entretiens, l'on s'emploiera à dégager les valeurs, véritable baromètre d'une certaine éthique, et les intérêts, mobile fondamental de toute action. Les unes et les autres sont à l'origine des comportements que l'on peut observer dans une entreprise. En réalité, ils font partie intégrante de la culture de cette entreprise.

La culture génère des valeurs et des intérêts.

Les valeurs

Elles se définissent comme :

• Un ensemble de regles de conduite, de lois jugées conformes à un idéal ou à une norme pour une personne ou une collectivité donnée.

• Ce qui est considéré comme VRAI, BEAU et BIEN en fonction de critères personnels ou sociaux et qui sert de référence et de principe moral.

Elles s'expriment souvent par des mots tels que :

Transparence	Confiance
Reconnaissance	Équité
Solidarité	Honneur
Fraternité	Qualité
Dialogue	Passion
Écoute	Générosité
Justice	Etc.

Une des principales valeurs de notre décennie : la transparence.

A côté de ces valeurs universelles, on voit converger de nouvelles valeurs au sein des entreprises, valeurs qui figurent depuis peu dans des CHARTES et qui ont acquis un impact émotionnel et un pouvoir de mobilisation très forts. Certaines ont pour nom :

- Respect de la nature.
- Refus de la discrimination, de l'exclusion.
- Reconnaissance.
- Besoin d'être estimé.
- Aide aux plus faibles, etc.

Enfin, les valeurs jouent un rôle primordial auprès des personnels parce qu'elles rendent le travail plus motivant et plus épanouissant.

Les intérêts

L'intérêt, mobile dominant de l'action ?

Pour "l'homo oeconomicus", le mobile de l'action se ramène à l'intérêt. **Pour Adam Smith, l'homme est "greedy", mot qui sous-entend le désir vorace, l'appétit, la cupidité, la force de l'accaparement, l'égoïsme de l'intérêt propre, etc., alors que, pour d'autres, l'intérêt serait le mobile principal de l'homme.**

L'économiste retient également cette même définition invoquant, pour se justifier, deux raisons fondamentales :

• D'abord, il constate que, dans le cadre de l'activité économique, l'intérêt constitue le mobile dominant. Le producteur n'est-il pas guidé par la recherche du profit maximum, le consommateur par le meilleur rapport qualité / prix ?

• Ensuite, il lui semble que, dans la vie d'aujourd'hui, le mobile de l'intérêt se fonde sur une certaine conception de la rationalité des moyens et non des fins. Cette rationalité des moyens est directement utilisatrice, car elle transforme tout en calcul de coûts et en avantages.

Nous parlerons donc, ici, principalement de l'intérêt économique, lequel peut être soit un intérêt pour l'activité économique elle-même soit un intérêt pour le résultat de cette activité économique, c'est-à-dire l'appropriation et la consommation des produits, l'acquisition des revenus et l'accumulation de l'argent.

Dans la vie professionnelle, la plupart d'entre nous agissent, poussés par le mobile de l'intérêt, s'appuyant sur un système de valeurs qui leur est propre. Il est donc primordial pour tout responsable dirigeant de recueillir la nature de ces intérêts qui animent chacun de ses collaborateurs. On s'efforcera de faire la différence entre les Intérêts de la structure et ceux en provenance de chaque individu.

Quelques exemples d'intérêts pour une entreprise

. L'argent.
. L'écologie.
. Le leadership ou le pouvoir.
. L'efficacité et la performance.
. La consommation.
. La conquête de nouveaux pays,
etc.

Quelques exemples de "Centres d'Intérêts" pour un individu

. Accumulation de l'argent.
. Recherche du bonheur.
. Satisfaction du travail bien fait.
. Goût de l'effort.
. Approbation d'autrui.
. Attente d'un avancement.

. Désir de progression.
. Soif d'innovation.
. Plaisir de résoudre un problème.
. Besoin de provoquer
la sympathie
etc.

Ne pas confondre motivations et intérêts

Les motivations désignent l'ensemble des impulsions, des désirs, des besoins et des préférences d'un individu. La motivation, qui a pour objectif d'atteindre un résultat, suppose un effort. L'intérêt est la conséquence de ce résultat. Il se situe au-delà de la motivation, car il traduit ce que je souhaite obtenir. Je travaille dans l'intérêt de gagner plus ou pour me rendre utile. Alors que la motivation cesse dès que les besoins ou les désirs se trouvent assouvis, l'intérêt peut continuer à exister et pousser l'homme à agir.

LE CADRE DU TABLEAU

Il indique les outils, les sources et les documents que nous allons utiliser, les lieux que nous allons parcourir afin de cerner le visage de la culture de votre entreprise ainsi que sa dimension éthique, ceci dans le but d'en déduire les principales valeurs et d'en extraire les intérêts essentiels qui se cachent derrière chacun : soit l'entreprise en tant que personne morale, soit les acteurs principaux qui l'animent, pris individuellement.

Les documents

Où trouver les si-gnes et les expres-sions de la culture de mon organisation?

Un certain nombre de documents seront parcourus, afin d'essayer d'en déduire les images qu'ils donnent de la culture de l'entreprise. Ainsi, si vous lisez la plaquette du **projet d'entreprise** de Fichet (Alarme et Sécurité Security) ou celui de Pronuptia (robes de mariées) vous y trouverez bien expliquées pour le premier, les valeurs de confiance et de "sécurité" et, pour la seconde, la notion de "passion", qualité indispensable dans l'exercice de ce métier.

D'autres documents apparaissent tout aussi révélateurs. Ce sont les **tracts**, les **cassettes** vidéo ou audio relatant un événement particulier de l'entreprise, ou encore la **charte**, le **bilan social**, le **code de déontologie** interne ou professionnel, le **réglement intérieur**, etc.

Les lieux

Existe-t-il un endroit plus riche pour cerner en quelques minutes l'atmosphère, l'aspect général, la ségrégation et la convivialité que le **restaurant d'entreprise** (la salle à manger de la Direction est-elle séparée de celle des cadres et du reste du personnel ?) et que les **couloirs**, remplis des tableaux d'affichage des syndicats ou de la Direction ?

Dans le même ordre d'idées, un petit tour par le **comité d'entreprise** et la visite de l'**établissement** permettent d'en apprendre beaucoup sur les intentions de la Direction. Nous pensons , entre autres, à l'architecture de l'immense centre de recherche d'Elf à Labège, près de Toulouse, construit autour d'un palmier gigantesque, lui-même inspiré de l'église des Jacobins du centre de la ville. Ce palmier, autour duquel se distribuent en marguerite les bâtiments des chercheurs, répartis en grandes familles (pharmaceutique, pétrolier, agricole,...), oblige tous les niveaux hiérarchiques à passer et à repasser par le tronc du palmier, lequel distribue les ailes latérales. Le coeur comprend la cafétéria, les salles de lecture, les bibliothéques, l'entrée et la sortie uniques. La philosophie du concept entraîne donc chacun à se rencontrer, à se retrouver et à échanger plusieurs fois par jour.

Les outils

L'Observatoire de l'Environnement Global

La création de l'Observatoire de l'Environnement Global vous permet de photographier en permanence les cultures qui vous entourent.

La synthèse des travaux permet de dégager toutes les informations composant la "culture externe" de l'entreprise, par opposition aux autres outils ci-après énumérés, lesquels concernent la culture interne de l'organisation. Mais attention ! Le fait de s'ouvrir à l'Europe et au monde peut entraîner les dirigeants dans la solution de facilité qui consisterait à les copier sans les digérer les grandes "modes" internationales. Ce qui déjà nous conduit progressivement vers une standardisation généralisée.

Les enquêtes standard

Il s'avère parfois difficile, d'interviewer certaines catégories de personnels sur la culture et l'éthique de leur entreprise. Il est alors préférable de poser simplement des questions sur le CLIMAT qui règne actuellement dans la structure en analysant, à l'aide de grilles, le rôle de la passivité et de la réactivité, de la satisfaction et de l'insatisfaction.

Le Diagnostic Culturel

Il en va différemment pour la majorité des acteurs de l'entreprise, pour lesquels il est possible de recourir au moyen d'investigation original et instructif qu'est le "Diagnostic Culturel", large questionnaire conçu spécialement pour les entreprises, grille de lecture qui servira de canevas aux interviews réalisées auprès de ces acteurs.

La nature des questions a pour but de déranger afin de découvrir progressivement, au cours de l'entretien, les différentes facettes de la culture ainsi que son approche éthique par les valeurs, et donc de déterminer les intérêts qui animent chacun. Toutes ces questions, posées à des moments différents, se recoupent pour constituer entre elles des grands thèmes, chacun d'entre eux venant à son tour illustrer et répondre aux multiples facettes de la culture.

Les autres sources d'investigation

La culture d'une organisation se découvre en puisant à certaines sources très abondantes comme, par exemple, l'**historique** de la société, lequel traduit, ô combien, les grands choix éthiques antérieurs. Il en va de même pour le contenu des messages de la **publicité** institutionnelle, pour les résultats de certaines **études de marché** auprès des consommateurs ou pour les **bilans d'opinion**.

Il faut également prendre en compte les cadeaux de l'entreprise à son personnel (de quelle nature, de quel montant ?), les **commissions** destinées à permettre l'obtention de certains marchés immobiliers ou des gros chantiers de travaux publics, les **dons** (et leur bénéficiaire : parti politique, oeuvre humanitaire, sociale ou religieuse,...).

Enfin, il faut bien se garder de négliger les **conflits** et les grèves, dont l'analyse peut aussi se révéler très significative.

TEST DE CONNAISSANCE
sur la culture et l'éthique de son organisation

Voici quelques items qui vous permettront de vous entraîner à réaliser un sondage afin de cerner un peu mieux la culture et l'éthique qui accompagnent la vie de votre organisation.

1- Pouvez-vous décrire en dix lignes quelle est la vision de votre entreprise, de votre structure à long terme ?

2- Pouvez-vous expliquer quelle est l'âme de votre entreprise ?

3- Quelle est, en cinq phrases, la culture de votre entreprise ?

4- Comment définissez-vous, en deux phrases, l'éthique dans les affaires?

5- Pour vous, la transparence peut-elle se vivre tous les jours ou est-elle réservée à des cas précis ?

6- Donnez-vous des consignes d'éthique à votre service de Recherche et Développement ? Si oui, lesquelles ?

7- Existe-t-il dans votre entreprise le poste de "Responsable de l'Environnement" et celui de "Responsable de l'Ethique" ?

8- Etes-vous favorable au principe d'une OPA ?

9- Possédez-vous un "Conseil Permanent de Clients", c'est-à-dire une petite équipe représentative de vos principaux clients ?

10- Pouvez-vous citer vos centres d'intérêt ?

11- Quels sont les Systèmes de Valeurs qui sous-tendent toutes vos actions ?

12- Avez-vous une charte dans votre organisation avec ses 4 ou 5 valeurs de référence ?

13- Quels sont les intérêts économiques qui régissent le fonctionnement de votre organisation, ou entreprise, ou association ?....

LE CHOC DES CULTURES

Afin de motiver vos hommes face à la crise, appuyez-vous sur le choc des cultures et sur la force de l'éthique.

En avance sur les institutions, les entreprises continuent à construire l'Europe et, dans ce domaine, la France fait la course en tête. Une étude réalisée par la société américaine Translink fait en effet apparaître que les capitaux français investis à l'étranger sont passés en six ans (de 1985 à 1991), de moins de 20 à plus de 110 milliards de francs. Mais, au-delà du nombre et du montant des opérations, le plus frappant est leur changement de nature. Les prises de contrôle hostiles ont progressivement cédé la place à des achats fondés sur le consentement des acteurs, ce qui n'a été rendu possible que grâce au souci des managers de considérer l'aspect culturel comme primordial.

D'ailleurs, comment faire autrement pour :

- Faire fonctionner ensemble des équipes de nationalités différentes ?
- Intégrer l'histoire et la culture de plusieurs sociétés dont le passé remonte, pour la plupart d'entre elles, à trente ou à quarante ans ?
- Motiver des individus aux traditions diverses ?
- Permettre à des personnes de langues différentes de communiquer entre elles ?

Le management en période de morosité passe par l'emploi de ces **leviers** prodigieux que sont la **culture** et l'ETHIQUE :

Trois exemples serviront à illustrer ces propos :

- 1er cas : La fusion de Sema-Metra et de l'anglais Cap-Group.

Il s'agit ici du choc de deux cultures managériales complexes et bien affirmées, l'une française et l'autre britannique. De force égale, ces deux cultures s'interpénètrent et le pari a été tenu, aucune d'entre elles ne prenant le pas sur l'autre.

Donnez leur une nouvelle raison d'espérer.

- 2ème cas : Le rachat du premier cimentier espagnol, Asland, par Lafarge Coppée.

Les dirigeants rencontrent moins de difficultés, la tradition managériale s'avérant moins ancienne et moins bien définie au-delà des Pyrénées, ce qui a facilité l'absorption par les cadres d'Asland de la charte des "Valeurs Lafarge", laquelle a force de loi au sein du groupe français.

- 3ème cas : La constitution du G.I.E. "A.T.R.".

Ce groupement associe de façon égale l'Aérospatiale et Aeritalia dans le domaine de l'aéronautique, le groupe français et le groupe italien se rejoignant autour d'un projet commun mais la gestion conservant, a contrario, le principe du "chacun chez soi" afin de respecter les cultures respectives de l'un et de l'autre.

DE LA CULTURE DE L'ENTREPRISE AU CULTE DE L'ENTREPRISE

A partir d'une intention fort louable qui consiste à repositionner et à revaloriser l'entreprise, nous en arrivons vite au culte de l'entreprise, la marge de manoeuvre s'avérant en effet étroite et délicate.

Les cadres refusent de faire de leur travail et de leur entreprise un absolu, ce qui est le cas lorsque le management participatif les pousse au bout de leurs limites, faisant du stress un système de management : le saut à l'élastique, la marche sur des braises, l'appel à des gourous, les petites guerres sont non seulement stupides mais également des plus rentables pour des consultants sans scrupules. Il est nécessaire également, de respecter le temps réservé à la vie privée et cela doit demeurer une priorité !

La culture et l'éthi-que ont une limite: le culte de l'entreprise.

Refuser que les salariés soient voués corps et âme à leur entreprise, comme c'est le cas au Japon, nous paraît aller de soi ! Il nous semble primordial d'éviter de faire de la culture de l'entreprise et de l'éthique une idéologie qui permette à quelques-uns de légitimer et de perpétuer un état de fait sous le couvert du respect des messages d'un lointain fondateur. Il est absolumment vital d'éviter de tomber dans la paralysie de l'action ou dans l'éteignoir de l'imagination et de l'innovation, car empêcher le droit à la différence, c'est risquer le repli sur soi et sur ses certitudes.

Respecter le droit à la différence.

QUELQUES SUGGESTIONS

• **n° 38** : Faire lire ce chapitre à mes amis et engager un processus de réflexion afin de découvrir, de redécouvrir et de définir la VRAIE CULTURE de son organisation avec ses quatre composantes que sont les traditions, les croyances, les références et les richesses et les quatre acteurs principaux qui la modèlent et la burinent peu à peu : les dirigeants, le personnel, les partenaires extérieurs et les clients.

• **n° 39** : Se faire seconder dans cette quête par un cabinet extérieur qui aidera à bâtir la démarche et à animer les interviews et les réunions nécessaires à la réalisation du "Diagnostic Culturel".

Suite à la lecture de ce chapitre quelles sont les idées que je souhaite retenir et quelles sont les décisions que je prends ?

Troisième
ETAPE

FAIRE COINCIDER LES VALEURS ET LES INTERETS DE SON ORGANISATION AVEC CEUX DES ACTEURS

LES POINTS CLÉS

- **CONTRADICTIONS ET CONFLITS.**

- **LE CREUSET DES VALEURS ET INTERETS.**

- COMMENT SELECTIONNER DANS LE CREUSET UNE "GRILLE DES VALEURS ET INTERETS" PROPRES A L'ENTREPRISE.

- COMMENT RAPPROCHER LES VALEURS ET INTERETS DES DEUX PARTIES QUE SONT L'ENTREPRISE ET CHACUN DES ACTEURS ET CONSTITUER AINSI "LA GRILLE DE REFERENCES" DE L'ENTREPRISE.

CONTRADICTIONS ET CONFLITS DE VALEURS

"Je hais vos idées, mais je me ferai tuer pour que vous ayez le droit de les exprimer" (Voltaire)

Éprouvés par les contradictions de la vie, les hommes se trouvent confrontés à des choix difficiles, car la vie ne cesse de les mettre en présence de conflits de valeurs. Tout individu doit en effet affronter la diversité des intérêts dans son combat pour la justice. Parallèlement, le mélange des cultures sur un même territoire s'intensifie au point que certains parlent désormais de société multiculturelle. On a souvent évoqué les conflits de générations : les jeunes d'aujourd'hui misent souvent sur d'autres références que celles inscrites dans la conscience des dirigeants de cinquante ans.

Comment éviter les conflits de valeurs et d'intérêts à l'origine des tensions ?

LE CREUSET DES VALEURS ET INTERETS.

L'un des secrets de l'entreprise moderne consiste à provoquer et à réussir cette convergence entre les intérêts économiques et les valeurs principales qui lui sont propres d'une part,et ceux des acteurs qui la composent d'autre part, afin de bâtir des actions performantes communes.

On peut comparer le coeur d'une organisation à un grand creuset dans lequel mijoterait :

• **La liste de tous les intérêts et valeurs** des acteurs personnes physiques qui la composent.

• **Une grille des valeurs et intérêts** propres à la personne morale que constitue l'entreprise.

Il est possible de représenter graphiquement cette démarche par l'image suivante.

Tableau N°11

"Le creuset des valeurs et intérêts" d'une structure (Entreprise, association, franchise...)

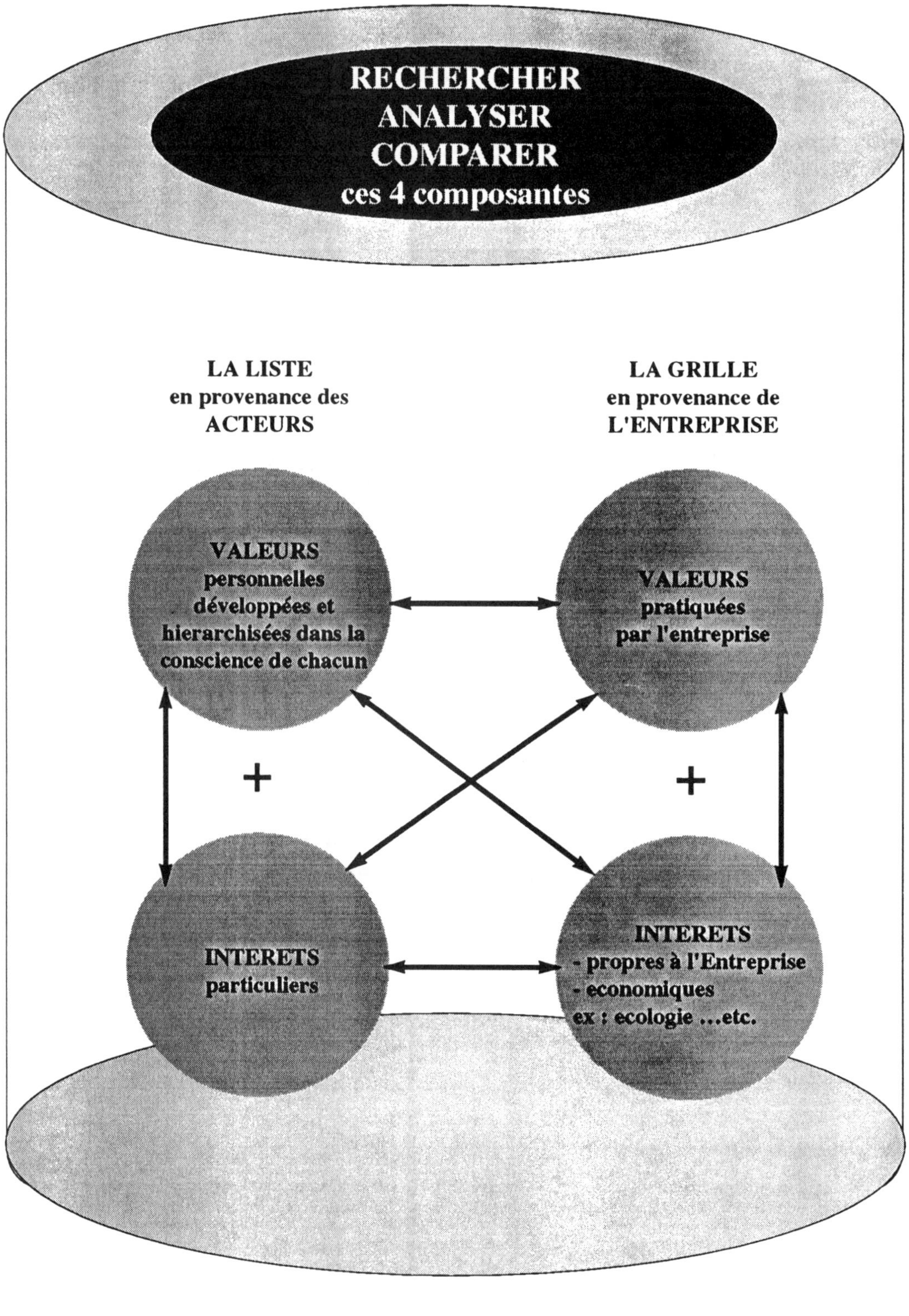

COMMENT SELECTIONNER DANS LE CREUSET UNE "GRILLE DES VALEURS ET INTERETS PROPRES A L'ENTREPRISE" ?

L'investigation de la culture avec sa dimension éthique a permis de recueillir, grâce au Diagnostic Culturel, une liste globale des valeurs et intérêts les plus importants de l'entreprise. Cette liste, constituée par les enquêteurs à partir des interviews qui leur ont été accordées, reflète pêle-mêle un bilan à l'instant T.

Après ce premier jet, il convient de constituer une sélection sous forme de GRILLE qui servira de référence à toute la société, laquelle se compose des valeurs que l'entreprise veut véhiculer ainsi que des intérêts qu'elle souhaite obtenir. Cette grille s'élabore dans le cadre d'une petite équipe spécialement constituée, dans laquelle sont représentées toutes les catégories d'acteurs et qu'anime le dirigeant de la société

Nous examinerons successivement :

- Les valeurs de l'entreprise :
  - Primauté des valeurs anciennes.
  - Primauté des valeurs pratiquées.
- Les intérêts de l'entreprise :
  - Intérets propres à l'entreprise.
  - Intérêts économiques.

Les valeurs de l'entreprise

On distingue :

- La primauté des **valeurs anciennes**, c'est-à-dire des valeurs véhiculées depuis longtemps par la culture de l'entreprise.
- La primauté des **valeurs pratiquées** sur les valeurs professées (dont la distinction capitale a été introduite par Chris Argyris et Donald Shon dans un livre paru en 1978 et intitulé : "Organizational Learning : A Theory of Action Perspectives"), lesquelles correspondent à un modèle théorique du comportement humain.

Lorsque nous restons dans le domaine de la théorie et des valeurs officielles démocratiques (confiance, liberté, égalité, justice, etc.), nous nous référons à un modèle lointain qui concerne la nation ou la collectivité mais pas toujours nous-mêmes. On parle alors de "valeurs professées". La plupart d'entre nous y adhérent comme à une évidence alors que, dans le cadre des régimes dictatoriaux, elles deviennent primordiales. Or, seule compte en réalité la valeur reçue en usage dans la pratique, car c'est elle

Les valeurs de l'en-treprise diffèrent de celles de l'individu.

qui déclenche le comportement des êtres. C'est pourquoi l'équipe qui les sélectionne s'efforcera avant tout de retenir et de mettre dans le creuset commun des valeurs de l'entreprise, les **valeurs pratiquées**, parmi lesquelles on retrouve principalement trois valeurs :

- La transparence.
- La reconnaissance ou le respect d'autrui.
- L'exigence de la qualité.

Les intérêts de l'entreprise ?

Intérêts propres et intérêts économiques.

Les deux intérêts les plus importants pour l'entreprise sont les intérêts propres, d'une part et les intérêts économiques, d'autre part.

- **Les intérêts propres** à l'entreprise, qui apparaissent souvent liés, d'ailleurs, à la nature du métier exercé. C'est ainsi que Fichet (serrurerie) a retenu la notion d'élargissement de sa gamme de produits (alarmes, portes automatiques, stores, double-vitrages, etc.) afin de devenir leader dans le domaine de la protection des personnes et des biens.
- **Les intérêts économiques** de l'entreprise, parmi lesquels l'on peut citer les intérêts liés à l'écologie ou à la concurrence comme, par exemple, la mobilisation d'un département dans le but de sortir un nouveau modèle afin de lui permettre de prendre la première place dans sa spécialité .

Il va de soi que la "Grille des Valeurs et Intérêts" de l'entreprise doit faire l'objet d'un consensus de la part de l'ensemble des acteurs. Cette reconnaissance, obtenue grâce à des allers et retours entre les différentes structures de dialogues que sont les Cercles de Qualité, les réunions de commerciaux ou de fournisseurs ou le Comité de Clients, par exemple, doit être entérinée par la Direction. Elle est valable pour l'année, chaque année devant faire vivre cette grille et la compléter ou la modifier en fonction des évolutions et des événements qui jalonnent la vie de l'entreprise.

COMMENT RAPPROCHER LES VALEURS ET INTERETS DES DEUX PARTIES QUE SONT L'ENTREPRISE ET CHACUN DES ACTEURS ET CONSTITUER AINSI LA "GRILLE DE REFERENCES" DE L'ENTREPRISE.

On oppose ici la Grille des Valeurs et Intérêts de l'entreprise à la Liste des Valeurs Personnelles et des Intérêts Particuliers de chacun des acteurs. Or, il est nécessaire de les faire harmoniser et coïncider par une démarche qui s'effectue en deux temps :

Le dialogue avec le supérieur hiérarchique permet de trouver un concensus entre mes propres valeurs et mes centres d'intérêts avec ceux de l'organisation

• Après avoir analysé la liste des Valeurs et Intérêts de chaque catégorie d'acteurs externes (clients, fournisseurs, banquiers, franchisés, adhérents, concessionnaires, grossistes, agences, etc.), la Direction la compare avec la **Grille de l'Entreprise**, à l'occasion d'un entretien individuel avec chacun de ces représentants.

Chacun explique alors quelles sont ses motivations au cours d'un dialogue qui permet de déboucher sur un consensus, fruit des modifications effectuées de part et d'autre, vis-à-vis des listes et de la grille de l'entreprise. Ceci permet alors de modifier la Grille de l'Entreprise, qui s'enrichit ainsi des discussions avec les acteurs externes.

• Ensuite, une réflexion s'engage entre chaque salarié et son supérieur hiérarchique dans le but d'analyser les valeurs personnelles et les intérêts particuliers de celui-là, de les rapprocher de la grille de référence de l'entreprise et d'étudier si cette dernière apporte une réponse aux intérêts de l'individu, en lui permettant de mettre en pratique les valeurs qui lui sont propres. Cette recherche de l'harmonie entre les intérêts personnels et ceux de l'entreprise peut être mieux perçue à l'occasion du bilan de compétence proposé par la nouvelle loi. Deux exemples fréquents fourniront une bonne illustration de ces propos :

Un cadre, dont l'intérêt particulier consiste en une promotion, doit rechercher si l'entreprise est à même de lui offrir dans un avenir proche la possibilité d'accéder à de nouvelles responsabilités. La réponse à cette question déterminera sa façon de se comporter et de se préparer à la réalisation de l'objectif qu'il s'est fixé.

Un ouvrier dont la valeur personnelle est la satisfaction du travail bien fait doit pouvoir avoir affaire à un supérieur hiérarchique attentif à lui confier des tâches plus délicates et n'hésitant pas à l'encourager.

Cette dernière consultation auprès du personnel précède la rédaction définitive de la **"Grille de Référence des Valeurs et Intérêts"** de l'entreprise, laquelle bénéficie ainsi d'un consensus général. Cette grille est donc l'expression finale de l'accord des deux parties : l'organisation en tant que personne morale d'une part et les acteurs de cette organisation d'autre part. Il ne faut pas oublier que l'engagement et le degré de participation du personnel sont dus en grande partie à l'attachement aux valeurs formulées par l'entreprise. Or, "Les Personnels" savent parfaitement ce que l'on attend d'eux et se conforment volontiers aux règles édictées par l'entreprise, ce qui explique la fierté et l'enthousiasme qu'ils peuvent être amenés à manifester, car ils n'agissent alors plus en fonction de directives arbitraires ou d'un endoctrinement systématique mais d'une adhésion volontaire aux principes établis. C'est ainsi que nous nous sommes aperçus que le lien existant entre les valeurs de l'individu et celles de l'entreprise constituent un aspect fondamental de la **MISSION** de l'un et de l'autre. L'mpression de bien-être, la satisfaction d'avoir donné un **SENS** à sa vie professionnelle découlera alors du **RAPPROCHEMENT** opéré entre ces deux notions.

QUELQUES SUGGESTIONS

• **n° 40** : Prendre conscience que la règle de base de toute méthode de direction ou d'animation passe par la recherche d'un consensus entre les valeurs, intérêts des individus et ceux de la personne morale, qu'elle se dénomme Entreprise, ou Association, ou Syndicat.

• **n° 41** : Rechercher avec ses collaborateurs les Intérêts et les Valeurs de chacun, puis les comparer à ceux de la structure dans laquelle on travaille.

Suite à la lecture de ce chapitre quelles sont les idées que je souhaite retenir et quelles sont les décisions que je prends ?

Quatrième

ETAPE

PRECISER LE SENS DE LA MISSION

LES POINTS CLÉS

• LA MISSION : VISION, FINALITE, STRATEGIE(S).

• LE SENS DE LA MISSION.

• LE PROJET D'INTERET COMMUN.

• LA CHARTE OU GUIDE D'ETHIQUE.

• COMMENT SENSIBILISER
UNE PETITE OU MOYENNE ENTREPRISE
A L'ETHIQUE ET A LA NOTION DE MISSION.

LA MISSION : VISION, FINALITE, STRATEGIE (S).

Au cours des trois précédentes étapes, nous avons cherché à démontrer que toute organisation performante devait :

- Posséder un service permanent qui scrute l'Environnement Global.
- Créer ou redécouvrir la Culture de l'Entreprise.
- Faire coïncider les Valeurs et Intérêts de la structure avec ceux de chacun des acteurs.

Grâce à tous ces éléments, il est désormais possible de donner une définition de la Mission de l'entreprise et de ses acteurs. Cette mission, qui se situe au point de départ de la démarche stratégique, fournit une réponse à deux interrogations fondamentales :

- En quoi consiste mon activité ?
- Quel est son devenir ?

La mission s'adresse à la fois au coeur (la culture) et à l'esprit (l'éthique) de chaque individu. Elle représente donc une notion transversale et se définit comme une ensemble de propositions destinées à déterminer les politiques et les comportements au sein de l'entreprise, ce qui se traduit par la conjonction de :

- La vision : quelle sera la place de mon entreprise dans dix ans ?
- La finalité : quelle est sa raison d'être ?
- La ou les stratégies : quels sont les moyens à mettre en place immédiatement afin de lutter contre un environnement parfois difficile ?

La vision

> "Une vision, c'est un projet fou aux limites de l'impossible, sans délai précis de réalisation, qui oblige l'entreprise à se dépasser et à adopter de nouveaux modes de fonctionnement" (Jean-Marie Descarpentries, PDG de Carnaud-Metal-Box).

La vision, c'est dé-crire à l'avance les charmes du port qui nous attend.

La vision appartient au dirigeant, au patron, lequel doit "VOIR" dix ans à l'avance où se situera son entreprise sur l'échiquier national et international, et déterminer sa finalité et sa stratégie en fonction de cette même vision. Il doit penser à l'avance le métier souhaité pour son entreprise de demain, donc anticiper le nouvel Environnement Global, imaginer des obstacles qui ne sont pas encore nés, s'armer avant même que les batailles technologiques ou commerciales n'aient commencé, identifier des concurrents potentiels.

A l'occasion du 34ème Congrès du C.I.E.S. (Centre International du Secteur Alimentaire), qui s'est déroulé à Berlin en 1990 et réunissait les plus grands dirigeants de l'industrie alimentaire mondiale, le roi du ketchup, Anthony O'Reilly, 56 ans, qui présidait aux destinées de Heinz, expliquait sa vision : **"Je croyais que les diversités nationales sous**

toutes leurs formes dressaient des obstacles insurmontables à la diffusion et au succès d'une multinationale qui cherchait à imposer une marque mondiale sur tous les continents. Eh bien, c'est faux ! Nous sommes à l'aube de la Mac Donaldisation du monde !". Quant à Benetton, il a décidé de décentraliser largement ses fabrications afin de réagir rapidement à la segmentation du marché en produisant vite et bien de petites quantités. **"La caractéristique de la vision est donc de cristalliser une perception réaliste, crédible et attirante de l'avenir de l'organisation pour une organisation plus parfaite, à maints égards, que celle qui existe à l'instant", Wabren Bennis et Burt Nanus, auteurs de "Profession Leader".**

La finalité

Quelle est la raison d'être de mon entreprise ? A qui profitent les efforts consentis ? Quel sens donner à mon travail ? Avec quelles valeurs vais-je conduire mon entreprise ? Vais-je généraliser la notion d'éthique des affaires à mon groupe ? Le profit reste-t-il mon seul challenge ? L'entreprise est-elle un instrument destiné à permettre aux individus de réaliser leur projet personnel ? Telles sont les questions essentielles les plus fréquentes qui nous amènent à penser que :

La finalité transpose à l'entreprise des interrogations existentielles sur des problèmes de fond. Elle indique le pourquoi de notre travail, la RAISON D'ETRE DE LA STRUCTURE et l'AMBITION des hommes qui oeuvrent au sein de l'organisation.

C'est ainsi que, chez Renault, Monsieur Lévy a orienté toute la finalité de l'entreprise sur le service du client. C'est cette cause finale qui commande les techniques et le savoir-faire ainsi que le choix des collaborateurs et celui des outils et des moyens financiers.

S'il est souhaitable que chacun ait connaissance des finalités de l'entreprise, on constate en réalité que la plupart d'entre eux limitent leur horizon à leur équipe et à leur secteur direct d'activité, bref, au domaine dont ils peuvent percevoir les résultats. En effet, il est certain que l'on s'intéresse plus difficilement à ce dont on ne voit pas les résultats et dont on ne subit pas directement les conséquences, car l'homme est ainsi fait qu'il ne perçoit les ensembles qu'à travers les parties, parce que c'est à travers les communautés restreintes qu'il peut aimer les communautés plus vastes. **Ainsi, la finalité de la collectivité "entreprise" est-elle distincte de la finalité personnelle, c'est-à-dire de la motivation de chacun des membres de la collectivité**. Car la finalité de l'entreprise vis-à-vis de ses clients est l'exigence d'une qualité irréprochable, laquelle est elle-même satisfaite par la finalité personnelle du salarié, qui consiste à obtenir une augmentation significative de son salaire.

Aussi, tout l'art consiste-t-il à faire coïncider la finalité de

l'entreprise avec celle des acteurs. Or, la finalité personnelle s'exprimant la plupart du temps en termes d'intérêts particuliers, c'est au supérieur hiérarchique que revient la responsabilité de trouver le pont qui relie la finalité de l'entreprise avec l'intérêt du salarié. Ceci peut également se traduire par la recherche d'une motivation, à laquelle il ne faut pas oublier d'ajouter le besoin qu'éprouvent les hommes de donner un **SENS** à leur **VIE** et à leur TRAVAIL, notions qui, en s'influençant réciproquement, peuvent être à l'origine d'un véritable épanouissement. Voici un petit scénario qui montre concrètement, en huit degrés, comment ce fils d'électricien qui travaille dans une usine pour Ariane-Espace vit sa finalité personnelle, parce qu'il a été managé avec une grande dextérité par un contre-maître qui a su déceler le besoin d'être reconnu, de se sentir utile et partie prenante dans une action noble. N'est-ce pas là tout un programme de finalité personnelle parfaitement compatible avec la finalité de l'entreprise ?

La finalité donne un sens à ma vie pro-fessionnelle.

Parcours d'un ouvrier qui a suivi une finalité personnelle

Au début	- Je fais mieux que mon père.
On lui donne une première responsabilité	-Je prends plaisir à créer en élaborant des montages de montages de circuits chaque fois différents.
Il peut se mettre en valeur	- Je suis fier de moi quand je discute de mon travail avec les travail avec les copains du quartier qui travaillent dans la manutention, métier mins mobile.
Son contre-maître lui apprend une nouvelle méthode	-J'utilise une procédure ou une méthode donnée, en m'appliquant : satisfaction du travail bien fait..
On lui confie du personnel	- Je suis satisfait de mon équipe de trois OPQ auxquels je montre l'exemple.
Il lance un produit qu'ils ont inventé dans des groupes de travail	- Je participe au lancement du produit que j'ai contribué à élaborer dans le cadre du GEC (Groupe d'Ethique Créative).
Il découvre le stage de formation	- Je développe une technologie nouvelle, dans le cadre de ma formation,en faisant des soudures sous microscope électronique.
On le mute sur un atelier qui fabrique un élément clé de la Fusée "Ariane"	- Je construis une partie de la fusée "Ariane".fleuron de la fleuron de la technologie française.

Voici un autre cas unique dans le choix d'une finalité d'entreprise: celui de la société Body Shop. **"On peut gagner de l'argent avec les cosmétiques, mais aussi aider les sans-logis, sauver les tribus indiennes et convertir ses salariés à l'action sociale. Le profit n'est plus un but en soi mais un acte civique"**. Anita Roddick, PDG de Body Shop (740 magasins, dans le monde, 10 000 personnes). Pas de marketing, pas de packaging, pas de pub : trois sources considérables d'économies qui servent à financer de véritables croisades qui motivent tout le personnel : lutte contre l'exclusion, respect de l'écologie, travail dans un monde meilleur. Telles sont les trois finalités de cette passionnante entreprise, cotée en Bourse depuis 1984 et qui a vu son cours augmenter de 295 % en cinq ans, ce qui place la société à 6,8 milliards de francs, soit 35 fois ses bénéfices.

La ou les stratégies

La réflexion stratégique permet à la fois de formaliser une intention réalisable et de préciser le tracé du chemin à parcourir afin de la mener à bien. A la rencontre de l'ambition (la finalité) et du réalisme (le terrain), elle permet de **faire coïncider intentions et moyens**, car il ne s'agit plus seulement d'avoir un idéal mais surtout de chercher à le réaliser en prenant racines dans l'existant.

La stratégie permet ainsi de **définir une logique commerciale**. Elle explicite les moyens qui aident à supplanter les concurrents. Elle détermine les marchés à conquérir, le type de produits à créer, etc.

LE SENS DE LA MISSION.

Les être humains s'efforcent de donner un sens à leur vie, tout comme ils cherchent à transcender la banalité du quotidien. Aussi, avec le Partalliance, lorsque nous parlons à une équipe de vision, de finalité et de stratégie(s), lui présentons-nous ces notions comme un **engagement personnel**. Car, pour qu'il y ait adhésion au projet proposé, l'acteur doit en saisir le sens, ce qui n'est possible que si les valeurs de l'organisation coïncident avec le système de valeurs de l'individu.

Les valeurs donnent un sens à l'existence parce qu'elles sont un moyen de dépassement de soi-même pour atteindre un idéal (même petit, même à taille humaine). C'est ainsi que, par exemple, le travail permet à l'individu de s'accomplir, parce que la question qu'il se pose est alors la suivante : "Mon entreprise accorde-t-elle de l'importance aux mêmes choses que moi ?". En conséquence, lorsqu'il faudra expliquer à quelqu'un en quoi consiste sa **mission** personnelle au sein de l'organisation, ne faudra-t-il pas oublier de tenir compte de ses propres valeurs afin de **donner un sens à sa mission** et d'obtenir sa participation totale.

Préciser à chacun sa mission au sein de la structure.

La mission nous semble constituer un moyen exceptionnel parce qu'elle permet à tout responsable hiérarchique de se remettre en question en éliminant les conceptions éronnées du management à la Taylor. Les dirigeants considèrent le principe qui consiste à fixer une mission à leur entreprise et à chaque individu comme un moyen non négligeable de motiver le Personnel. Nous pensons, pour notre part, que ce n'est pas sa raison d'être car seul l'exemple que donne la hiérarchie par son propre comportement peut orienter le personnel. La motivation dépend du SENS que les individus donnent à leur mission et non de l'énoncé de cette même mission. Ce concept de mission, repris par le centre de recherches Ashridge et par Konosuke Matsushita dans "As I see it" (ma vision de l'entreprise) vous permet de :

Montrer l'exemple .

- Donner à chacun un sens à sa vie professionnelle.
- Enthousiasmer vos équipes.
- Responsabiliser.
- Ne plus faire appel à l'intuition.
- Montrer vous-même l'exemple.
- Vous passionner pour ce métier exaltant qu'est la conduite d'autrui vers le MIEUX-ETRE.

Arrivés à ce stade, nous possédons le fil conducteur, la moëlle qui permet de nourrir notre organisation. Ils ne manquent plus désormais que les documents qui nous obligent à cristaliser notre pensée. Il s'agit du Projet d'Entreprise ou, mieux encore, du Projet d'Intérêts Communs ou encore de la Charte ou du Guide d'Ethique.

LE PROJET D'INTERETS COMMUNS.

Il est maintenant possible de bâtir ou de repenser son Projet d'Entreprise et ses challenges.

Ce document, qui se présente généralement sous la forme d'une plaquette bien présentée, donc attrayante à lire, va servir de support de communication destiné à transmettre sans déviation le **sens de la mission** à tous les acteurs de l'entreprise que sont notamment le Personnel, les fournisseurs et les banquiers, à l'exception cependant des clients.

Elaboré par une équipe constituée selon une certaine méthode, une première mouture écrite sera suivie de plusieurs va et vient entre les différents corps constitués de l'entreprise afin de recueillir les suggestions de tous et d'obtenir ainsi un consensus général. Nous vous conseillons à ce propos d'**être très synthétiques**, d'**utiliser des graphiques** et de **varier la présentation** à chaque page. L'épaisseur de ce document ne doit pas dépasser vingt pages.

Il doit suivre un plan précis et s'élabore en général avec un cabinet conseil spécialisé.

N.B. On utilise également le terme de Projet d'Entreprise mais il ne traduit pas suffisament cette notion de consensus, c'est pourquoi nous lui préférons la notion de "Projets d'Intérêts Communs".

LA CHARTE OU GUIDE D'ETHIQUE.

La Charte d'Ethique paraît peu utilisée en France, puisque, contrairement aux Etats-Unis qui y ont fréquemment recours, elle n'a retenu l'attention que d'une centaine d'entreprises. On l'intitule indifféremment **"Charte ou Guide d'Ethique"**, **"Code de Déontologie ou de Bonne Conduite"** ou encore **"Règles de Conduite"**. Des multinationales comme Procter and Gamble, Hewlet Packard ou Control Data possèdent une telle charte, laquelle reflète l'influence américaine par sa grande rigueur, par son puritanisme, la place accordée au contrôle des déviances et aux interdits et, surtout, par une pléthore de procès qui font la part belle à d'innombrables actions en justice s'appuyant sur l'éthique. Une entreprise comme IBM va même jusqu'à réglementer la vie privée de ses membres !

La mentalité française, pour sa part, répugne à suivre de telles exigences. Nous n'en avons pas moins créé plusieurs **"chartes à la française"**, dont nous allons vous présenter les principales caractéristiques. Nous préfèrons utiliser l'expression **"Guide Ethique"** lorsqu'il s'agit des valeurs qui régissent les relations entre l'entreprise et ses acteurs et le mot **"Charte"** pour ce qui relève des relations entre l'entreprise et ses clients.

Les objectifs d'un "Guide Ethique"

Le "Guide Ethique" a quatre objectifs essentiels :
- **Déterminer en quoi consiste la notion d'éthique dans les affaires** telle qu'elle est pratiquée par la société. Les salariés sont trop souvent laissés sans information et sans repères dans ce domaine très particulier.
- **Décrire certains interdits** qui s'expliquent par des dispositions légales ou contractuelles susceptibles de faire l'objet d'une condamnation devant les tribunaux.
- **Présenter les Valeurs Communes** énoncées dans la Grille de Référence des Valeurs et Intérêts.
- **Préciser les comportements porteurs de réussite**, lesquels doivent être encouragés par différents moyens (c'est ce que Bongrain appelle le "Principe d'Action", lequel devient "Règle de Conduite" chez Accor).

L'intérêt de posséder un "Guide Ethique"

Les quatre objectifs d'une charte.

- Le "Guide Ethique" contribue à changer le comportement de tous les acteurs et l'esprit d'une organisation car il permet de :
- Donner un sens à la vie professionnelle.
- Motiver le personnel, qui aura ainsi une vision plus claire

Le guide d'Ethique, un vrai moyen pour motiver

des valeurs pratiquées par l'entreprise.
• Porter à la connaissance de tous une série d'obligations légales ou contractuelles qui sont entourées par un flou parfois entretenu, telles les règles anti-trust ou celles qui régissent la propriété industrielle, la confidentialité ou les pots-de-vins.
• Dissuader certains Personnels d'accomplir certaines infractions.
• Aider le futur salarié à prendre sa décision en découvrant la dimension éthique de la société dans laquelle il travaille.
• Inciter les nouveaux embauchés à intégrer rapidement l'**esprit maison**".

Consignes pour la mise en place d'un Guide d'Ethique

• ***Il est le fruit d'un travail collectif.***

Fruit d'un patient travail, œuvre sur mesure et commune à tous.

- La trame en est obtenue dans le cadre d'une première étape portant sur la découverte perpétuelle de l'Environnement Global, mais l'importance de la Culture de l'Entreprise de la deuxième étape et de la sélection des Valeurs et Intérêts Communs à l'entreprise et aux acteurs opérée lors de la troisième étape nous amènent à insister sur le fait que sa réussite dépend d'une **démarche globale**.
- Il ne doit jamais être placardée ou distribuée par le supérieur hiérarchique mais, au contraire, **longuement expliquée et commentée** par ce dernier.
- La conception en est élaborée par **la même équipe que celle qui a proposé le Sens de la Mission**. Compte tenu des aspects juridiques, nous vous recommandons de consulter un cabinet spécialisé dans les chartes et projets d'entreprise. L'importance des problèmes abordés par la charte et le registre moral qu'elle représente exigent qu'en aucun cas le dirigeant de la société ne se contente de plaquer sur son personnel un modèle pré-établi qui ne prendrait pas en compte ses aspirations propres.

• ***La rédaction doit en être brève.***

- Les engagements réciproques entre l'entreprise et ses salariés doivent rester équilibrés. Il faut à tout prix éviter cet exemple d'une entreprise dont les propres obligations se résument en cinq points, alors que celles des salariés en comportent treize.

• ***Ne pas aborder la vie privée des salariés.***

• ***Ne pas oublier de le mettre à jour tous les quatre ans environ.***

- Enfin, il ne faut s'engager que sur des **points réalistes**, car c'est courir à l'échec que de s'apercevoir a posteriori que le Guide d'Éthique n'est ni réalisable ni vérifiable parce que trop abstraite ou parce que simplement constituée de bonnes intentions.

COMMENT SENSIBILISER UNE PETITE OU UNE MOYENNE ENTREPRISE A L'ETHIQUE ET A LA NOTION DE MISSION ?

Dans la pratique, les dirigeants pensent souvent que la Charte et le Sens de la Mission restent réservés aux grands groupes, aux chaînes de franchisés ou aux sociétés possédant des réseaux de distribution. Nous pensons au contraire, comme nous le confirme d'ailleurs notre propre expérience, que le terrain est plus propice et mieux préparé dans une petite ou dans une moyenne entreprise ou industrie.

Parce que les individus qui y oeuvrent se connaissent mieux, parce que le rayonnement d'un responsable y est plus facilement visible et parce qu'y règne souvent un style de vie favorable.

Comme il en va pour les entreprises situées en milieu rural, dans lesquelles la qualité de la vie n'est pas comparable à celle des entreprises localisées en milieu urbain. Cependant, dans ce cas, il faut avoir recours à une approche en deux temps qui consiste d'abord à sensibiliser aux problèmes éthiques avant de construire un projet d'entreprise qui mélange Charte et Sens de la Mission.

Utiliser les faits et les cas d'éthique pour en discuter.

Mais ceci demande du temps, puisque l'opération s'étale souvent sur deux années avant que puisse être obtenu un résultat satisfaisant. Cette sensibilisation exige des réflexions par petits groupes s'appuyant sur deux supports :

- Le premier se compose d'une proposition en huit à dix principes pratiques de l'Ethique des Affaores élaborés et suggérés par la Direction Générale en fonction de la culture de l'entreprise. Nous nous refusons, pour notre part, à utiliser le tableau type de Thomas W. Dunfee, de la Warton School de l'Université de Pennsylvanie, la culture américaine,n'étant bien évidemment pas très adaptée aux préoccupations françaises.
- Le second s'appuie sur deux à trois études de cas vécus qui doivent être extraites de la société et faire l'objet d'une préparation avec ses responsables, c'est-à-dire, dans la plupart des cas, le Directeur Commercial, le Directeur de la Production et / ou le Responsable des Relations Humaines. Ces cas d'éthique sont alors discutés par un petit groupe dans les PME ou PMI.

Alors seulement on regroupe les résultats des deux opérations pour construire un Guide d'Ethique et préciser la mission de la PME/PMI.

QUELQUES SUGGESTIONS

• **n° 42** : Prendre un week-end prolongé et emmener avec soi la plaquette de sa société, le projet d'entreprise ou la charte et se poser les questions suivantes :

• L'entreprise a-t-elle une vision bien définie à long terme ?

• Existe-t-il des documents qui expliquent clairement la finalité de l'organisation ?

• Chacun des salariés est-il capable de formuler en une phrase la mission que lui a confié son supérieur hiérarchique?

• Tous les acteurs de l'organisation connaissent-ils par coeur le projet d'intérêt commun?

• Les partenaires externes à la structure connaissent-ils l'existence de la charge regroupant les trois ou cinq valeurs principales?

Suite à la lecture de ce chapitre quelles sont les idées que je souhaite retenir et quelles sont les décisions que je prends.

....

....

....

....

....

....

....

....

....

....

....

....

....

....

....

....

....

....

....

....

....

....

....

Cinquième
ETAPE

FAIRE ACQUERIR

UN COMPORTEMENT

ETHIQUE

LES POINTS CLÉS

• COMMENT CONSTRUIRE UNE ACTION ET LA VIVRE EN SUIVANT UN COMPORTEMENT ETHIQUE ?

• LA MCEA (METHODE COMPORTEMENTALE POUR UNE ETHIQUE DE L'ACTION).

• RECHERCHER ET ANALYSER LES CAUSES DE MES ACTES

-PREMIER TEMPS : **RECUEILLIR LES FAITS ET ANALYSER LES SITUATIONS.**

-DEUXIEME TEMPS : **ETUDIER LES LOIS, LES REGLEMENTS, LA JURISPRUDENCE, LE CODE DE DEONTOLOGIE LIES A L'ACTION.**

-TROISIEME TEMPS : **RECHERCHER ET HARMONISER LES INTERETS ET VALEURS DES PARTIES CONCERNEES PAR L'ACTION.**

• PRECISER LA FINALITE DE MES ACTIONS

- QUATRIEME TEMPS : **INTERPRETER LA SITUATION, EN DEDUIRE LES BUTS ET PRENDRE LA DECISION.**

• ACQUERIR UN COMPORTEMENT ETHIQUE

- CINQUIEME TEMPS : S'**APPUYER SUR LA GRILLE DES ATTITUDES POUR UN COMPORTEMENT PLUS ETHIQUE :**

- L'ECOUTE.

- LA CONVICTION.

- LA RESPONSABILITE DE SES FAITS ET GESTES.

- LA COHERENCE ENTRE LES DISCOURS ET LES ACTES.

- LA GENEROSITE.

- LE GESTE D'ETHIQUE.

- SIXIEME TEMPS : **PASSER A L'ACTION EN S'APPUYANT SUR LES GRANDS PRINCIPES D'ETHIQUE :**

- LE NON ABUS DE POSITION DOMINANTE.

- LA TRANSPARENCE.

- LE RESPECT DES INTERETS GENERAUX.

- LA RECHERCHE D'UNE JUSTE COMPENSATION.

• MESURER LES CONSEQUENCES DE MES ACTES

LE TEST D'ETHIQUE ET LES GARDE-FOUS

COMMENT CONSTRUIRE UNE ACTION

ET LA VIVRE EN SUIVANT UN COMPORTEMENT ETHIQUE :

LA M.C.E.A.

(Méthode Comportementale pour une Ethique de l'Action).

Quel pari fou ! Il est né du constat selon lequel la plupart des livres consacrés à l'éthique se contentent souvent de poser le problème, d'en expliquer l'histoire et de soulever des dizaines d'interrogations, quand ils ne se limitent pas à une simple sensibilisation. C'est pourquoi nous avons voulu approfondir la question, ce qui nous a amenés à créer un groupe de travail, afin de trouver une réponse aux questions suivantes :

- Avant d'entreprendre une action déterminée, est-il possible d'y introduire une notion d'éthique qui permette d'obtenir un résultat conforme à la morale de notre environnement ?
- Après avoir agi, disposons-nous d'un moyen susceptible de nous aider à vérifier si notre action répondait à certains critères éthiques analogue à ce que disaient nos grands pères lorsqu'ils constataient : "C'est bien ce que tu as fait, mon fils ! ".

C'est ainsi qu'est progressivement apparue une méthodologie issue de l'expérience des uns et des autres et de l'analyse de différents cas de comportements "éthiques" et "non éthiques", afin de rechercher l'existence de certaines constantes. Or, une fois le travail terminé, quelle ne fut pas notre surprise de constater qu'une action humaine considérée comme "éthique" se déroulait selon sept phases bien précises qui, bien qu'élaborées plus ou moins consciemment et dans un ordre variable, se trouvaient toujours à l'origine d'une qualité de comportement exemplaire. Nous retrouvons ces sept phases dans la Méthode de Management du Partalliance, laquelle repose sur une approche éthique. Il y aurait ainsi une grande similitude entre le comportement éthique de l'homme en sept phases et celui de la personne morale qu'est l'entreprise.

Enfin une méthodologie pour pratiquer l'Ethique !

Elle va suivre le plan suivant :

• Analyser les causes de mes actes

- les faits, la situation, le contexte.
- les lois et réglements.
- l'intérêt se cachant derrière un comportement donné et les valeurs auxquelles obéissent les individus.

• Préciser la finalité de mes actions

- quel but
- quel sens

• Acquérir un comportement éthique

- quelle attitude employer ?
- comment passer à l'action en s'appuyant sur les grands principes d'éthique

• Mesurer les conséquences de mes actes

- par les tests d'éthique

Avant d'entrer dans l'étude détaillée de chacune de ces idées, il nous semble important de reprendre certains constats recueillis au cours de nos observations :

• Un comportement éthique ne se limite pas à une "bonne"pensée, à une "bonne" intention ou à un geste particulier. Il exige une demande globale qui s'intègre dans toute une philosophie de la vie, philosophie propre à chacun d'entre nous.

• Un comportement éthique implique d'être honnête avec soi-même

. Lorsque nous recueillons des faits, nous pouvons volontairement en ignorer certains ou préférer nous voiler la face.

. Lorsque nous choisissons une valeur déterminée, nous la sélectionnons sans tenir compte des références ou du passé d'autrui, etc.

Un comportement éthique exige démarche globale et honnêteté avec soi-même.

• Un comportement éthique demande une vigilance de tous les instants, laquelle se révèle bien plus intense que l'entraînement d'un sportif de haut niveau. C'est pourquoi une telle attitude n'est passible que si elle est animée par une volonté permanente.

• Un comportement éthique va vous faire remarquer, voire vous faire montrer du doigt, subir l'ironie, vous cataloguer. Il vous faudra donc apprendre à réagir (voir tableau 10).

Cette méthode analytique permet de donner un sens à sa vie professionnelle et privée, introduit l'éthique dans le comportement quotidien, harmonise le "dire" et le "faire". Elle se trouve résumé dans le dessin suivant : tableau 12.

Tableau N°12

La MCEA
"La Méthode Comportementale pour une Ethique de l'Action"

•L'ECONENTHIQUE•

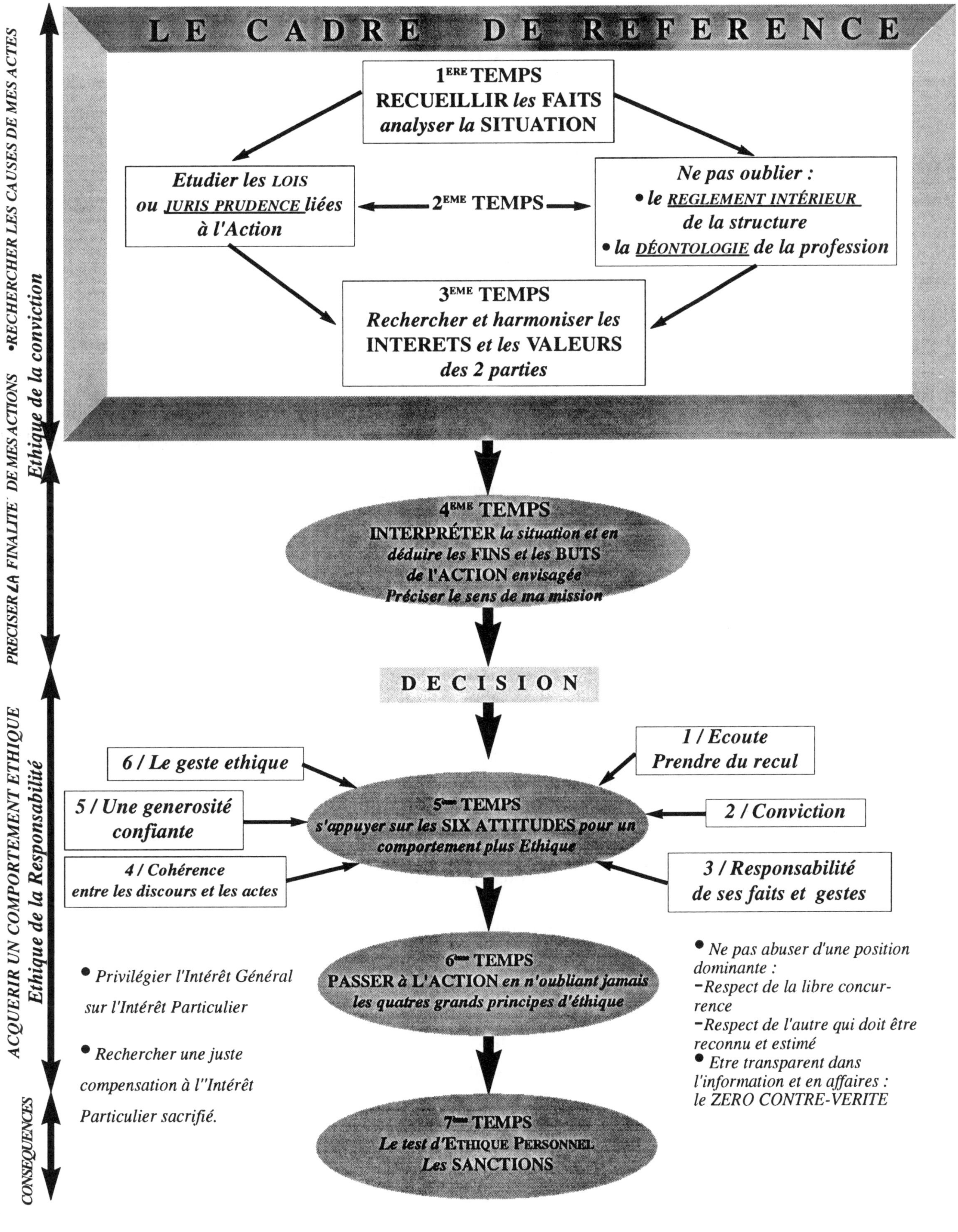

RECHERCHER ET ANALYSER LES CAUSES DE MES ACTES

Avant de commenter les sept temps qui caractérisent toute action éthique, nous avons pu établir que ce type de démarche s'appuyait sur les deux axiomes suivants :

L'acte éthique s'ap-puie sur des valeurs et sur des intérêts.

Premier axiome : "Derrière chaque conscience individuelle ou collective se cache **"quelque chose"** de parfois confus qui sous-tend l'acte, et constitue le moteur de l'action. Dans la plupart des cas, ce **"quelque chose"** se nomme **"valeurs** et / ou **intérets"**.

Prenons deux exemples :

• Lorsque je choisis délibérément la valeur **"transparence"**, je ne peux plus continuer à exagérer jusqu'au mensonge dans les actes de vente ou dans les négociations internationales que je conduis.

• Lorsque je privilégie l'intérêt général sur mon propre intérêt, je n'engage plus de procédure auprès du service de l'équipement si la route nationale qui passe au milieu de mon village, porteuse de tant de nuisances, est déviée au point de grignoter une partie de ma propriété.

L'acte éthique tient compte de lois et de réglements.

Deuxième axiome : Nos systèmes de valeurs, comme nos intérêts, évoluent dans une société qui a ses **lois**, ses **régles**, et surtout un **environnement** de plus en plus complexe . Nous ne pouvons plus ignorer cela en refusant de subir leur influence. Ils vont jouer aussi un rôle de **reference**. Voilà pourquoi nous avons considéré que ces faits irréfutables, ces lois (même divines), ces réglements, cette déontologie, ces valeurs et ces intérêts constituaient le cadre de référence ou la cause de toute l'action

Ne retenir que les faits irréfutables.

Premier temps : recueillir les faits, analyser la situation.

Lorsque nous devons étudier une situation précise, prendre une décision ou construire un plan d'action sous l'angle éthique, nous commençons par dresser une liste des faits.

Nous éliminons ensuite tous ceux qui ne présentent pas un caractère certain et indiscutable. Une enquête ou une réunion peuvent alors s'avérer nécessaire, afin de justifier une analyse complète et correcte de la situation.

Deuxième temps : étudier les lois, la jurisprudence, les réglements, le code de déontologie liés à l'action.

Nous avons sélectionné ci-après, à titre d'exemple, quelques informations qui montrent l'importance que revêtent aujourd'hui ces éléments juridiques face à une entreprise.

Le code pénal.

Le livre II du nouveau code pénal, par exemple, vient d'intégrer de nouvelles infractions telles que les atteintes à la dignité de la personne (discrimination) et à sa liberté d'expression ou d'association, voire même à sa mise en danger.

La saisine du Conseil de la Concurrence.

Les réglementations ont considérablement augmenté depuis 1987, afin :

- De limiter l'exercice de monopoles tels que le monopole pharmaceutique, qui permet de vendre le lait infantile jusqu'à 20 % plus cher qu'en grande surface, ou que le monopole des pompes funèbres, réduit par l'autorisation accordée à la création de sociétés privées.
- D'interdire les ventes à perte, comme il en va par exemple lorsqu'il s'agit de lancer une importante opération destinée à contrer son principal concurrent.

Prendre en compte la déontologie et la jurisprudence

La Loi Doubin.

Première et unique loi qui réglemente la création et le fonctionnement des réseaux de distributeurs indépendants, franchisés, partenaires, affiliés et concessionnaires. Elle impose la tranparence lors de la présentation d'un concept de franchise à un candidat et revêt un caractère pénal.

Les réglements intérieurs et les normes professionnelles.

Ils méritent d'être régulièrement consultés car ils peuvent influencer et expliquer la cause de notre future action.

Le code de déontologie de la profession.

De plus en plus nombreux et efficaces, comme celui mis au point par la France pour la Fédération Européenne de la Franchise, accepté ensuite par tous les pays européens, pour devenir le Code Européen de la Franchise. Il précise notamment qu'un savoir-faire doit être secret, substantiel et identifié. (cf : annexe 1).

Troisième temps: rechercher et harmoniser les intérêts et les valeurs des parties.

Des questions et une réflexion permettent de rechercher rapidement les intérêts et les valeurs qui animent, consciemment ou inconsciemment, les acteurs de l'action. Comme pour les techniques de vente, où un bon négociateur recherche les motivations d'achat de son futur client, chacun des protagonistes cherche ici à recueillir, dans un souci d'échange, les mobiles de l'acte de l'autre avant d'entamer une discussion destinée à harmoniser ces valeurs et intérêts réciproques, puis à les sélectionner afin d'établir une liste des points d'accord. Combien de négociations et de transactions auraient évolué différemment si chacun des deux protagonistes

Etudier si les intérêts et les valeurs des parties peuvent s'harmoniser.

avait accepté de jouer ce jeu d'estime et d'écoute de l'autre en essayant de découvrir les intérêts et les valeurs de l'interlocuteur !

Au terme de cette troisième phase, le problème se trouve alors bien posé, puisque les faits sont connus, les lois et réglements rappelés, les valeurs mises en exergue et les intérêts des parties précisés. L'ensemble de ces éléments compose le "cadre de référence", lequel explique la cause de nos gestes et de nos actes.

PRECISER

LA FINALITE DE MES ACTIONS ?

Quatrième temps : interpréter la situation, en déduire les buts de l'action, préciser le sens de la mission et prendre la décision.

Nous abordons maintenant le moment où se forge le jugement, où s'élabore la conviction , où se précise la finalité à donner à l'action ainsi que les buts à atteindre. Nous retrouvons là le sens de la mission contenu dans cette phase de discernement, qui doit rester prudente et humble.

Nous possédons désormais tous les éléments nécessaires pour prendre la décision : c'est à dire qu' allons nous faire et dans quel but?

Comme la décision s'appuie sur des valeurs communes aux parties et respecte leurs intérêts respectifs, elle devrait être une bonne décision.

En fonction des éléments précédents, préciser le sens de ma mission et le but de mes actes.

ACQUERIR UN COMPORTEMENT ETHIQUE

Cinquième temps : s'entraîner à changer d'attitude.

Entraînez-vous à pratiquer les six attitudes d'un comportement éthique.

Avant de passer à l'action, il convient de se remémorer les différentes attitudes possibles et de ne surtout pas oublier que **l'éthique se vit** plus **dans les faits** que dans l'intention. La pratique nous a permis de sélectionner **six attitudes fondamentales** qui favorisent un acte éthique, parmi les dizaines de possibilités existantes.

Seul un **entraînement** est susceptible de transformer progressivement cet effort en **réflexe** pour acquérir un comportement éthique. Car il ne faut pas oublier que notre corps, et en particulier nos gestes, nos intonations, notre regard dévoilent nos pensées intérieures.

La grille des six attitudes pour un comportement éthique.

A - L'écoute persévérante.
B - La conviction.
C - La responsabilité de ses faits et gestes.
D - La cohérence entre le discours et les actes.
E - La Générosité confiante.
F - Le Geste éthique.

A : l'écoute persévérante.

Ecouter avec bien-veillance.

• **N**'engageons plus une discussion sans avoir laissé s'exprimer les "sur le coeur" ni se dégonfler les objections et les **rancoeurs**.

• Quittons notre bureau et allons vers **l'autre** : le client, bien sûr et d'abord, mais aussi tous ceux que nous rencontrons, pour lesquels nous n'éprouvons pas d'attirance particulière, tous ceux qui sont laissés de côté et qui ont pourtant tellement de choses à dire.

• Prenons le temps d'**écouter** : "Le temps remet chaque chose à sa place. C'est ainsi que "tel événement qui, sur le moment, t'avait tellement préoccupé, t'avait même jeté dans un si grand trouble, si tu t'arrêtes un instant dans le tourbillon des futilités qui parsèment ta vie et si tu prends un peu de recul en remettant au lendemain ta décision, en allant en parler avec un tiers qui ne connaissait pas le problème, alors tu **t'apercevras** que cet événement grave n'est plus qu'une ombre imperceptible qui est déjà passée." (Monseigneur Escriva, "Dieu est parmi nous, p. 79).

• Soyons **attentif**, car écouter, c'est reconnaître l'autre comme intéressant et digne de considération.

• Restons **humble**, ne nous transformons pas en sage qui croît toujours connaître la solution. Demeurons proche des préoccupations de nos interlocuteurs, n'exagérons plus pour convaincre.

• Soyons **patient**, car nous sommes amenés à travailler de plus en plus sur la matière humaine. Tous les responsables affirment que 80 % de leurs soucis quotidiens se rapportent à des problèmes de management des individus. Dans ces conditions, comment changer en quelques mois son propre comportement et, a fortiori, celui des tiers ?

• Laissons le **temps** faire son oeuvre.

• Reformulons inlassablement les questions et les réponses reçues, mais n'oublions pas que, si le processus du consensus ne s'enclenche pas, cela signifie que les valeurs des personnels ne coïncident pas avec celles de l'entreprise, ce qui les pousse à se tranformer en **critiques** de l'organisation, voire même à la quitter.

B : la conviction.

• Forgeons-nous des **références** afin de créer progressivement notre propre éthique de la conviction. Celle que chacun d'entre nous élabore avec plus ou moins de cohérence, de lucidité et de liberté à partir de sa propre expérience, elle-même issue de ses confrontations avec les idées des autres et avec les situations du monde.

• Traduisons nos convictions dans nos **décisions** et dans nos actes. Ceux qui agissent ainsi travaillent la société dont ils sont membres à la manière d'un ferment.

• Soyons **enthousiastes**, persuasifs et joyeux ! Transmettons autour de nous nos certitudes !

• **N**'ayons pas peur de **déranger** ! Il est aisé de comprendre que celui qui se veut personnellement responsable et agit au nom de ces considérations dérange et, par conséquent, provoque des réactions d'hostilité.

La passion de la conviction !

Cependant, dans la mesure où l'homme qui applique des principes d'éthique se remet lui-même en cause par ses propres actes, il remet également en question tous ceux qui vivent dans les mêmes conditions que lui et qui ne sont pas disposés à le suivre.

C'est pourquoi ces derniers vont le contrer plus ou moins directement, car il est certain que la vérité dérange, tout comme dérange une action véritablement éthique.

Par exemple, seriez-vous prêt à accepter la pérestroïka de Jack Welch, Président de General Electric qui, dans le Financial Times de Décembre 1990, racontait l'expérience du programme "work out", lequel consistait en une "remise en question", de tous les niveaux de la hiérarchie.

L'exercice est simple : un supérieur hiérarchique expose à un petit groupe d'employés sa vision des choses et son approche des problèmes. A la suite de quoi les employés se retirent, réfléchissent aux idées émises, à ce qui les contrarie ou ne correspond pas à leur intérêt. Puis chacun exprime ce qu'il pense, remettant éventuellement en question les vues de son supérieur.

Celui-ci, informé des conclusions de ses collaborateurs, peut alors accepter ou rejeter les idées d'amélioration qui se dégagent de la discussion ou simplement s'engager à y réfléchir. Si sa réponse se trouve être "peut-être", il doit alors en référer au groupe dans les trente jours, délai au bout duquel il doit lui présenter une décision définitive.

C : la responsabilité de ses faits et gestes.

Assumer vos Responsablités

• Passons de la logique du pouvoir à la logique de la **responsabilité** et de l'éthique de l'obéissance à l'éthique de la responsabilité.

• Pensons à l'**héritage** que nous laissons aux futures générations, ainsi qu'à notre responsabilité à l'égard de l'humanité à venir. Pour la première fois dans l'histoire des hommes surgit l'éventualité que nos actes, grâce aux forces qui leur sont conférées par le progrès techno-scientifique, en viennent à compromettre la possibilité même d'une vie future. Situation inédite où le Prométhée déchaîné qu'est devenu l'être humain se trouve confronté à des interrogations éthiques renouvelées.

Dans son livre "Le principe de la responsabilité" (vendu à plus de 130 000 exemplaires), Hans Jonas reprend l'idée selon laquelle l'"impératif catégorique de Kant", qui pourrait se définir comme le fait d "agir de telle sorte que tu puisses également vouloir que ta maxime devienne une loi universelle" se transforme en : "agis de façon que les effets de ton action soient compatibles avec une vie authentiquement humaine sur terre", ou "ne rien faire qui puisse empêcher nos descendants de vivre sur une terre saine, d'hériter d'un terroir enrichi". Qu'elle est lourde la responsabilité de nos actes dans les domaines du nucléaire, de la Méditerranée poubelle, de la couche d'ozone, du sang contaminé, etc. !

• **"Tu peux, donc tu dois"**, affirme Hans Jonas. En inversant les termes de Kant, il nous invite à prendre conscience de notre **puissance**, afin d'y puiser la nécessité de nos obligations, alors que Kant disait "Tu dois, donc tu peux", faisant l'expérience du **devoir** en tant que soumission à la loi morale, épreuve même de la liberté, ce qui tend à prouver que même l'éthique n'est pas absolue puisqu'elle doit toujours se replacer dans le contexte culturel de son temps.

D : la cohérence entre les discours et les actes, un compromis ?

• N'oublions pas que ce sont les **actes** qui donnent à la vie sa dimension éthique.

• Chacun d'entre nous doit agir dans le même sens que ce qu'il affirme. **Assez d'hypocrisie!**

• Sachons que le **compromis** existe, mais il doit être limité à des cas exceptionnels.

Car soit il s'agit d'un choix entre plusieurs solutions inégalement avantageuses face à un même problème, sans qu'il soit pour autant question de choisir entre le bien et le mal, c'est tout le problème de la PAC (Politique Agricole Commune). Soit nous nous trouvons en face d'une appréciation lucide de la réalité, avec laquelle force nous est de composer, sans pour autant engendrer ni démission ni lâcheté.

Faisons la guerre à l'hypocrisie !

Nous rencontrons souvent le cas lors d'une baisse d'activité, où il faut alors choisir le moindre mal : "si je licencie cent ouvriers aujourd'hui, j'évite peut-être à ma société de péricliter". Le jour où l'éthique de la responsabilité rejoindra l'éthique de la conviction, il n'y aura plus de compromission.

• N'utilisons plus la **dérision** car, systématique et à grande échelle, elle conduit immanquablement à la destruction de l'individu, de la collectivité et de leurs références. Elle est l'ennemi numéro un de l'éthique moderne car, n'étant plus capables de poser des actes vrais, l'on détruit par les discours ! Son vecteur favori, la télévision, ne ridiculise-t-il pas tout : responsables, fonctionnaires, religion, famille, anciens, autorité des parents et des enseignants, amitié, amour ?

Or, la dérision ne sert ni l'objectivité ni la vérité, car seul le côté "émotif" l'intéresse. Elle désacralise les idéaux et nivelle la personne humaine, sans parler de ces candidats qui défilent sous nos yeux dans le cadre des jeux télévisés, manipulés comme des bêtes de cirque, comme dans "Fort Boyard", par exemple.

L'individu perd ainsi son échelle de valeurs. Or, le sacarsme général conduit à la perte de confiance en soi et au dégoût de soi-même. A se moquer de tout, du blanc et de son contraire, c'est l'espérance même que l'on tue ... Quel cadeau empoisonné pour nos jeunes !

• Faisons passer les **actes** avant la parole ! Lors de la mise en place d'un projet d'entreprise de charte, de sensibilisation à l'éthique, de cercle de qualité, nous devons veiller à ne pas ménager une trop large place au discours. Or, le meilleur moyen d'éviter d'ennuyer, de donner l'impression d'être un moralisateur, c'est d'agir.

N'annonçons pas haut et fort ce que nous avons l'intention de faire, mais faisons-le et expliquons ensuite. Notre interlocuteur, surtout s'il est Français, manie la critique avec dextérité, et il sait par expérience que son supérieur hiérarchique en dit parfois plus qu'il n'en fait réellement !

E : une générosité confiante.

• Donnons tous les jours **un peu de nous-mêmes** aux autres : cela nous sera rendu au centuple.

• Apportons un peu plus de **chaleur humaine** dans nos ateliers et dans nos bureaux (plantes vertes, tiroirs personnels, espace de travail personnalisé par ceux qui y vivent, etc.).

• Ayons le souci d'**aider** le collègue de travail qui cache ses problèmes personnels, essayons de les partager avec discrétion.

• Transmettons et utilisons les **valeurs affectives**, pourtant si tabous dans le monde des affaires. Reprenant à notre compte les propos de Jean Carlsson, PDG de la SAS (Compagnie de Transport Aérien Suédoise), lequel constatait, à l'occasion d'une conférence : **"Dans les discussions portant sur le management et les ressources humaines, il n'est jamais question d'AMOUR. Et pourtant, si l'amour se définit comme le désir et la volonté de faire progresser l'autre, ce terme me semble tout-à-fait approprié".**

Parler avec son coeur.

• Enfin, faisons **confiance** dès le départ ! Inversons la tendance du monde des affaires qui consiste, à l'occasion d'une rencontre, à commencer par se méfier alors qu'il convient au contraire de chercher à découvrir les talents, les valeurs et les centres d'intérêts de l'autre. Laissons donc le temps faire son oeuvre !

F : le geste éthique.

Nous voudrions souligner ici l'importance du geste dans la relation entre les humains, notamment dans la vie professionnelle, geste qui recouvre d'ailleurs une signification souvent cachée et, partant,

Mieux que la parole: le Geste Ethique.

difficile à décrypter. Tentons donc de pénétrer le mystère de ces gestes, en commençant tout d'abord par le définir :

• Le geste, c'est la **rencontre** de la présence de l'homme et de son agir, de l'**être** et de l'**action**, ce qui permet de dire que le corps n'est présent que dans le geste.

• Le geste cache une réelle **complexité**, puisqu'il peut traduire une certaine hypocrisie lorsqu'il n'indique pas notre état d'âme véritable ou, au contraire, montrer le fond de nos ressentis lorsqu'il ne se contrôle plus.

Malheureusement, le monde d'aujourd'hui devient, en France, de plus en plus pauvre en gestuel, ce qui n'est pas le cas de pays comme ceux de l'Afrique, par exemple. C'est pourquoi nous souhaitons que chacun d'entre nous apprenne à redécouvrir la richesse de ce moyen d'expression, qui peut se révéler aussi merveilleux dans ses messages que l'un de nos cinq sens.

On peut caractériser le geste éthique comme une ouverture à l'autre, parce c'est le geste que nous faisons lorsque nous nous tournons vers l'autre : geste de relation, véritable lien concret à l'origine de l'amitié ou de l'amour. Il crée des liens, se trouvant ainsi à la base de l'échange, tout comme il fait intervenir l'intelligence et l'interprétation, puisqu'il amène à se demander comment il est perçu par autrui. Surtout, il recouvre tout un ensemble de symboles et va bien au-delà du précédent en traduisant des **valeurs**. C'est pourquoi nous le considérons comme éminemment éthique.

Ce cinquième temps de la méthode comportementale pour une éthique de l'action a voulu démontrer que toutes nos activités quotidiennes devaient être imprégnées de ces six attitudes, car ce sont elles qui font la différence en créant l'ambiance nécessaire à l'épanouissement d'un climat éthique. Par leur contribution au changement de votre état d'esprit, donc de celui de votre entourage professionnel, elles vous apporteront la sérénité.

Sixième temps : les quatre grands principes d'éthique.

Avant d'agir, garder toujours en mémoire les "Quatre Grands Principes d'Action".

Tous les éléments pour agir se trouvent maintenant réunis. Mais, il manque encore la trame autour de laquelle vont se construire tous nos raisonnements. Cette trame se compose de quatre principes sélectionnés parmi des dizaines d'autres parce qu'ils nous ont semblé les plus efficaces dans le domaine des affaires, et qui s'expriment ainsi :

• Ne pas abuser d'une position dominante.
• Etre transparent dans les affaires et dans l'information grâce au "Zéro Contre-Vérité".
• Protéger les intérêts généraux de la Cité.
• Rechercher une juste compensation au sacrifice de l'intérêt particulier.

Premier Principe : Ne pas abuser d'une position dominante

Les exemples d'hégémonie où un Etat tente d'imposer ses visées économiques représentent une constante de notre Histoire. Ce fut le cas de la Guerre du Golfe et des récents bombardements sur l'Irak destinés à protéger les intérêts pétroliers américains, ou des accords internationaux du GATT, portant sur le prix des oléagineux, lesquels favorisent en réalité les fermiers américains. Ce phénomène de position dominante se retrouve sous différentes expressions, que ce soit dans le domaine commercial (le droit de la concurrence) ou au niveau des relations entre les individus (le droit à être reconnu).

• Le respect de la libre concurrence.

Le respect d'un juste équilibre, destiné à permettre à chaque partenaire économique de se créer et de se développer harmonieusement, tout en acceptant cette forme d'arbitrage que constitue la capacité de réaliser le **"profit"** nécessaire à assurer sa pérénnité, repose d'abord sur la loi.

Dans le système d'une société économique libérale, seule la loi a le pouvoir de s'opposer à la logique du profit. Cette volonté de la loi participe au débat politique, elle assure la démocratie libérale, quand la force sans limite conduirait nécessairement au monopole, c'est-à-dire à l'élimination de toute concurrence.

Toutes les grandes démocraties ont su instaurer, au cours des dernières décennies, des lois permettant de contrôler les situations de monopoles en se donnant les moyens de s'opposer aux opérations à l'origine de telles situations, voire en exigeant des démantèlements : loi anti-trust aux Etats-Unis, loi sur les concentrations communautaires et nationales.

Le problème est plus nuancé au Japon du fait de la relation privilégiée existant dans ce pays entre l'administration d'Etat et les entreprises.

Le respect de la libre concurrence se trouve au coeur des systèmes économiques libéraux et les juristes ont été à même de dégager des nuances dans leur appréciation en définissant, outre l'**"abus de position dominante"** ou l'**"entente"**, des notions distinctes comme l'**"abus de faiblesse"** ou l'**"abus de dépendance économique".**

Mais si l'un des principaux obstacles à la libre concurrence réside incontestablement dans les pratiques commerciales douteuses, il repose également et surtout dans celles qui faussent totalement la concurrence comme les pots-de-vins et les bakchichs. Ce sont de telles pratiques qui rompent l'équité qui doit exister entre les concurrents et remettent complètement en cause les données du marché.

• Le respect de l'autre

L'homme apparaît à la fois comme un constructeur et comme un destructeur. L'élan généré par le désir d'être reconnu par autrui est paradoxalement à l'origine de comportements de possession, de domination.

Il devient primordial aujourd'hui, compte tenu des enjeux auxquels nous sommes confrontés (survie de l'espèce) de transformer des relations qui régissent le monde des affaires et reposent, depuis des décennies, sur les notions de rapports de force, de lutte d'influence et de prise de pouvoir, en véritables relations d'échange.

Reconnaître l'autre de façon inconditionnelle.

Heureusement, nombreux sont ceux pour lesquels le respect d'autrui, le sérieux de la parole donnée, le refus de la contre-vérité et de la corruption constituent effectivement des impératifs sur lesquels le comportement de ceux qui les entourent n'a pas d'influence !

• On peut aimer sans exiger de l'être en retour, bien qu'il soit indiscutable que l'on se réjouisse lorsqu'un tel sentiment se trouve partagé.

• On peut refuser de tomber dans l'esclavage du pouvoir de l'argent et des honneurs sans se trouver pour autant privé de responsabilités, de pouvoir, d'argent et de bien-être.

• La reconnaissance mutuelle sous son aspect juridique

La jurisprudence a dégagé depuis longtemps, au sein de l'entreprise elle-même, la notions **d'abus de majorité**, et les contre-pouvoirs depuis lors accordés par la loi ont permis de retenir la notion **d'abus de minorité**. De nombreuses législations dont l'évolution est constante ont éré élaborées dans le but d'éviter la création de rapports de forces. Ainsi en est-il du droit du travail concernant la protection individuelle et collective des salariés ou du droit de l'épargne destiné à protéger en premier lieu l'épargnant non professionnel dans sa position d'actionnaire minoritaire, ou de prêteur obligataire, mais aussi les créanciers.

L'approche légaliste cherche à saisir l'attitude comportementale de l'acteur et seul l'abus constitue la limite de l'action. La position du fort crée une présomption, d'abus susceptible de faire l'objet d'une réglementation à but préventif. Il en va ainsi, par exemple, pour le droit de la concentration (qui empêche l'opération de regroupement envisagée, ou qui l'assortit de conditions). Ce n'est que dans un second temps seulement que cet abus fera l'objet de sanctions.

Deuxième Principe : Etre transparent dans les affaires et dans l'information : le Zéro Contre-Vérité.

Toute négociation, accord ou convention doit être réalisé de bonne foi, c'est-à-dire en l'absence de dol, même par omission. Ce principe constant est commun au Droit Continental, à la Common Law et au Droit International.et cette transparence constitue la base même de toute relation partenariale stable. En effet, elle répond à un besoin intraculturel de sécurité des affaires que l'on retrouve à travers l'ensemble des législations et engage la responsabilité de celui qui, sciemment, omettrait de révéler une information dont il sait pertinemment qu'elle est susceptible de modifier le consentement de son cocontractant.

Un tel comportement ne peut être envisagé que si le responsable, est à même de démontrer qu'il n'a pas manqué à l'éthique.

La règle éthique permet la discrétion, voire le secret, mais elle exige toujours que l'action fasse l'objet d'une explication transparente.

• Le Zéro Contre-Vérité :

Créer le "Zéro Contre-Vérité".

- Puisque la mode est au Zéro Défaut, pourquoi ne pas instituer le "zéro contre vérité" ?
- Comment accorder une confiance totale à quelqu'un lorsqu'il fait répondre par sa secrétaire qu'il est en déplacement alors que vous n'ignorez pas qu'il se trouve à côté, dans la salle de réunion ?
- Pourquoi inventer des faux-fuyants, quand la vérité pure et simple évite tant de déboires ?
- Pourquoi refuser de dire ce que l'on pense ou ce que l'on sait à un collaborateur, attendre que la suspicion s'installe et que les quiproquos se développent ?
- Pourquoi laisser s'envenimer une situation ou un malaise et reculer la prise de décision simplement parce que nous avons peur d'affronter le tête-à-tête et le "parler vrai "?

Privilégier l'intérêt commun.

Troisième Principe : Tenir compte des intérêts généraux et de ceux de la Cité en privilégiant l'intérêt général sur l'intérêt particulier

Aucune institution ne peut fonctionner correctement si ses membres ne manifestaient pas un souci élargi de son "bien commun".

"Pour qu'un pouvoir de direction puisse être instauré et durer, la première condition requise est la disposition des sociétaires à faire passer l'intérêt commun devant l'intérêt particulier. Cette donnée n'est pas une donnée naturelle, elle est conquise à tout moment sur l'égoïsme qui se trouve dans chaque individu.

Un pouvoir de direction demande aussi aux sociétaires l'esprit de tolérance et la conviction que l'on ne peut tout avoir tout de suite. Aucune de ces vertus n'est naturelle : elles résultent toutes d'une pression que les individus exercent sur eux-mêmes". Jean Baechler

La dimension écologique dans son sens le plus large comprend la notion de protection des intérêts généraux de la Cité. Dans ce domaine, seule la loi paraît capable de protéger les intérêts généraux de la Cité lorsque l'entreprise, pour des raisons de profits, refuse de les prendre en compte. La prise de conscience de la protection de l'environnement contre les pollutions générées par les entreprises revêt une dimension éthique, la priorité mise en avant consistant à préserver l'environnement naturel dans l'intérêt des générations futures.

S'appuyer sur les lois qui protègent les intérêts généraux de la Cité.

Face à de tels faits, quelle conduite adopter ?

Une fois établis les intérêts des deux parties que sont d'une part, les particuliers (individus, syndicats, personnes morales) et d'autre part, la Cité au sens large (Etat, collectivité, entreprise, structure, organisation) et communiqué le plan permettant la réalisation de l'action envisagée, il convient de vérifier à chaque étape de la mise en oeuvre de l'action si les choix opérés privilégient effectivement l'intérêt général sur les intérêts particuliers.

C'est ainsi que par exemple si, à l'occasion du référendum sur Maastricht, le Gouvernement avait pris la peine d'informer les citoyens dix moix auparavant de la complémentarité existant entre les intérêts de chacun et ceux de l'Europe, il ne fait pas de doute qu'il aurait donné lieu à une franche majorité.

Quand vous hésitez, appuyez-vous sur le Cadre de Références du Tableau n° 12.

Mais, si le débat se réduit parfois à des choix qui tombent sous le sens, la complexité du monde des affaires engendre, dans la majorité des cas, une difficulté d'arbitrage lorsque la concurrence joue à plein la carte de la surenchère. Le choix se complique davantage encore lorsqu'entrent en jeu des intermédiaires influents ou des autorisations réglementaires émanant d'autorités partisanes,beaucoup d'individus n'hésitant pas alors entre un gain rapide et supplémentaire et le respect de la parole donnée.

C'est à ce moment précis que notre cadre de références (faits, valeurs, lois, intérêts) nous permet d'apprécier le type d'action à mener et de trouver des solutions autres que celles qui consistent à enfreindre les règles éthiques de l'entreprise, à accepter les compromissions ou à sacrifier des intérêts particuliers.

A l'argent fou et sale, opposez un investissem ent éthique.

Les Etats démocratiques représentent, à cet égard, des modèles insensés lorsqu'ils se font marchands d'armes, légitimant ainsi l'action par le maintien de l'emploi, l'entrée de devises ou de taxes et, plus généralement arguant du fait que d'autres pays réaliseront l'opération en tout état de cause. Le prix social du cancer ou du sida, le coût de certains conflits (dont les grèves de la RATP, d'Air France ou d'Air Inter), rappellent pourtant sans cesse, mais en vain, que, "dans le monde de l'argent fou, la morale reste encore le meilleur des investissements à long terme".

Quatrième Principe : Rechercher une juste compensation à l'intérêt particulier sacrifié.

Devant l'obligation de privilégier l'intérêt commun, ceux qui ne sauraient accepter le creuset culturel de l'entreprise avec ses propres systèmes de valeurs et d'intérêts se verront dans l'obligation de la quitter. Il apparaît en effet préférable de laisser partir celui qui n'approuve pas les choix de son organisation. Il peut d'ailleurs aussi bien s'agir d'actionnaires que de salariés qui n'acceptent pas l'évolution inhérente à la démarche éthique.

Rester très réceptif à toute expression d'un intérêt particulier sacrifié.

Ainsi, si des légitimités culturelles concurrentes peuvent s'opposer, le consensus majoritaire obtenu par des moyens éthiques doit-il s'imposer afin de permettre à l'entreprise de préserver son unité, notamment dans l'action.

Reste le problème des intérêts particuliers, souvent légitimes, qui, bien que s'appuyant sur des convictions personnelles, ne s'en trouvent pas moins sacrifiés au plus grand nombre, au nom de l'intérêt commun. Toute évolution, restructuration ou développement interne ou externe passe par le sacrifice de ceux qui ne peuvent ou ne veulent pas s'adapter ou qui refusent d'accepter la remise en cause d'avantages considérés comme acquis.

Sous réserve des garanties légales accordées à certains intérêts particuliers, notamment ceux du Personnel, chaque entreprise aura ainsi à gérer ses propres mutations, la démarche adoptée et les solutions retenues étant basées sur la Méthode Comportementale pour une Ethique de l'Action.

Le bilan social d'une entreprise permet de mesurer l'effort consenti, par chacun et de protéger l'intérêt particulier. en conséquence. Cela concerne la capacité d'innovation sociale, l'essaimage des cadres, les filières de placement ou la mise à la retraite anticipée, et il s'agit là d'un savoir-faire qui participe pleinement à la dimension éthique de l'entreprise.

Le bilan de compétences permet également de protéger l'individu contre des affectations à des postes de travail pour lesquelles ils ne présente pas les aptitudes nécessaires.

Ainsi, la dimension culturelle et éthique de l'entreprise, qui inclut le coût social des mutations, participe-t-elle à son développement et à sa pérennité sur le marché au même titre que le niveau de rémunération ou que les conditions de travail.

MESURER LES CONSEQUENCES DE MES ACTES ?

Septième temps : les tests d'éthique et les garde-fous

Les tests d'éthique : analyser et mesurer le résultat.

Nous venons d'étudier comment se construit une action ou un acte à caractère éthique mais, dans de nombreux cas, nous n'avons malheureusement ni le temps ni même l'envie de suivre une telle démarche. Alors, aux prises avec un léger scrupule, certains d'entre nous recherchent-ils un moyen de réfléchir a posteriori sur un acte donné : "Ai-je eu, à cette occasion, un comportement éthique ?" Il est possible alors de mesurer, a posteriori, si l'acte posé est éthique ou non. Pour cela, il existe plusieurs tests d'éthique faciles et riches d'enseignements.

Les garde-fous

La pratique de l'éthique suppose une base légale qui s'appuie sur un cadre de références complété par une méthodologie rigoureuse. Mais une telle démarche est insuffisante parce qu'inopérante si elle ne se trouve pas soutenue par un système de sanctions. Aujourd'hui, les sanctions légales deviennent de plus en plus contraignantes et vont parfois jusqu'au pénal en cas de non respect de la transparence.

Cependant, l'effort prioritaire en matière d'éthique n'en doit pas moins porter sur un système de management capable de dissuader les comportements contraires à l'éthique.

• Prévoir une mention qui indique, dans le contrat de travail, qu'il y a faute professionnelle grave avec risque de renvoi en cas de manquement aux clauses prévues par la charte.

• Donner l'information qui évitera à un événement de se reproduire.

• Ne pas tolérer d'entorses, même mineures, à l'éthique : chacun doit y avoir été préparé et rester vigileant.

• Inclure des règles de conduite dans le réglement intérieur ou, encore mieux, créer un véritable "Livret sur les règles de conduite dans les affaires".

Tableau N°13

Le test d'éthique pour examiner la dimension éthique d'une action

1

Avez vous commencé par analyser l'origine de l'action en recueillant les faits "certains", sans les interpréter ?

OUI	NON

2

Les valeurs de l'Entreprise et mes propres valeurs sont-elles en concordance ?

OUI	NON

3

Pour telle action précise, mes intérêts sont-ils en harmonie avec les intérêts généraux de la structure dans laquelle j'évolue.

OUI	NON

4

Ai-je pensé à utiliser au moins 3 de ces attitudes qui caractérisent un comportement éthique.
(L'écoute, la cohérence entre le discours et l'acte, ne pas avoir peur d'assumer ses responsabilités ...)

OUI	NON

5

Le principe de transparence a-t-il été constamment pratiqué ?

OUI	NON

6

La décision prise est-elle équitable pour tous ?

OUI	NON

7

Suis-je fier de cette décision ?

- ***Serais-je content de moi si ma décision était orchestrée ? par tel ou tel média, par ma direction ?***
- ***Serais-je à l'aise si ma proche famille en avait connaissance ?***
- ***Pourrais-je raconter mon acte à quelqu'un que j'admire, un Père, une Mère, un Sage... ?***

OUI	NON

8

Les personnes concernées par l'action ont-ils l'impression d'avoir été reconnues et ou estimés ?

OUI	NON

Arrivé à la fin de cette méthode comportementale pour une éthique de l'action, vous serez assuré d'avoir créé une atmosphère de solidarité, d'amitié et de vérité qui fera toute la différence.

Si chacun des membres de votre entreprise repart sur d'autres bases relationnelles, si l'information devient translucide, si les compromissions, les lâchetés, et les jalousies restent au vestiaire, votre entreprise aura marqué des points sur des concurrents encore confrontés à des luttes intestines.

Voici pour conclure un schéma synthétique qui vous permettra de retenir l'essentiel de la méthode, afin de la mettre rapidement en pratique (voir tableau n° 14).

Tableau N°14

Synoptique de "la Méthode Comportementale pour une Ethique de l'Action

LE DISCERNEMENT

Partir d'un cadre de référence
Faits indiscutables, valeurs, intérêts, lois

LE CORPS

S'APPUYER sur les six ATTITUDES ETHIQUES
- Ecoute
- Conviction
- Responsabilité
- Cohérence entre le discours et les actes
- Générosité
- Geste éthique

Pour AGIR dans un CONTEXTE ETHIQUE

LE CONTENU

Vivre en permanence avec les 4 grands PRINCIPES D'ETHIQUE

L'AUTOPERFECTIONNEMENT

Contrôler vos actions par le TEST D'ETHIQUE

QUELQUES SUGGESTIONS

• n° 43 : Organiser pour ceux qui le veulent une formation à la MCEA (Méthodologie Comportementale pour une Ethique de l'Action).

• n° 44 : Provoquer autour de vous une discussion ou une réunion sur un CAS VECU de NON ETHIQUE.

• n° 45 : Mettre en place le "Zéro Contre-Vérité" et se renseigner sur la façon de le vendre à mon entourage.

• n° 46 : S'entraîner chaque jour à mettre en pratique un petit geste éthique.

Suite à la lecture de ce chapitre, quelles sont les idées que je souhaite retenir et quelles sont les décisions que je prends.

....

Sixième
ETAPE

DIRIGER ET ANIMER AUTREMENT OU LES CONSEQUENCES D'UN CAPITALISME PLUS ETHIQUE POUR UN NOUVEAU MANAGEMENT DES ORGANISATIONS

LES POINTS CLÉS

• DES MODIFICATIONS PROFONDES DANS LES ATTENTES DES PERSONNELS : LA SOCIETE CENTRIFUGE.

• VERS UNE NOUVELLE METHODE DE DIRECTION DES ENTREPRISES : LE PARTALLIANCE.

- LES REGLES DU JEU
- LES METIERS DU RESPONSABLE
- LES APTITUDES FONDAMENTALES
- DES METHODES PERFORMANTES POUR DIRIGER ACCOMPAGNEES D'OUTILS PERFORMANTS

• QUELQUES RECOMMANDATIONS POUR REUSSIR CE PARTALLIANCE.

• LE VISAGE ENFIN TRANSPARENT DE LA COMMUNICATION.

• REDEFINIR LA FINALITE DE L'ARGENT ET DES BANQUES

• LE VRAI LANGAGE INTERNATIONAL.

• PARRAINER UNE CREATION D'ENTREPRISE.

Dans les premiers chapitres, nous avons affirmé que, si la société française veut parvenir à traverser les difficultés qu'elle rencontre, elle doit se remettre en question en acceptant un autre type de capitalisme.

Ce nouveau capitalisme tend à privilégier l'homme plutôt que le profit. Il suppose une entreprise qui repose sur une communauté d'intérêts s'appuyant sur des valeurs. Il exige une conception révolutionnaire de l'acte de vente basée sur l'alliance et non sur les rapports de force, et introduit la notion d'éthique à tous les niveaux et à tous les instants de la vie de l'organisation.

Dans le cadre de l'entreprise, cette démarche a d'abord fait l'objet, dans une première étape, de la la prise de conscience du fait que l'environnement global représente désormais une donnée de base de toute réflexion stratégique.

Les deuxième et troisième étapes nous ont fait redécouvrir le vrai visage de la culture de l'entreprise, avec les valeurs qui lui sont propres et les intérêts des différentes parties en présence.

La quatrième étape nous a amenés à démontrer l'importance du sens de la mission, aussi bien pour l'entreprise que pour l'individu, grâce aux notions de vision, de finalité et de stratégies.

Enfin, la cinquième étape a répondu à la question "Peut-on faire acquérir un nouveau comportement à l'ensemble des personnels de la structure ?" en proposant la mise en oeuvre de la MCEA, Méthode Comportementale pour une Ethique de l'Action.

Dans ce chapitre, nous proposons de vous présenter une nouvelle manière de diriger une organisation, ce que l'on pourrait appeler un management à la Française, construit à partir des quatre postulats décrits dans le 2ème chapitre.

Il s'appuie sur les résultats de nombreuses expériences vécues dans différentes organisations (entreprises, associations) que nous connaissons. Nous étudierons successivement les nouvelles attentes du Personnel, l'art de diriger, les nouvelles structures ou organigramme que cela entraîne, les répercussions que cela provoque sur la communication, sur la finalité de l'argent, sur l'exportation, sur la création et la transmission d'entreprise.

DES MODIFICATIONS PROFONDES DANS LES ATTENTES DES PERSONNELS : "LA SOCIETE CENTRIFUGE"

Au cours des investigations réalisées auprès de nombreuses entreprises afin d'en cerner la culture, avec ses traditions, ses richesses, ses croyances et ses références, nous avons constaté que ces attentes se regroupaient en quatre aspirations profondes :

Un besoin immense d'être reconnu.

Selon une enquête du CREDOC de Juillet 1992, un Français sur cinq seulement s'épanouit dans son travail !

Une organisation est sûre de présenter tous les signes de la performance si tout son personnel se sent motivé et impliqué dans ce qu'il fait. Pour qu'un dirigeant mobilise ses forces vives autour d'un projet d'intérêt commun, il doit reconnaître comme également respectable, digne d'intérêt et indispensable chacun des individus qui composent son entreprise. Autrement dit, il ne doit jamais oublier que tout individu :

- Aspire à la reconnaissance d'une action efficace ou d'un effort notoire.
- Refuse toute atteinte à sa dignité (mauvaises conditions de travail, harcèlement sexuel, mots péjoratifs, etc.).

Respectez-moi, crie la foule de toutes parts !

La recherche de nouvelles références.

En un demi-siècle les "Personnels", quelle que soit leur position hiérarchique, ont vu craquer leurs "cadres de références". L'environnement socio-éducatif ne cesse de s'amenuiser, la famille éclate et se désagrège (malgré un léger retour du cocooning), le monde politique est chaque jour mêllé à de nouveaux scandales.

Pour accepter de s'investir dans leur travail, les personnels d'une entreprise ont besoin d'en connaître le sens, de savoir pourquoi ils accomplissent leur fonction.

Vous, responsable, qu'elles références apportez-vous à votre équipe ?

Le désir d'assumer des responsabilités.

Accepter que l'autre puisse se révéler apte à accomplir certaines tâches, relève de l'estime. Et, après des années de passivité, de course éperdue après une hypothétique sécurité, d'une attitude d'assisté, les "personnels" aspirent désormais à plus de responsabilité.

Estimer l'autre en lui déléguant des responsabilité

Le souhait souvent inconscient de posséder un espace personnel : le cocooning ou l'entreprise maternelle

On retrouve là encore l'un des besoins fondamentaux de Maslow. Aucun d'entre nous, ne peut s'épanouir s'il n'a pas reçu les moyens de se créer de petits univers dans lesquels il va se reconnaître lui-même et mesurer ses progrès :

- Pour certains, c'est l'équipe ou le département dans lequel ils travaillent.
- Pour d'autres, c'est le tiroir ou l'armoire fermée à clé, afin d'y entreposer un peu de son "jardin secret".
- Pour d'autres, enfin, c'est le Comité d'entreprise ou l'entreprise elle-même, etc.

Le développement d'une société centrifuge entraîne la mise en place de "petits univers intimes".

Le personnel de l'entreprise aspire à y trouver une certaine forme de protection, donc de sécurité, laquelle sera d'ailleurs à l'origine d'un réveil d'autant plus douloureux lors de prochains licenciements. L'entreprise serait-elle en passe de devenir un lieu de refuge et de cocooning ? Autrefois, l'on parlait de paternalisme. Aujourd'hui, on pourrait apparenter cette attitude au maternage.

Comme ces jeunes cadres qui n'hésitent pas affirmer au Directeur des Affaires Sociales : **"Si Rhône-Poulenc ouvrait une crèche, ce serait bien pour tout le monde"**, ou ces jeunes ingénieurs qui souhaitent pouvoir disposer d'une salle de sport, d'une piscine et même, pourquoi pas, d'un lieu de méditation. D'où l'importance de l'existence d'un **"climat"** créé dans des lieux conviviaux comme les cafeterias ou tout autre espace de rencontre informel.

L'apparition récente de ce besoin de protection s'explique notamment par l'évolution de l'environnement global, lequel forge progressivement une autre société, dite **"Société Centrifuge".**

Alors que la société d'hier était centripète et s'efforçait d'intégrer la totalité de ses membres, la société d'aujourdh'ui est centrifuge, et cherche à exclure ceux qui ne parviennent pas à se maintenir dans le courant en raison de problèmes de santé, de compétences ou de relations.

Les systèmes de protection sociale n'ont fait que retarder les effets de la crise. Ils ne l'ont pas empêchée. On a vu se développer une nouvelle forme de pauvreté, conséquence inévitable des grandes mutations.

Un Français sur dix n'a pas d'emploi.

Un Français sur dix ne dispose pas d'un revenu suffisant pour vivre décemment.

VERS UNE NOUVELLE DIRECTION DES ENTREPRISES

"LE PARTALLIANCE"

Devant ces nouvelles exigences des Personnels, il est impératif de changer notre manière de diriger, d'exercer le pouvoir ou d'animer une équipe. Pour cela, nous préconisons de s'appuyer sur :

• De nouvelles règles du jeu

Elles permettent de bien poser les conditions pour obtenir un management efficace et se résument par ces mots : - Alliance - Partage - Fermeté - Subsidiarité

• L'obligation pour un Dirigeant de faire 4 métiers en un

La complexité de la vie professionnelle actuelle nécessite des cerveaux polyvalents. Le responsable sera donc tour à tour :- Visionnaire - leader - fédérateur - entrepreneur

• Le développement d'aptitudes nouvelles

Pour diriger avec efficacité, les responsables des organisations devront acquérir les qualités suivantes : - Savoir conceptualiser. - Etre capable d'entraîner. - Consacrer une partie de son temps à arbitrer. - Ne jamais cesser d'innover.

• Des méthodes performantes pour diriger ou animer

Elles constituent les tâches essentielles d'un Dirigeant et s'organisent sous forme d'un cycle permanent. On peut les résumer ainsi :

- Scruter en permanence l'**environnement global**.
- Redécouvrir la **culture** de son entreprise.
- Harmoniser les **valeurs et intérêts** de l'entreprise et de l'individu.
- Donner un sens à la **mission** : Vision - Finalité - Stratégie.
- Faire acquérir un **comportement éthique**.
- Mettre en oeuvre. Faire vendre par une **nouvelle relation d'échange**.
- Rechercher le **consensus**.
- Evaluer les **résultats**.
- Développer de nouvelles **idées, ressources et perspectives**.

• Des outils d'animation efficaces

Enfin une "Panoplie" de moyens existent et fonctionnent dans de nombreuses entreprises qui utilisent le management en Partalliance.

- L'Observatoire de l'Environnement Global.
- Le Tableau de la Culture.
- Le Creuset des Intérêts et des Valeurs.
- Le Projet d'Intérêt Commun, le Projet d'Entreprise.
- La MCEA (Méthode Comportementale pour une Ethique de l'Action).
- Les Livres de Savoir-Faire.
- La Qualité Totale.
- La Procédure Consensus.
- Les Pactes, dont le Guide d'Ethique, les Chartes-Clients, les Contrats, etc.
- Le Projet Individuel d'Evaluation : plus qu'un bilan de compétences puisqu'il s'applique également à la vie privée, sportive ou religieuse.
- Les Cercles d'Echange.
- Etc.

Voici comment se disposent et s'intègrent ces différents éléments dans le tableau numéro n° 15.

Tableau N°15

•L'ECONENTHIQUE•

© Pierre CADET 1993

POUR DIRIGER ET ANIMER autrement votre ORGANISATION LE MANAGEMENT EN PARTALLIANCE

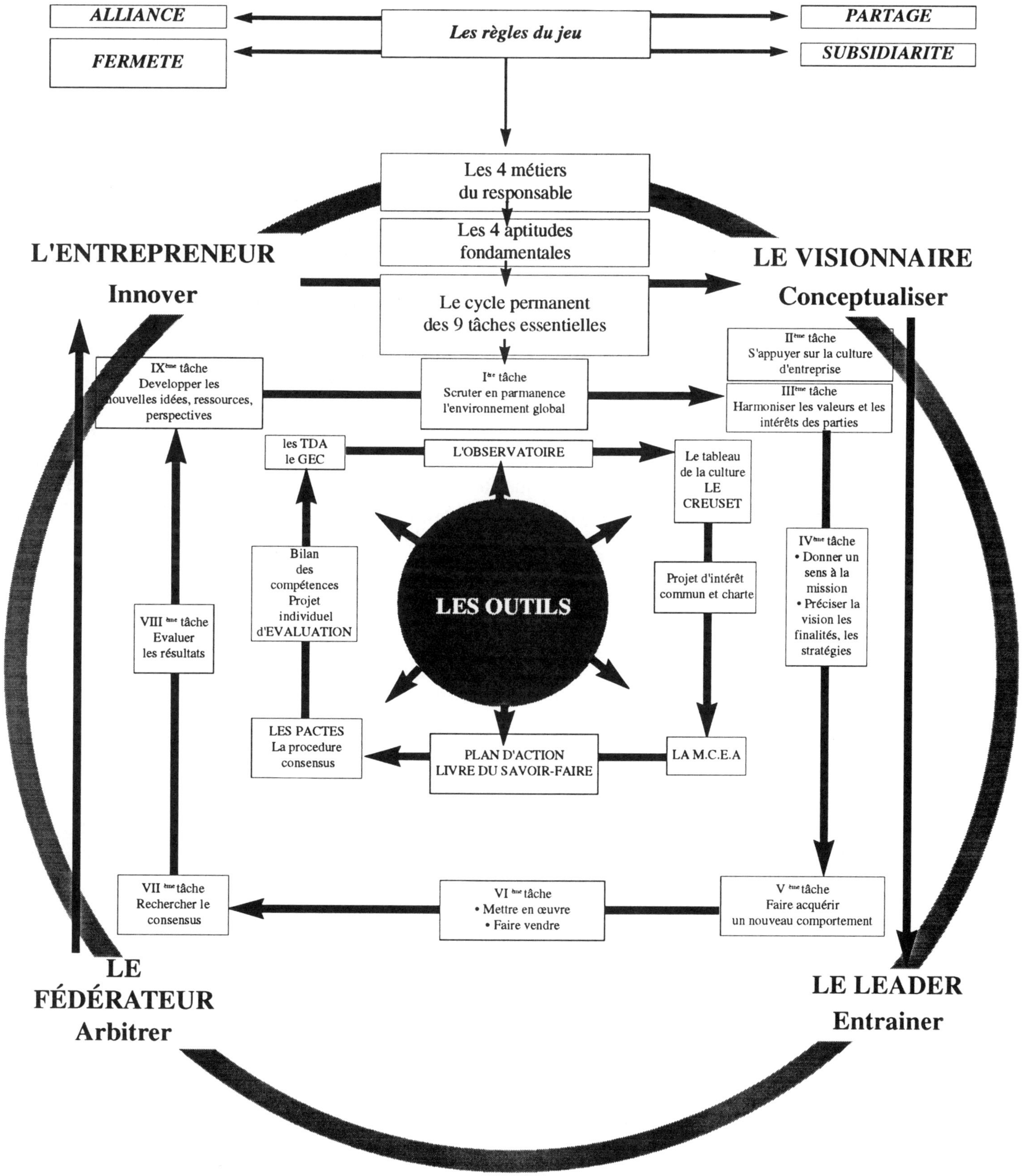

L'art de gérer la complexité !!

Avant de procéder à un rapide commentaire sur toutes ses composantes, je voudrais infirmer quelques "vérités" :

Pas de "marketing de combat".

- Nous sommes formellement opposés à la mode du "marketing de combat", qui considère le concurrent et le client comme des adversaires à abattre, recourt à des projets assimilés à des plans de guerre, utilise une stratégie analogue à l'art militaire et limite son discours à des ordres indiscutables. Pour elle, les fins justifient les moyens et seul compte le résultat immédiat, indépendamment des conséquences à long terme. Or tout ceci est bien loin de l'éthique, des besoins d'autonomie de l'homme et de toute efficacité à long et même à moyen terme.
- Notre méthode ne représente pas non plus une nouvelle expression de la Qualité Totale. Nous réaffirmons que tout doit se faire avec qualité, mais que celle-ci ne saurait constituer une fin en soi.

Selon Jean-René Fourtou, PDG de Rhône-Poulenc, lequel voulait relancer le "Mouvement Français pour la Qualité" : **"La Qualité, c'est une technique. Il y a des concepts, des définitions, des mesures, mais il faut des professionnels qui les connaissent : les "Qualiticiens"** (Les Echos, 28 Janvier 1992).

Une Qualité Totale prudente ...

La qualité doit s'inscrire dans un Programme de Management mais ne peut nullement prétendre le remplacer, même dans le cadre d'un TQM (Management par la Qualité Totale). Le TQM reste en effet très limité aux entreprises de production, lesquelles ne se contentent d'ailleurs bien souvent que de la mise en place du "Zéro-Défaut", du "Zéro- Stock" et du "Juste Temps", ainsi que de la formation.

La démarche adoptée par la Qualité Totale ne permet pas de définir la vision, la finalité, les processus de comportement, l'Ethique et les valeurs et intérêts qui lui sont liés. D'ailleurs, la plupart des échecs de la **Qualité Totale** sont dûs à des entreprises qui ne comprennent pas qu'il faut remettre en cause la totalité de leur organisation.

De nouvelles règles de jeu

ALLIANCE

Reprenons le tableau 15 et expliquons tour à tour les différents éléments qui composent cette nouvelle manière de diriger et d'animer une Organisation (Association, Etat, Entreprise, etc.)

Alliance et partage, deux mots aussi usés l'un que l'autre au regard de l'histoire, mais qui, juxtaposé, peuvent retrouver **SENS** et nous en redonner peut-être un peu.

L'alliance se définit comme un accord entre personnes qui repose sur plusieurs éléments :

Apprendre à partager.

- **La nomination** : celui qui la propose se nomme, décline son identité, dans la reconnaissance, l'estime et le respect mutuels.
- **L'histoire** : une alliance s'appuie sur un passé, des traditions, des croyances, des expériences et un "savoir-faire". Elle ne se décide pas instantanément.
- **La réciprocité** : chaque partie amène avec elle son lot, sa contribution, afin d'équilibrer les deux plateaux de la balance, à la différence du vieux concept d'assistanat des pays du Nord vis-à-vis des pays en voie de

développement ou comme des vieilles chaînes de distribution en franchise, où le franchiseur assiste le franchisé en le tenant à bout de bras.

- Un engagement :

Engagement qui peut aller jusqu'à sceller un accord qui prenne la forme d'un protocole, véritable acte juridique. De plus, qui dit engagement dit témoin, parce qu'il faut être en mesure d'apporter à tout instant la preuve de l'existence de l'alliance, ce qui implique la présence nécessaire d'autres acteurs de l'organisation ou de l'entreprise.

- Une relation avec autrui qui s'appuie sur des règles de jeu dont l'une des plus importantes va être l'éthique.

Il s'agit d'inventer une autre manière de travailler ensemble comme par exemple :

- l'alliance entre deux pays,
- l'alliance entre une entreprise et ses partenaires extérieurs. Ce sont les réseaux de distributeurs : coopératives, franchises, concessions, affiliés, etc., mais aussi fournisseurs, sous-traitants, banquiers, qui se regroupent autour du projet de l'entreprise, et constituent entre eux une véritable galaxie aux finalités identiques,
- l'alliance entre un dirigeant et les cadres de son entreprise,
- l'alliance entre un contre-maître et ses ouvriers,
- l'alliance plus personnelle entre deux individus oeuvrant au sein d'une même organisation, etc.

PARTAGE

Une alliance sans âme restera très juridique, très froide, très légaliste. Or, le partage est la sève qui, en permettant aux individus de **participer**, donc de prendre part à cette **nouvelle relation d'échange**, nourrit l'arbre qu'est la société.

Le partage, c'est la **solidarité** qui, en associant chacun à la vie de l'entreprise, permet de donner à tous les maillons de la chaîne l'impression de se sentir concerné par le devenir de l'entreprise. Que ce soit par le biais d'une charte élaborée en commun et destinée à améliorer les services ou l'image de la société auprès des clients, ou par la réorganisation d'un département, la nomination d'un tel plutôt que de tel autre.

Commencer par donner, tel est le secret du partage.

Le partage est également un **don**, un échange réciproque.

L'association de Partage et d'Alliance nous donne le nom de PARTALLIANCE que nous avons choisi pour traduire ce nouveau type de management, celui du XXIème siècle. Il suppose de s'appuyer sur un autre capitalisme plus éthique. Il a pour conséquences de mettre en exergue deux autres règles du jeu : la Subsidiarité et la Fermeté.

SUBSIDIARITE

Il faut commencer par franchiser le pouvoir, en effet le concept de franchise, plus riche que celui de délégation, s'appuie sur la notion de subsidiarité qui consiste à déléguer systématiquement tout ce qui peut être traité à l'échelon inférieur et à repousser toujours plus bas dans l'échelon hiérarchique la limite de la créativité. Autrement dit, il s'agit de faire confiance ! Quant aux responsabilités, elles doivent être situées aussi près que possible de l'endroit où elles s'exercent. Ainsi, le niveau supérieur doit aider et conseiller mais il ne doit jamais se substituer aux individus et aux groupes de terrain.

Le principe de subsidiarité est largement repris par le Traité de Maastricht. Il se vit au quotidien dans le cadre des réseaux de franchise dynamiques ou dans une entreprise comme "C et A", laquelle compte 500 magasins dans le monde qui, à l'exception d'un certain nombre d'usages communs, peuvent traiter chacun à sa façon un maximum de problèmes.

FERMETE

Elle rentre en ligne de compte dès que la décision est sur le point d'être prise. C'est en effet à ce moment précis que le responsable arrête les réunions, les avis et les consultations, parce que c'est l'instant du choix, en accord avec le groupe si un consensus a pu être obtenu, seul dans le cas contraire.

Une main de fer dans un gant de velours.

Commence alors la mise en place des PLANS D'ACTION, lesquels ne supportent plus le flottement ou le non respect du cahier des charges. L'attitude est à la rigueur, véritable état d'esprit qui peut s'appuyer sur des règles ou sur des méthodes de contrôle mais seulement partiellement, car elles n'y suppléent jamais. Rigueur intellectuelle qui exige que les choses soient faites intégralement et parfaitement, et exclut tout amateurisme, mais également rigueur morale qui va régir les relations avec les collègues de travail, les fournisseurs et les clients.

Les Quatre Métiers du Responsable.

Afin de mettre en application ces règles du jeu, il nous faut maintenant rechercher une personne capable de réunir dans un même profil quatre métiers différents. Nous n'avons cessé de répéter, en effet, que demain verrait consacré le règne de la complexité. C'est pourquoi un responsable digne de ce nom devra posséder un profil polyvalent façonné sur le tas, car il se ne trouve actuellement aucune école supérieure susceptible de l'y préparer !

Le visionnaire.

Le visionnaire est celui dont la mission s'appuie sur un don cela être capable d'identifier des événements. Il doit pour cela être capable d'identifier les événements grâce à l'"Observatoire Permanent de l'Environnement Global" et d'en imaginer les obstacles, afin d'être à même de les éviter.,

Anticiper l'avenir.

"Le futur ne se déduit pas, il se simule". A lui d'organiser ces simulations dans le cadre de réunions de direction ou au sein du GEC (Groupe Ethique Créatif). Se référer pour cela au chapitre ultérieur intitulé "Les outils".

Le leader.

Deux universitaires, Joseph Badaracco de l'université de Harvard et Richard Ellsworth de l'université américaine de Claremont, se sont livrés à une analyse comparative des différentes théories relatives à la Direction d'entreprise, ou "Leadership". Ils en sont arrivés à la conclusion qu'il existait trois philosophies du leadership : le leadership politique, le leadership directif et le leadership fondé sur des valeurs morales, **"chacune de ces philosophies reposant sur une conception de l'homme radicalement différente, multiciplité qui se reflète dans l'action" :**

• Le leadership politique.

Il pose le principe selon lequel l'homme est uniquement mû par son propre intérêt, par la soif du pouvoir et des richesses et par le souci de sauvegarder son intérêt face aux autres, tout aussi motivés par leur propre intérêt personnel.

• Le leadership directif.

L'être humain a toujours été poussé par le besoin de se mesurer aux autres et de les vaincre. C'est pourquoi les gens revendiquent la responsabilité de leurs décisions et ne peuvent que se féliciter lorsque leurs efforts ont abouti. De même, l'homme est doté d'un instinct qui l'incite à utiliser à plein les potentialités dont il dispose et à se réaliser.

Comme le disait Maslow, **"ce que l'homme peut réussir, il doit le réussir".** Et, en s'efforçant d'atteindre des objectifs toujours plus élevés, les individus lient leur intérêt particulier à l'intérêt de l'entreprise.

• Le leadership fondé sur des valeurs morales.

Il s'inspire du leadership directif tout en l'élargissant. Les individus essaient de donner une signification à leur vie par le biais du travail, en mettant leur créativité au service d'un idéal. Le fait de créer quelque chose qui compte est, pour chacun d'entre nous, le moyen d'expression suprême. C'est pourquoi toute entreprise qui parvient à développer ce type de motivation a l'énorme avantage de disposer de réserves d'enthousiasme, de loyauté et de créativité illimitées.

Un guide spirituel.

Mais le leadership fondé sur les valeurs morales ne se présente cependant pas comme une alternative aux deux autres formes de leadership. Il les transcende !

"Le patron de demain doit être un véritable guide spirituel imprégné des valeurs décrites plus haut et ayant pour mission :
- De témoigner d'une foi profonde en quelques grands principes.
- De transmettre des traditions.
- De donner une âme à l'entreprise.
- De donner un sens au travail de chacun", Jean Boissonnat, Vice-Président de l'Institut de l'Expansion, conférence du Club le 23 novembre 1989.

Le fédérateur.

Aujourd'hui plus que dans le passé, les individus d'une structure ne cessent de s'opposer, de se jalouser et de se heurter. Mais, alors que l'autoritarisme aveugle et le paternalisme obligeaient chacun à rentrer dans

Fédérer
les initiatives.

le rang, cette nouvelle appréhention s'appuie sur la notion même d'autonomie, laquelle exige de ses acteurs initiative et responsabilité.

Cependant, et contrairement à une idée reçue, le développement de l'autonomie n'implique pas la disparition de toute hiérarchie, car l'expérience montre que, plus les individus et les groupes sont autonomes, plus leur besoin d'encadrement est fort. Le rôle d'encadrement doit alors progresser davantage vers un rôle de fédérateur d'initiatives, tâche complexe et exigeante qui consiste à :

• Indiquer les directions à suivre (Orientation).
• Favoriser l'initiative de ses collaborateurs (Animation).
• En garantir le suivi à tous les niveaux supérieurs (Amplification).
• Transformer les initiatives réussies en méthodes (Capitalisation).
• Diffuser les initiatives auprès des autres services et zones de compétence (Démultiplication).

L'entrepreneur.

L'entrepreneur.
Lancer en
permanence une
multitude de
petites
expériences.

L'évaluation régulière des résultats et l'interprétation des bilans (bilan social, bilan de compétences, bilan comptable, bilan d'un centre de profit déterminé, etc.) serviront de base au responsable entrepreneur afin de lui inspirer les chiffres, les conclusions, les découvertes et les idées nécessaires à la mise en oeuvre d'une nouvelle action. Son métier de base étant un métier de bâtisseur. Il a toujours à coeur de remettre en chantier les projets (projet d'intérêt commun, projet individuel d'évaluation) et de prévoir le nouveau produit ou service à offrir au client ou à son réseau de franchisés.

Mais attention, il ne s'agit pas de construire une cathédrale ou un stade omnisport mais plutôt beaucoup de petits projets. Agir petit, démarrer petit avec de petites équipes réunies en centres de profit : voilà l'un des secrets des grandes entreprises de demain.

Les aptitudes fondamentales d'un Dirigeant qui pratique le Partalliance.

Le responsable devra développer en lui plusieurs aptitudes :

Savoir conceptualiser.

Devenir
champion
dans l'art
de synthétiser
une idée ou une
réunion.

Cette qualité exige une grande compétence dans l'art de synthétiser la pensée des autres et de soi-même, aussi bien au moyen de textes que de graphiques, ce qui implique non seulement de savoir résumer mais aussi de s'obliger à écrire. La conceptualisation en est concrétisée par un projet d'entreprise ou, mieux, par un projet d'intérêt commun, ou encore par des chartes, des livres de méthodes ou de savoir-faire.

Etre capable d'entraîner.

Montrer
l'exemple.

Le responsable doit pouvoir montrer lui-même l'exemple en vivant ce qu'il a préconisé, tout comme il doit, dans cette optique, privilégier la formation sous toutes ses formes et enseigner à tous la MCEA (Méthode Comportementale pour une Ethique de l'Action).

Consacrer une partie de son temps à l'arbitrage.

Cette nouvelle tâche du responsable demeure liée au fait que le management devient de plus en plus complexe, influencé par les problèmes de l'Europe et du monde en général et par un environnement instable par excellence. Le dirigeant se trouve donc en permanence devant l'obligation de faire des choix, seul ou en groupe.

Se spécialiser dans la méthode du consensus.

Ce qui implique la nécessité de prendre fréquemment du recul, (par de petites vacances répétées, propices à l'isolement donc à la réflexion) et de s'appuyer sur un cadre de références solide dans lequel il puisse puiser les critères qui l'aideront à déterminer sa décision.

Il devient ainsi le spécialiste du consensus, qu'il ne faut pas confondre avec le compromis. Il s'agit en effet d'une méthode qui, en prenant l'avis des personnes concernées après les avoir mises en mesure de disposer de toutes les informations nécessaires, permet de faire disparaître les désaccords.

Ne jamais cesser d'innover.

Véritable secret des entreprises "qui montent", l'innovation requiert une curiosité de tous les instants. Aussi faut-il mettre en place dans toutes les entreprises une "Cellule Permanente de Résolution des Problèmes et de Créativité" que nous avons appellée **GEC** (Groupe d'Ethique Créatif) et dont le fonctionnement sera précisé lorsque nous aborderons l'étude des outils. Nous avons en effet constaté qu'un nombre considérable de projets, parmi les centaines qui existent, s'inspirent de l'esprit du Partalliance, comme le démontrent les deux exmples suivants :

• Les programmes EUREKA

Un feu d'artifices d'innovations !

Il s'agissait alors des balbutiements et des premières applications du Partalliance, qui consistaient à regrouper deux ou trois sociétés liées par un contrat de partenariat autour d'un projet commun, afin de conjuguer les efforts de leurs Services de Recherche et Développement dans le but de réaliser un programme de Recherche Fondamentale, comme ce fut le cas lorsqu'il s'agit de s'associer pour trouver une nouvelle molécule de base avant de se séparer pour en exploiter les applications chacun de son côté, selon une approche spécifique propre. On compte actuellement plusieurs centaines de projets EUREKA en Europe.

• La victoire du Téléthon

Cette opération constitue un autre bon exemple d'innovation dans un esprit de Partalliance puisque la générosité des téléspectateurs a permis en trois ans, au lieu des dix années initialement prévues, de mettre la France en tête de la recherche médicale devant les Américains, lesquels ont pourtant investi dans ce domaine des millions de dollars. Bernard

Barataud, Président de l'Association Française contre les Myopathies (AFM) a ainsi pu encore récolter en 1993 plus de 300 millions de francs. Cette somme lui a permis de financer une équipe de chercheurs qui, dirigés par le Professeur Daniel Cohen, ont mis au point la moitié de la carte du génome humain, c'est-à-dire l'ensemble des gênes où sont inscrites l'hérédité et l'identité de l'homme. Le Gênéthon permettra donc d'isoler le gêne qui se trouve actuellement à l'origine de près de 30 % de la mortalité infantile.

Il ne faut cependant surtout pas oublier que toute innovation humaine se trouve condamnée à l'échec si elle ne repose pas sur l'**obsession de la continuité**, comme le démontre parfaitement l'exemple suivant : lorsque l'on se promène en forêt, occupation fort plaisante et instructive au demeurant, l'on est tout de suite frappé par un sentiment de silence actif, au point que l'on pourrait entendre pousser les arbres. Ces mêmes arbres qui, en dépit des apparences, sont en réalité on ne peut plus actifs, car ils ne cessent d'**inventer pour durer**, développant avec entrain branchages et feuillages, afin d'assurer la survie de la forêt. L'immense entreprise de la Nature se trouve ainsi régie par la même alliance de l'**invention** et de la **continuité**. Elle se renouvelle non pour le simple désir de changer, mais pour le besoin vital de subsister, car la faune et la flore ne connaissent qu'une seule loi : survivre ! Alors, pourquoi ne pas emprunter à notre Mère à tous sa sagesse et son expérience pour, nous aussi, **déjouer le temps**

Avant de continuer notre réflexion sur cette nouvelle manière de diriger, il: serait peut-être utile de vous laisser le temps de faire la transposition dans votre organisation en réfléchissant sur les quelques suggestions suivantes :

QUELQUES SUGGESTIONS

• **n° 47**: Adresser au moins trois félicitations sincères par jour à ceux qui m'entourent et qui ont besoin d'être reconnus.

• **n° 48**: Diviser un problème en cinq ou six sous-problèmes et en confier la solution à plusieurs personnes, ce qui me permet de les responsabiliser. Tout l'art du responsable consiste à répartir les tâches !

• **n° 49**: Chercher comment distribuer un petit espace personnel à chacun.

• **n° 50**: Refuser de pratiquer le "marketing de combat",et le remplacer par le "marketing de trottoir", celui du bouche-à-oreille, des petits potins et du réseau de copains. Lancer le "marketing conversationnel". C'est un anti-marketing qui comprend plus d'une vingtaine d'actions possibles. Se renseigner à ce sujet. Changer le travail de ses vendeurs qui doivent reconvertir 60 % de leur temps en se transformant en spécialistes de la création de rumeurs, de fabricants d'opinion et de lobbying.

• **n° 51**: Réunir par petits groupes tous ceux qui se trouvent à la tête d'une équipe de plus de deux personnes et leur expliquer les avantages de la méthode d'animation (ou de management) par subsidiarité. Puis leur proposer un "séminaire-entraînement" destiné à leur permettre d'apprendre à déléguer systématiquement tout ce qui peut être traité à l'échelon inférieur et à repousser toujours plus bas dans l'échelon hiérarchique la limite de la créativité.

• **n° 52**: Suis-je un "leader spirituel" ? Relire chaque matin ces quatre phrases inscrites en lettres d'or au-dessous de la photo de famille :
-Tu témoigneras d'une foi profonde en quelques grandes valeurs éthiques.
-Tu transmettras des traditions.
-Tu donneras une âme à ton service et à ton entreprise.
-Tu apporteras un sens au travail de chacun.

• **n° 53**: Lancer une campagne sur le thème "Soyez curieux, apprenez à copier !" afin d'inciter tout le personnel à prendre des initiatives, à remettre en question, à inventer en fouinant partout, en imitant, etc.

• **n° 54**: Mettre en place une Cellule de Résolution des Problèmes composée de huit personnes directement rattachées à la Direction après s'être fait conseillé par des spécialistes extérieurs et avoir organisé une initiation aux méthodes de créativité et de résolution des problèmes (il existe trente-six méthodes répertoriées à ce jour ! Les connaissez-vous ?)

Suite à la lecture de ce chapitre, quelles sont les idées que je souhaite retenir et quelles sont les décisions que je prends

DES METHODES PERFORMANTES POUR DIRIGER

Tous ceux d'entre vous qui se trouvent amenés à prendre la responsabilité d'une structure (Président d'association, Responsable de société, commerçant, etc.) seront confrontésà certaines exigences :

• Etre capable de réunir sur une même tête les quatre métiers de demain (visionnaire, leader, fédérateur et entrepreneur).

• Posséder les quatre aptitudes fondamentales (conceptualiser, arbitrer, entraîner et innover).

•Découvrir que le management et l'animation du personnel ou d'un réseau de distributeurs font appel à une certaine démarche.

En étudiant de près la manière dont travaillent des responsables efficaces, j'ai remarqué qu'ils exécutaient inconsciemment un certain nombre de tâches (j'en ai dénombré neuf).

Tout dirigeant qui exécute plusieurs fois dans l'année le cycle complet de ces principales tâches augmente ses performances, dégageant ainsi plus de profit. En effet, lorsqu'un dirigeant arrive à la fin d'un cycle, c'est-à-dire à la dernière et neuvième tâche (cf. le tableau précédent n° 15), laquelle a pour objet de susciter la création de nouvelles idées ou produits,il se trouve dans l'obligation de les tester avant de les lancer sur le marché c'est-à-dire l'environnement de l'entreprise. Nous retombons alors dans la première tâche.

Pour diriger autre-ment, entraînez-vous au "Cycle de la Performance."

Peut-être s'agit-il là du mouvement perpétuel du management ?

Chacune des tâches décrites ci-dessous fait référence aux deux ou trois outils spécifiques les mieux adaptés à chaque cas. Il en existe évidemment bien d'autres, parmi lesquels nous ne développerons pas ceux qui ont déjà été mentionnés dans les chapitres précédents.

Les cinq premières tâches et leurs outils ont été déjà traités et se retrouvent dans les chapitres précédents. Par contre, à partir de la sixième tâche, de nouveaux outils apparaissent qui nécessitent des explications plus détaillées.

Résumé du le CYCLE PERMANENT DES NEUF TACHES du DIRIGEANT avec ses outils correspondants .

• Scruter en permanence l'environnement global.

- Outil : l'**Observatoire de l'Environnement Global**. (déjà expliqué dans le chapitre 3 première étape).

• S'appuyer sur la culture de son entreprise.

- Outil : le **Tableau de la Culture**, avec sa toile de fond, le coeur du tableau et le cadre du tableau (déjà décrit dans le chapitre 3 deuxième étape).

• Harmoniser les valeurs et intérêts des individus et des équipes que l'on anime.

- Outil : la **Grille de Références des Valeurs et Intérêts de l'entreprise** (se reporter au chapitre 3 troisième étape).

• Donner un sens à la mission de chacun de ses collaborateurs et repréciser en permanence la vision, la finalité et les objectifs de son entreprise.

- Outil : le **Projet d'Intérêt Commun** et la **Charte** (cf. le chapitre 3 quatrième étape).

• Faire acquérir à tous un nouveau comportement.

- Outil : la **MCEA** (Méthodologie Comportementale pour une Ethique de l'Action (relire le chapitre 3 cinquième étape).

- Mettre en oeuvre, faire vendre par une "Nouvelle Relation d'Echange".

Outils :
- Pour conduire l'entreprise : les Plans d'Affaires.Annuels
- Pour diriger les personnels : le Plan d'Action Individuel (PAI).
- Pour animer les distributeurs : le Livre du Savoir-Faire, ou la Bible.
- Pour motiver les responsables : le Cercle d'Echanges.
- Pour satisfaire les clients : la Qualité Totale.

- Rechercher Consensus permanent

Outils : La **Procédure Consensus** :
Les **Pactes** :
- Le guide d'Ethique
- La charte client
- Les codes de déontologie
- Les contrats

- Evaluer les Résultats

Outils :
- Les moment de recul et de réflexion.
- Le bilan de Compétences avec son projet individuel d'évaluation

- Développer de nouvelles idées, trouver de nouvelles ressources et perspectives

Outils :
- Le TDA (Totalement différent des Autres)
- Le GEC (le Groupement d'éthique créatif).

Nous expliquons maintenant tous les outils cités ci-dessus et qui n'ont pas encore été décrits.

Pour conduire l'entreprise : Le plan d'affaires Annuel

Il est destiné aux dirigeants, et il précise les Finalités les Visions du Projet d'Intérêts Communs en termes de stratégie.

Il indique les objectifs en mentionnant le(s) responsable(s), les délais, le budget et surtout la façon de négocier chaque action, en fonction de quelles valeurs et de quels intérêts. La réussite de la mise au point et du suivi de ce plan exige d'y consacrer un temps limité mais très organisé soit :

. Trois jours par an pour concevoir et organiser.
. Un jour par mois pour adapter et réorienter.
. Quatre heures par semaine pour coordonner.
. Trente minutes par jour pour compter.
. Le reste du temps pour le réaliser !

Pour diriger le Personnel : le Plan d'Action Individuel (PAI).

Il consiste en une grille construite et remplie avec son subalterne et destinée à préciser les actions à mener pour une période déterminée. Cette grille comporte les valeurs à développer, les intérêts concernés, un système d'évaluation des résultats obtenus, les délais et le budget. Outil de perfectionnement et de formation plus ou moins sophistiqué selon les cas, le PAI peut aller jusqu'à prendre la forme de "baromètres" ayant pour but de mesurer la performance.

Pour animer vos distributeurs : le Livre du Savoir-Faire ou Bible.

Cet outil est l'expression écrite bien présentée de tout le savoir-faire de l'entreprise. Il est en général vendu moyennant droit d'entrée et royalties. Véritable sculpture perpétuellement améliorée et remodelée, il oblige tous les acteurs de l'entreprise à y participer, chacun amenant avec lui son tour de main, sa méthode, ses "trucs" et son savoir. C'est donc une oeuvre d'écrivains qui a le mérite d'être le résultat d'un consensus général. Composé de chapitres divers totalisant de 500 à 800 pages, voici un exemple du sommaire d'un Livre de Savoir-Faire d'un réseau de franchise dans le prêt-à-porter féminin récemment mis en place :

S'obliger à écrire son propre livre de savoir-faire permet de fédérer le personnel autour d'un même challenge.

Dans un premier volume :

- ***Chapitre 1*** **: Notre projet d'intérêt commun.**
. Notre vision, notre éthique, nos richesses
. Notre métier, notre marché
. Un franchise rentable : pourquoi ?
. Notre implantation européenne

- ***Chapitre 2*** **: Le magasin.**
. Ses caractéristiques
. La gestion du personnel (profil, organisation, fonctions)
. Le compte d'exploitation prévisionnel.
. L'ambiance, l'accueil.
. L'animation des vitrines.

- ***Chapitre 3*** **: L'approvisionnement.**
. La centrale d'achats et son organisation.
. Les problèmes du stock.
. La promotion et l'administration des ventes.
. Les rapports avec les partenaires (usine, fournisseurs, distributeurs)

- ***Chapitre 4*** **: Les produits.**
. Les styles.
. La politique produit.
. La collection.

- ***Chapitre 5*** : **Les actions commerciales vers le client.**

- ***Chapitre 6*** : **L'animation du réseau.**
. Le conseiller des ventes.
. Le journal, le Minitel.
. L'association des franchisés, le congrès.

- ***Chapitre 7*** **: L'équipe du siège à votre service.**
. Qui fait quoi pour vous ?
. Le franchisé.

N'oubliez pas de faire écrire ces documents par les intéressés : c'est une oeuvre commune !

Dans un second volume :

Il est indispensable de créer toute une série de dossiers-guides, documents destinés à venir à l'appui du premier volume, lequel se limite aux grandes orientations politiques et stratégiques. Le second volume se veut, au contraire, très pratique et opérationnel, puisqu'il a surtout pour objectif de donner des "trucs", des tours de main et des méthodes.

- La plaquette du Projet d''Entreprise ou le Projet d'Intérêt Commun.

Ils sont destinés à expliquer au futur candidat distributeur tous les aspects de la chaîne de franchise.

- Un dossier d'implantation.

Méthode spécifique qui indique au futur candidat à la franchise comment :
. Réaliser une étude de marché locale.
. Choisir son emplacement.
. Connaître sa future clientèle.
. Evaluer le chiffre d'affaires des cinq premières années.

- Un dossier d'architecture.

. La normalisation graphique (marque, enseigne, signalisation,tenue, papiers à en-tête et cartes de visite, etc.).
. La conception et l'agencement des travaux à réaliser.
. L'aménagement du mobilier.
. L'éclairage du sol et de la façade.
. La décoration, etc.

- Un dossier d'exploitation prévisionnelle.

Véritable outil d'aide à la décision, il comprend :
. Le compte de résultat prévisionnel sur cinq ans.
. Le solde intermédiaire de gestion.
. Le tableau des emplois et des ressources.
. Le tableau de bord.

- Un dossier administratif.

Il explique le rôle et l'utilisation de tous les circuits et documents administratifs et décrit précisément les démarches à effectuer dans chaque cas de figure.

- Un dossier recrutement.

. La politique de recrutement de l'entreprise et ses règles d'éthique.
. La méthode propre à chaque catégorie de personnel.
. Le profil et les aptitudes des candidats.
. La description du poste, la rémunération, le plan de carrière.

- Un dossier formation.

. L'institut de formation.
. La politique de formation.
. Le plan de formation (détail de chaque stage pour l'année).

- Un guide de la communication.

. La communication interne.
. La publicité externe.

- Un dossier informatique.

Reprend l'ensemble de la procédure informatique utilisée dans le réseau.

- Des contrats.

. Le contrat de franchise.
. Le document précontractuel obligatoire (Loi Doubin).
. Le contrat de réservation.
. Le contrat avec les fournisseurs privilégiés (sélectionnés par la chaîne).

- Le dossier de financement.

Il permet au candidat franchisé d'obtenir les renseignements et la démarche à suivre pour se procurer l'argent nécessaire à ses investissements (pas de porte / droit au bail, local, murs, sol, agencement, aménagement, droit d'entrée) :
. Un business plan.
. Un guide de l'entretien auprès des banquiers.
. La(les) banque(s) choisie(s) par le réseau. Nous signalons à ce propos que le Crédit Lyonnais et, partiellement le Crédit Agricole, représentent aujourd'hui des banques réellement efficaces pour les réseaux de distribution, car elles disposent

de services spécialisés à leur siège à Paris, ce qui permet un agrément de la chaîne en son entier et le recours à un seul interlocuteur

- Le PERT de suivi.

C'est un procédé d'animation efficace qui retrace toutes les actions, perfectionnements et objectifs de Monsieur X, adhérent du réseau, suivi par un animateur régional grâce à un Grand Planning Annuel.

- Les codes de déontologie.

. De la Fédération Européenne de la Franchise.
. De la profession.

Cette liste, non exhaustive, montre bien l'importance d'un tel processus et justifie l'obligation d'écrire le savoir-faire de l'entreprise afin de le transmettre, soit de façon interne à notre propre personnel, soit en le diffusant auprès des adhérents de notre réseau de distribution.

Pour motiver les Responsables : Les Cercles d'Echange.

Le Cercle d'Echange : une idée efficace pour mobiliser vos réseaux de distribution.

Voilà maintenant cinq ans qu'un Cabinet Conseil le "Groupe PR3" a développé en France un système organisé de rencontres et d'échanges entre responsables d'entreprises désireux de progresser grâce à la synergie du groupe. Ces cercles intéressent, des groupements, des associations, des adhérents ou franchisés d'un même réseau, des distributeurs, etc.

Pourquoi des dirigeants ont-ils tout intérêt à se rencontrer et à échanger ?

- Pour rompre leur isolement.
- Pour comparer leurs performances et prendre les bonnes décisions.
- Pour réfléchir collectivement à des opérations rentables.
- Pour s'auto-motiver.
- Pour développer la convivialité au sein du groupe.

A qui s'adresse le Cercle d'Echange ?

- A toutes les structures qui recherchent un moyen d'animation original afin de dynamiser leurs réseaux de distributeurs : franchisés, concessionnaires, groupements, coopérateurs, affiliés, partenaires.
- A toute association ou syndicat qui souhaite animer ses adhérents.

Quelles sont les exigences d'entrée dans un Cercle d'Echange ?

- Le vouloir librement.
- Améliorer ses performances.
- Accepter de donner pour recevoir.
- Ne se retrouver qu'entre responsables qui pratiquent le même métier.

Comment fonctionne un Cercle d'Echange ?

- Le groupe se réunit trois à cinq fois par an pendant un ou deux jours.
- Il existe au niveau régional.
- Il détermine lui-même les sujets prioritaires à traiter.
- Il se fixe des objectifs précis.
- Il est géré comme une association (statut, réglement interne, Président, Trésorier).
- Le groupe est toujours animé par un professionnel extérieur à la structure, seul moyen de faire cesser rapidement les tensions et les conflits inévitables, de permettre à chacun de s'exprimer, gagnant ainsi un temps précieux, mais aussi de préparer, d'organiser et d'animer la rencontre. Il utilise des méthodes spécifiques, créatives et efficaces comme le Métaplan, la Bourse aux idées ou le Concassage.

Quels sont les sujets abordés ?

- Des thémes principaux qui reviennent systématiquement à chaque rencontre

. La "Gazette" ou les "Sur-le-coeur" : résumé de la situation depuis la dernière réunion et critiques sur un participant ou sur le groupe.
. La "Bourse aux Idées" : séance de créativité permettant d'apporter des idées concrètes à réaliser immédiatement.
. La "Note de Conjoncture" : bulletin intérieur dont la partie chiffrée donne des informations sur les performances du réseau.
. Les PAI : Plans d'Action Individuels,qui précisent les actions à mener pendant une période déterminée.

- Des thémes variés facultatifs :

. Le recrutement, l'animation et la rémunération des commerciaux.
. La qualité des services offerts.
. La réalisation d'économies d'échelles.
. Le développement de l'image de marque.
. La comparaison des postes de charge à partir des bilans et la comparaison des performances.
. Les conditions des banques.
. La bonne façon de faire rentrer l'argent et le problème des impayés.
. Comment mieux animer une réunion ?
. Etc.

Les avantages d'un Cercle d'Echange.

- Il permet d'échanger des exemples de réalisations concrètes et rentables susceptibles d'être mis en place rapidement et avec peu d'investissements.
- Il procure des résultats financiers très supérieurs à l'investissement en temps et en argent.
- Il engendre une auto-formation très performante, pratique et adaptée au métier.
- Il contribue à créer un groupe enfin soudé, efficace et convivial.

Pour satisfaire le client : la Qualité Totale.

Nous risquons d'en offusquer certains en remettant cette mode à la place qui est la sienne, mais il nous semble important de cesser de copier les Japonais ! Nous avons déjà indiqué précédemment que la Qualité Totale **n'est qu'un moyen** et non une fin en soi.
Ce qui explique que le mouvement pour la qualité, "en cercles" avant d'être "totale", ait marqué les années 1980 puisque l'Association Française des Cercles de Qualité, apparue au printemps 1981, a été mise en liquidation judiciaire au printemps 1989, avec un passif de quinze millions de francs.

Passer du management DE la qualité au management PAR la qualité.

"Zéro défaut : tout faux ?". "Zéro panier : au Panier ?". NON ! Car, si les entreprises françaises ont découvert la méthode de la qualité "totale" avec naïveté et emphase (souvenez-vous des "300 milliards de francs de non qualité" qu'elles allaient pouvoir extirper de leurs ateliers et de leurs bureaux !), quelle n'a été leur déception ! Car la Qualité Totale génère parfois des aberrations qui débouchent sur un nouveau taylorisme. Cette femme de ménage qui, dans une société de nettoyage, doit faire une chambre en douze minutes tout en respectant une check-list de cinquante-quatre opérations ne frôle-t-elle pas le travail à la chaîne des "temps modernes" ? Autrement dit, l'absolutisme du Zéro Stock ne reporte-t-il pas sur un réseau de sous-traitants les contraintes les plus pénibles, lesquelles se traduisent d'ailleurs souvent par des conditions de travail taylorisées ?

Le nouveau visage de la France en crise suppose un nouveau mode d'organisation qui exige que la qualité ne soit plus, comme le prone le "Mouvement Français pour la Qualité", une simple philosophie du management.
Parce que la qualité ne se décrète pas
Elle repose sur une **transformation profonde du management et de la culture au sein de l'entreprise**, afin de mettre en oeuvre un programme de Qualité Totale. Dans le contexte du Partalliance, qui aborde le problème dans sa globalité, la Qualité Totale prend alors sa vraie place, car la qualité se définissant avant tout comme une technique, elle englobe les concepts de définition, de mesure et d'outils (cf. le diagramme de Pareto et les courbes d'Ischikawa). Une entreprise ne peut pas se limiter à la qualité, car elle doit posséder d'autres vecteurs, d'autres finalités, d'autres raisons d'être.

C'est ainsi que l**es dirigeants sensés ne parlent plus de management DE la qualité mais de management PAR la qualité**. Une nuance qui n'est pas purement grammaticale et qui devrait permettre aux derniers dilettantes de ne plus prendre le risque de transformer la qualité en "philosophie de l'action".

Pour gérer vos conflits : La Procédure Consensus.

Chaque fois qu'ils se trouvent confrontés à un positionnement de marché, à un choix juridique, à une création, à des problèmes de relations entre le siège et ses réseaux de distribution ou à une remise en cause de l'organisation interne, les acteurs de l'entreprise voient surgir deux sortes de questions :

• Sommes-nous sûrs d'avoir répondu aux attentes des intéressés ?
• N'allons-nous pas subir de plein fouet ce que l'on appelle "la résistance au changement" ?

Le responsable se voit contraint de gérer en permanence des conflits latents, des incompréhensions et des jalousies. C'est pourquoi il doit constamment s'attacher à rechercher le **consensus**, arbitrer, jouer les fédérateurs. Pour l'aider dans ce rôle délicat, il existe la Procédure Consensus.

- Pourquoi cette méthode ?

Elle a pour objet de construire et de faire assimiler un projet qui exige, pour être mené à bonne fin, l'aval du plus grand nombre.

Elle se pratique au sein de l'entreprise, entre groupes antagonistes, ou entre l'entreprise et son réseau, ou entre les adhérents d'un groupement, ou encore entre sous-traitants, ou entre fournisseurs dans le cadre d'un partenariat, et permet en outre :

• D'obtenir un accord global sur les données initiales,
• De s'assurer de la bonne orientation du projet par l'addition des compétences individuelles,
• De vaincre par la consultation la résistance au changement,
• De déterminer des engagements individuels de mise en oeuvre.

- Elle s'appuie sur le processus "FIVISA".

Ce moyen mnémotechnique, qui permet de se remémorer aisément les différentes phases que nous allons suivre afin d'obtenir un consensus, reprend des éléments du Processus Global du Partalliance.

"F" comme Faits.

Il faut commencer par rassembler les faits certains, incontestables, aussi bien au niveau quantitatif que qualitatif, et chercher à obtenir un accord global sur la réalité même de ces faits.

"I" comme Intérêts.

Le responsable doit s'enquérir des intérêts qui animent chacune des parties, afin de déterminer un maximum d'intérêts communs susceptibles de les réunir, donc de faciliter la bonne exécution du projet.

"V" comme Valeurs.

Si une charte existe, il est bon d'en rappeller le contenu.
Dans le cas contraire, l'on recueille les valeurs propres à chaque partie, avant de discuter jusqu'à obtenir un accord sur les trois ou quatre valeurs principales, lesquelles serviront de trame, de règle du jeu. Ainsi, on peut être amené à se demander si l'on accepte la transparence, l'écoute et la convivialité.

Comment obtenir un accord difficile en respectant les valeurs propres aux deux parties.

"I" comme Interprétation.

Connaissant les intérêts de chacun et ceux de la structure, ainsi que les valeurs ou les règles du jeu en vigueur, il est alors aisé de passer à l'interprétation des faits, des gestes et des actes des personnes concernées.
Ceci est rendu possible grâce à la création d'un groupe de travail qui, réunissant les intéréssés, est chargé de hiérarchiser ces faits, d'en déduire les causes et d'en définir les priorités fondamentales.

"S" comme Stratégie.

Les priorités fondamentales ainsi déterminées permettent à leur tour de formuler une stratégie validée par tous les opérateurs concernés.

"A" comme Action.

La stratégie précédemment mise au point est suivie d'un **Plan d'Action à court terme**, qui comprend :

. Des objectifs clairs.
. Des budgets.
. Un calendrier de travail.
. Des responsables.
. Une méthode de suivi.
. Et, surtout, des engagements individuels signés.

Pour remplacer vos contrats : Les Pactes.

A l'occasion de l'étude du Partalliance, nous avons à plusieurs reprises fait référence à la loi, aux règles et aux codes qui régissent la vie de l'entreprise. Nous vous proposons maintenant d'opérer une distinction complète entre :

- Les actes ou les écrits totalement juridiques, de compréhension parfois difficile et souvent exprimés en termes coercitifs.
- Et les actes constatant des engagements réciproques, lesquels constituent de véritables accords à caractère solennel entre deux ou plusieurs parties, que l'on désigne sous le nom de PACTES.

A partir du moment où **le management dont vous avez la charge véhicule des valeurs et des intérêts réciproques**, c'est-à-dire se **référant à la fois à l'éthique et à la conviction personnelle**, tous les documents qui scellent votre consensus revêtent une importance et une **dignité** qu'il faut savoir mettre en valeur.

Donnez au contenu de vos accords un autre état d'esprit, une dignité.

Or, nous n'avons pas choisi le mot "Alliance" par hasard.

Il signifie pour nous l'acquisition d'**un autre état d'esprit**, à l'occasion d'un nouveau contrat ou d'une nouvelle négociation.

C'est pourquoi l'attitude la meilleure se rapproche plus de celle du diplomate que de celle du juriste pur et dur.

En effet, les diplomates et juristes d'affaires s'attachent à recadrer le contrat dans un contexte global. Ils prennent en compte aussi bien l'environnement économique que les intérêts réciproques des parties, l'aspect pratique des choses que les exigences des clients, etc.

Alors que le juriste pur et dur et surtout l'avocat ne conçoit le document que sous l'angle d'un éventuel procès, le limitant ainsi aux droits et devoirs de chacun (oubliant souvent les attentes des parties).

Voici quelques exemples de pactes à mettre en place dans le cadre d'un management d'entreprise en Partalliance :

- Le Guide Ethique ou la Charte de l'Entreprise.
- La Charte Client.
- Les Codes de Déontologie.
- Les Contrats de franchise ou de concession automobile en Partalliance.
- Les Contrats de fournisseurs ou de sous-traitants en Partalliance.

Agissez plutôt en diplomate qu'en juriste.

Etudions-les successivement plus en détail.

Le Guide Ethique ou Charte de l'Entreprise : le plus noble des pactes.

Réunissant les quelques valeurs qui ont obtenu le consensus de tous et qui ont été élaborées à partir de celles qui sont propres à chaque personnel et à la structure, le Guide Ethique regroupe également les principes d'action et de comportement que les sociétés américaines désignent sous le terme de "Code de bonne conduite".

Appellation que, pour notre part, nous nous refusons d'utiliser.

- La Charte Client : le plus rentable des pactes.

Elle consigne les engagements de la société, du réseau ou des distributeurs vis-à-vis des clients et est composée d'obligations qui s'expriment presque toujours en termes de Qualité Totale.

- Les Codes de Déontologie : le plus diplomatique des pactes.

Toutes les professions éprouvent le besoin de créer leur code de déontologie. Signe des temps !

Ils concernent presque toujours une corporation.
Lire à ce propos le Code Européen de la Franchise, riche d'enseignement, ou le travail du Comité de la Charte (on pourrait également l'appeler "Code") de Déontologie des Organisations Sociales et Humanitaires, présidé par François Bloch-Lainé et qui comprend notamment l'AICF, l'AFM (Myopathes), la Fondation de France, les Restaurants du Coeur, etc. Cette charte, dite "de la transparence", dont le contenu est le suivant, a en effet rencontré la volonté des élus, désormais soucieux de moraliser les flux visibles ou invisibles d'argent, qu'il soit public ou privé :

> "Les organisation signataires s'obligent vis-à-vis des donateurs au respect des engagements suivants :
>
> - emploi des fonds collectés conformément aux buts annoncés ;
> - respect de certaines exigences en matière d'appel à la générosité ;
> - rigueur dans les relations avec les prestataires de services.
>
> Le comité de la charte ne se prononce pas sur l'opportunité des missions ni sur l'efficacité des actions engagées par ses membres. Le donateur reste seul juge dans ce domaine.
>
> Chaque organisation désigne un censeur, persone indépendante de ses instances dirigeantes, chargé d'établir chaque année un rapport soumis à la commission de surveillance du comité de la charte.
>
> Cette commission apprécie, de manière indépendante, impartiale et régulière, le respect des prescriptions de la Charte et rend compte de sa mission au comité, qui peut alors se prononcer sur l'admission des membres ou le renouvellement des adhésions".

- Les Contrats de Franchise ou de concession automobile : les plus difficiles à rédiger.

Transformez vos contrats en engagements réciproques au service d'une enseigne commune.

Si nous les construisons en y incorporant la notion de Partalliance, ils acquièrent alors une autre dimension par rapport aux contrats classiques, tant dans l'esprit dans lequel ils sont rédigés que pour ce qui a trait à la nature même de ces conventions. Ces contrats s'expriment en termes d'engagements réciproques au service d'une enseigne commune à laquelle chacun adhère. Ils se divisent en differents chapitres :

. Chapitre 1 : Il présente la société et son Projet d'Intérêt Commun.
. Chapitre 2 : Il précise l'objet de la convention ainsi que les exclusivités territoriales, de marque ou d'enseigne.
. Chapitre 3 : Il insiste sur les obligations réciproques des parties en termes de produits et de services.
. Chapitre 4 : Il aborde tous les aspects financiers du projet (financement, droit d'entrée, royalties, etc.).
. Chapitre 5 : Il décrit les conditions générales de réalisation du projet (durée, clause d'arbitrage, résiliation, cessation, etc.).

Nous attirons l'attention des lecteurs sur deux points importants :
• Il existe, en France, trés peu de cabinets d'avocats disposant de l'expérience requise pour rédiger un contrat de cette nature et dans cet esprit.
• La Communauté Economique Européenne n'a agréé comme contrat concernant les réseaux de distribution que deux types de contrats : la franchise et la concession automobile. Tous les autres (partenariat, concession, coopérative ou affilié) se verront donc dans l'obligation, dans un avenir proche, soit de disparaître, soit de se repositionner par rapport à la franchise, soit encore de faire l'objet d'une Demande d'Exemption ou d'une Lettre de Classement auprès de Bruxelles.

- Les Contrats de fournisseurs ou de sous-traitants en Partalliance : le plus convivial des pactes.

Dans le Partalliance, nous ne rédigeons plus de contrats entre l'Entreprise et un Fournisseur ou un Sous-traitant, car ils apparaissent toujours libellés en termes de rapports de forces, d'ailleurs souvent à l'avantage exclusif de l'entreprise. donneuse d'ordres.

Le troisième principe du nouveau capitalisme insiste sur les notions de Partage et d'Alliance. Nous vous conseillons de relire à ce sujet les étapes du tableau numéro 4, qui décrit la GALAXIE de PARTENAIRES, suivis de deux exemples relatifs, le premier aux Déménageurs Bretons et le second aux Centrales d'Achat. **Il n'est** en effet **plus possible de continuer à considérer le fournisseur comme un simple prestataire de services, taillable et corvéable à merci**. L'entreprise se doit de considérer ses principaux fournisseurs ou sous-traitants comme des interlocuteurs à part entière. Il est donc indispensable de respecter, tout au long de la négociation avec ceux-ci, les points suivants :

- Rechercher les **intérêts** et les **valeurs** des parties ainsi que leurs **Plus** par rapport à la concurrence.
- Proposer au fournisseur de partager l'aventure d'un **Projet d'Intérêt Commun**.
- Etudier de part et d'autre **ce que chacune des parties peut apporter à l'autre** :
. Pour le fournisseur ou les sous-traitants : du temps, des moyens de Recherche et Développement, des produits, des services, une logistique, etc.
. Pour l'entreprise : ses clients, une enseigne, un réseau, de l'argent, des hommes, etc.
Il va de soi que, plus le partage sera équitable, plus le contrat reposera sur des bases solides et durables !

Une autre manière d'estimer vos fournisseurs et vos sous-traitants.

Le trade-marketing à la Française...

- Négocier le juste prix de la transaction. Il est bien fini le temps où l'on égorgeait son fournisseur pour en prendre un autre cinq mois plus tard ! Ici, on le considère et on l'estime. On connaît son prix de revient ainsi que le seuil au-dessous duquel on ne peut pas descendre. On respecte son dernier prix, car on sait qu'il doit faire du profit qui servira à financer de la recherche exclusive pour nous.
- Rédiger un "Pacte de Fournisseur en Partalliance" ou de "sous-traitant en Partalliance" qui comprenne, outre des engagements réciproques, les droits et les devoirs de chacun.
- Se réunir trois ou quatre fois par an afin de procéder à une grande réflexion stratégique, entrant ainsi dans le club très privé de la GALAXIE des décideurs de l'entreprise.

Nous venons en quelques mots de définir le TRADE MARKETING à la FRANCAISE, vécu déjà depuis plus de 10 ans par de nombreuses sociétés en France.

Pour renforcer votre efficacité : Les Moments de Recul et de Réflexion.

Il ne sert à rien de courir à en perdre haleine ou de se lancer dans une fuite éperdue pour oublier le présent et les difficultés du moment.

Il est terriblement efficace de "Savoir prendre du recul et faire silence". Pour illustrer cela connaissez-vous un responsable qui a successivement :

- Pris régulièrement au moins six semaines de vacances annuelles fractionnées et ce malgré ses responsabilités ?
- Réservé dans ce laps de temps au moins huit jours seul face à face avec son conjoint afin de se retrouver et de rebâtir une nouvelle année ?
- Prélevé quelques moments de sa vie stressée pour faire silence, s'élever au-dessus de la mêlée chaque fois que se présente un grave problème ou une décision importante à prendre ?
- Utilisé la méthode du "Sleep Writing", qui figure parmi les trente-six méthodes de résolution des problèmes permettant de dialoguer avec son inconscient pendant la nuit et de trouver ainsi au petit matin la solution ou le résultat recherché ?

Pour mieux connaître nos compétences : Le Projet Individuel d'Evaluation

Plus qu'un simple bilan de compétence, puisqu'il peut également s'appliquer à la vie privée, sportive ou associative.

Né de l'Accord Interprofessionnel de la Loi du 3 Juillet 1991 sur la Formation et de son Décret d'application du 6 Octobre 1992, **le droit au bilan de compétence** peut se révéler être une grande innovation sociale aussi importante que **le droit à la formation** il y a maintenant vingt ans. Cela au nom de la liberté reconnue à chaque salarié ainsi que du droit au respect de la vie privée. Car accepter de se faire évaluer présente un risque, tant psychologique que professionnel et il est préférable que des conditions de secret très strictes soient respectées, ce qui explique que l'organisme chargé de cette opération soit extérieur à l'entreprise. Les textes prévoient deux utilisations :

- **L'évolution de carrière**, y compris dans une entreprise concurrente, ainsi que la possibilité de vérifier la **validité d'un projet personnel**.

Le Projet Individuel d'Evaluation : un moyen efficace d'adapter le Projet d'Entreprise à chaque personne.

- La **vérification des aptitudes** alors même que l'entreprise déjà a développé une politique de ressources humaines et établi un plan de formation.

Un congé de vingt-quatre heures peut être demandé à cet effet, le salaire, les charges et frais de déplacement étant bien évidemment pris en charge par l'entreprise.

Dans le cadre du Partalliance, nous avons transformé ce bilan en **"Projet Individuel d'Evaluation"** selon lequel le supérieur hiérarchique (ou le délégué du Conseil d'Administration) propose régulièrement à ceux qui le souhaitent les réflexions suivantes :

- Faire effectuer, par un cabinet extérieur, l'analyse de ses compétences professionnelles et personnelles, faire le point sur ses centres d'intérêt et sur ses systèmes de valeur, se faire aider dans la définition d'un avant-projet personnel.

- Comparer les conclusions ainsi émises avec les Valeurs et Intérêts du Projet Commun de l'Entreprise. Cela en accord avec son supérieur hiérarchique, mais il reste libre de garder secrètes les conclusions de cette analyse s'il le préfère.

- Déterminer, d'un commun accord, les objectifs ou les défis personnels.

- Construire ensemble les actions à mener, reprises dans des Plans d'Action Individuels (PAI) et terminer par une réflexion sur les comportements à faire évoluer par la méthode MCEA précédemment expliquée.

L'ensemble de ces points constitue le Projet Individuel d'Evaluation, qui offre de nombreux avantages :

• Il permet de changer d'état d'esprit.

• Il montre souvent pour la première fois que l'on s'intéresse au salarié.

• Ce dernier sait ainsi où il en est, vers quoi il se dirige et à quelles conditions.

• Il constitue un outil d'aide à la décision non négligeable, aussi bien pour le salarié que pour la Direction.

• Il permet de rectifier utilement le Projet d'Entreprise ou le Projet d'Intérêts Commun.

De plus en plus d'entreprises comme BSN, la Lyonnaise des Banques ou la PME "Herlicq" (filiale de la Lyonnaise des Eaux) y ont déjà recours.

Pour sécreter en permanence l'esprit d'innovation : La Méthode TDA (Totalement Différent des Autres) et le GEC (Groupe d'Ethique Créatif).

"L'homme, ne pouvant enfanter, a besoin d'accoucher d'une création."

Nous tous responsables ne devons jamais oublier cette vérité fondamentale. Avez-vous trouvé pour chacun de vos collaborateurs l'oeuvre dont il pourrait accoucher ? Quelle mission lui avez-vous confiée :

écrire un livre pour la postérité car il n'a pas de fils et son nom se perd ? Peindre et exposer ses toiles dans le couloir qui réunit l'usine au siège ? Créer un zoo dans une cour désaffectée proche de l'usine avec les animaux prêtés par le personnel et entretenus par lui ? Tous ces cas existent vraiment !

Dans le cadre du Partalliance, nous nous attachons à privilégier l'**innovation**. Ainsi, nous demandons à tous les cadres de participer dans les deux années qui suivent leur entrée dans la société de participer à un séminaire de cinq jours sur le thème de l'initiation aux principales méthodes de créativité ou de résolution des problèmes. Les entreprises ne peuvent plus se permettre de laisser du temps au temps, car il leur faut lancer de plus en plus vite de nouveaux produits et s'organiser en conséquence. Pour cela, certaines sociétés ou réseaux de distribution ont décidé de renforcer leur capacité à innover, en dehors du Service Recherche et Développement, par les deux outils privilégiés suivants.: le TDA et le GEC.

La méthode "TDA"

Elle poursuit deux buts :

- Chercher à faire acquérir par l'encadrement une attitude de curiosité permanente afin d'apprendre à fouiner sans cesse, à cehrcher le pourquoi des choses et à s'intéresser à tout !

- Accumuler les différences et les plus par rapport aux autres, les "concurrents", qui peuvent aussi bien être des collègues que des franchisés entre eux.

Un tel résultat ne peut cependant pas être atteint s'il ne respecte pas un certain processus :

-Partir de l'Observatoire de l'Environnement Global.
- Organiser la "Veille Technologique".
- Lancer une campagne annuelle de sensibilisation au "TDA".
- Lancer des opérations de motivation plus performantes que la Boîte à Idées.
- Mettre en place un système de palmes ou de trophées de l'innovation.

Le GEC *(Groupe d'Ethique Créatif).*

L'Histoire prouve que les périodes de crise sont à l'origine de nombreux dépôts de brevets, d'économie de coûts, de réorganisations et de créativité. Il en va de même pour nombre d'inventions, et ce pour les raisons suivantes :

- La baisse du chiffre d'affaires et du taux de marge obligent à faire face à toute une série de difficultés qui exigent débrouillardise et esprit d'innovation.

- La complexité et la polyvalence croissantes du métier de responsable nous incitent à rechercher de nouvelles méthodes destinées à simplifier notre vie professionnelle et à nous rendre plus performants.

Plusieurs d'entre vous cherchent à expliquer le mystère qui entoure la réussite de certaines sociétés. Le secret de ces sociétés réside souvent dans le fait qu'elles ont créé (sous des appellations aussi diverses que : Groupe d'Ethique et de Créativité, Groupe Eurêka, Cercle de créativité, Groupe de

Travail ou Groupe de Progrès) une équipe pluridisciplinaire de six à huit personnes recrutées parmi les cadres, certains membres du Personnel et des distributeurs lorsqu'ils existent.

La mission du GEC.

Le Groupe d'Ethique et de créativité se tient à la disposition de la Direction Générale d'une société ou d'un franchiseur afin de l'aider à résoudre un problème important, de trouver une solution performante et originale ou d'inventer un produit ou une marque. Voici quelques exemples de problèmes que le GEC va résoudre :

-Inventer un nouveau produit ou service qui se situe dans une "niche".
-Améliorer la rentabilité de mes adhérents ou de ma filiale.
-Trouver des idées afin d'attirer les clients dans mon magasin ou dans mon agence.
-Créer et mettre au point une nouvelle méthode de recrutement des "vrais entrepreneurs".
-Préparer le nouveau Projet d'Entreprise, assorti d'une Charte et d'un challenge qui galvanise les troupes.
-Monter un partenariat avec des fournisseurs et des sous-traitants.
-Trouver des solutions pour gérer les tensions à l'intérieur d'un réseau.
-Améliorer la productivité d'une chaîne.
-Etc.

La mise en place d'un GEC.

Après avoir été sélectionné selon des critères bien précis, le GEC ainsi constitué, va passer par une étape primordiale de formation qui comprendra les axes ci-dessous :

- Formation et entraînement à certaines des trente-six méthodes de créativité qui existent dans le monde.
- Initiation à l'Ethique des Affaires.
- Séances de "Développement Personnel" pour apprendre à changer ses comportements.
- Etude des Grilles et Procédés destinés à mettre en place et à contrôler les résultats.

Le fonctionnement d'un GEC.

Après une période de formation, le GEC est opérationnel. Vous pouvez alors lui confier un premier problème à résoudre.

En général, le GEC se retrouve en séance d'une journée par mois, dans un endroit isolé et calme.

Selon la nature du problème qui lui est posé par la Direction ou par le Franchiseur, il faut compter deux à trois séances d'une journée pour résoudre le problème selon les méthodes de créativité enseignées.

Enfin, un GEC ne se contente pas de vous proposer des solutions car, une fois choisie la solution retenue, le GEC vous aide à la METTRE EN PLACE et à en MESURER LES RESULTATS selon des grilles et des procédés enseignés.

Arrivé à la fin de la connaissance pratique de ces neuf tâches accompagnées d'outils spécifiques, notre responsable, qui a terminé son premier cycle de management en Partalliance peut repartir vers un autre cycle. Le fait de mettre en place des groupes de résolution des problèmes et de susciter un courant de créativité permanent l'amène tout naturellement à proposer de nouvelles orientations et suggestions.

Avant de les lancer sur le marché, il les confrontera aux données de l'Environnement Global, et il retombe alors dans la première tâche, puis il essaiera de les conceptualiser et d'étudier si elles sont compatibles avec la culture de sa société, ce qui rejoint la deuxième tâche, ... et nous voilà repartis !

Le travail d'un manager suit donc un mouvement rotatif qui, à chaque tour :

- S'enrichit d'idées et de savoir-faire nouveaux.
- Assimile mieux les ficelles du Partalliance.
- Acquiert plus de sagesse et de mieux-être.

QUELQUES SUGGESTIONS

• **n° 55** : Réunir une fois par an pendant quarante-huit heures ses cadres afin de procéder à un bilan de compétences et d'évaluations. Ils repartent alors avec la méthodologie nécessaire pour effectuer auprès de chaque salarié dont ils sont les supérieurs hiérarchiques un "Projet Individuel d'Evaluation et de Développement" qui comprend un Bilan de Compétences, un Projet de Développement Personnel avec ses défis et un Plan d'Action Individuel (PAI).

• **n° 56** : Dans le cas où ma société possède un réseau de distribution, faire vérifier par des spécialistes que la manière dont on anime les distributeurs est conforme à la Loi Doubin.

• **n° 57** : Se renseigner sur l'opportunité et sur les avantages d'un Livre de Savoir-Faire, lequel oblige l'encadrement et la Direction Générale à écrire un livre en commun qui regroupe tout le know-how, les richesses, les tours de main, les procédures, les méthodes modernes d'animation, etc. de mon organisation.

• **n° 58** : Privilégier les actions qui permettent d'obtenir immédiatement des résultats, c'est-à-dire une augmentation du chiffre d'affaires, une plus grande motivation des adhérents de mon Groupement, ou de ma Franchise.Pour cela organiser des "Cercles d'Echanges" qui ne fonctionnent plus verticalement mais horizontalement, contrairement aux autres méthodes d'animation. En créer un par région afin de faciliter entre les participants des échanges d'expériences.

• **n° 59** : Opérer une révison de mes contrats pour les transformer en "PACTES".

• **n° 60** : Procéder à une analyse détaillée de toutes les charges, postes de travail et frais de personnel pour regarder où faire des économies. Lancer l'opération "anti-gaspi". Par contre, réinvestir tout ce que l'on économise dans les "fonctions de première ligne", c'est-à-dire la vente, la distribution, les services, le conseil, vers des activités immédiatement opérationnelles. On appelle aussi cela un "transfert de budget" même si cela se décide en cours d'année. Il n'y a que "les perdants" qui ne prennent pas la décision de modifier pendant l'année leur stratégie.

• **n° 61** : Vous avez des tensions importantes entre : des clients et vous, des distributeurs et vous, un service et un autre service : vous sentez quelque part un groupe qui oppose une résistance au changement : avez-vous pensé à "la procédure-consensus" et à son mot magique "FIVISA" ?

• **n° 62** : Disposez-vous d'un "Guide Ethique pour l'Entreprise", d'une "Charte-Réseau" (entre votre entreprise et le réseau de distribution) ou d'une "Charte-Client" (entre vous et les clients" ?).

• **n° 63** : "Ne jamais oublier le postulat "du Client qui est Roi" : en période de difficulté, il faut plus que jamais se retourner vers lui. Voici quelques idées efficaces :

- Utiliser vos médias internes pour rappeler à chacun que "chaque client doit être considéré comme un client à vie, ce qui suppose d'adapter vos relations commerciales, vos services et peut-être vos produits et leur emballage en conséquence.
- Créer l'obsession du client
- Demander à ce que toutes les réclamations clients vous soient présentées tous les jours sur votre bureau et en régler quelques-unes en appelant vous-même le client.
- Lancer un petit jeu-concours dans votre organisation sur le thème : "Définir, en quelques phrases le plus explicites et le plus percutantes possible le caractère unique et les spécificités de votre entreprise. En d'autres termes, quels sont les "plus", les petites différences par rapport à la concurrence ?".
- Aiguiser votre curiosité, perfectionner vos prestations, sous-traiter l'envoi de "visiteurs-mystères" dans votre clientèle et chez vos distributeurs.

• **n° 64** : Vous désirez lancer une opération ponctuelle en cinq ou six mois ou vous dégager d'une étude ou d'une importante analyse, ou encore réagir contre la concurrence en construisant rapidement une action en profondeur ? Avez-vous réfléchi au "Management à Temps Partagé" ? Certains Cabinets Conseils en Politique et Stratégie d'Entreprise vous envoient pendant trois, cinq ou huit mois un ancien dirigeant consultant qui est opérationnel en une semaine.

• **n° 65** : Profiter des temps difficiles pour réviser à la baisse le nombre de vos fournisseurs et faire plus de chiffre d'affaires avec ceux que vous gardez. Ceci en mettant en place une "Nouvelle Relation d'Echange" qui consiste à les considérer comme de VRAIS PARTENAIRES et à les faire participer aux grandes décisions stratégiques de votre société.

• **n° 66** : Vos distributeurs se plaignent d'une baisse d'activité : créer un commando de quatre spécialistes ; organiser une formation de trois jours, dont une journée de séminaire de résolution des problèmes. Ils doivent en sortir en ayant conçu cinq actions concrètes et juteuses afin de "créer du trafic", c'est-à-dire de faire venir de nouveaux clients dans le magasin, l'agence, la concession, la succursale, la franchise, etc.

• **n° 67** : Réserver des moments de recul et de réflexion! Promettez-nous, et c'est la plus belle satisfaction que vous puissiez nous faire et qui nous prouvera que ce livre a servi à quelque chose, de prendre cinq jours, quatre fois par an, autour d'un week-end (le 1er Novembre, le 1er Janvier, Carnaval et Pâques) pour vous enfermer dans le silence avec quelques dossiers "chauds" et surtout pour faire le point ou à la limite de suivre un séminaire de management approfondi.

• **n° 68** : Convoquer les "Etats-Généraux de l'Innovation" trois jours non stop afin de sensibiliser toute l'entreprise à la notion de mutation qui engendre une crise qui va durer. Demander à tous un effort important d'imagination :

- Pour faire la chasse "au Gaspi' et économiser des frais.
- Pour améliorer les conditions de travail.
- Pour créer de petites équipes dans chaque service qui s'auto-gère et s'auto-forme spontanément afin de trouver ensemble une solution à un problème. Ne pas utiliser les Cercles de Qualité, beaucoup trop structurés et dont l'objectif premier n'est pas de réagir instantanément.
- Pour rappeler que nous ne retiendrons que les idées de petits projets avec application pratique immédiate.
- Pour offrir un challenge (des primes) et organiser la motivation.

Suite à la lecture de ce chapitre, quelles sont les idées que je souhaite retenir et quelles sont les décisions que je prends

....

QUELQUES RECOMMANDATIONS
POUR REUSSIR
CETTE METHODE DE DIRECTION EN PARTALLIANCE

La fin de l'organigramme vertical ...

Nous avons vu que les responsables d'aujourd'hui se trouvent confrontés à l'infiniment complexe en raison de l'interpénétration due à l'européanisation ou, plus généralement, à la mondialisation.

Par ailleurs, les nouveaux besoins du Personnel (transparence, reconnaissance, responsabilité, sens de la mission etc.) nous obligent à repenser les anciennes structures pyramidales (même renversées) ainsi que les modèles japonais, les systèmes en Centres de Profit ou les organigrammes matriciels.

C'est la fin de l'organigramme vertical.

Quelques entreprises françaises et américaines ont déjà commencé à investir dans cette remise en question, laquelle apparaît maintenant comme impérieuse. C'est le cas d'Air Liquide, Renault, Peugeot, Sony France, Sollac, Honda, Nucor, DEC, ou encore Federal Express, pour n'en citer que quelques unes.

Dans cette nouvelle conception de l'Entreprise, les structures sont toutes organisées en RESEAUX sour forme de petites galaxiës qui obéissent à quelques recommandations.

-Première recommandation : Construire des Réseaux Commerciaux par Cibles de Clientèle.

Elles permettent de déterminer le nombre et le type de réseaux commerciaux nécessaires. Il est recommandé de créer un réseau pour chaque cible ou chaque marché.

-Deuxième recommandation: Privilégier la satisfaction des besoins du client.

Les réseaux, c'est-à-dire chaque Département ou filiale devront proposer des produits et des services spécifiques entièrement orientés vers la satisfaction obsessionnelle des besoins du client.

-Troisième recommandation : s'organiser en Réseau et raisonner sur la dimension horizontale ou transversale des tâches : ou Reeingineering.

Le Reeingineering à la Française.

Il s'agit là de supprimer les organigrammes pour les remplacer par des cellules en Réseau composées de tous les acteurs susceptibles de remplir une mission du Projet d'Entreprise. Nous vous présentons ci-joint quelques schémas. Mais cette nouvelle structure ne peut fonctionner que si dans le même temps elle utilise le management en PARTALLIANCE que nous venons de décrire et que nous utilisons depuis plus de 8 ans dans les entreprises françaises.

Il ne faut pas confondre cette démarche globale avec le **Reeingineering**. Nouvelle coqueluche des entreprises, voici encore une approche présentée comme une recette miracle adaptable immédiatement à nos organisations françaises.

De quoi s'agit-il ? Il s'appuie sur deux grandes idées :

• Toute la réflexion est orientée sur ce que l'on a tendance à oublier **"l'Ecoute permanente du client"**

• Au lieu de privilégier les découpages verticaux par grandes fonctions, on raisonne sur la **"dimension horizontale"** ou transversale des tâches.

Cela se traduira par l'étude successive de tâches qui "traversent" les directions fonctionnelles (R and D, Service Achat, usine, Service Commercial, comptabilité, facturation, Service Après Vente ...) pour déboucher sur un véritable PRODUIT DE PRESTATION PARFAITE pour le client. Comme par exemple une prise de commande rapide, efficace, correspondant exactement aux attentes des clients, une livraison sans failles respectant les délais, et accompagnée de petits gestes qui montrent au client qu'on l'estime, l'exécution d'un Service Après Vente à la DARTY, etc .

Les conséquences ne se font pas attendre et peuvent se résumer :

-une meilleure réactivité de tous aux suggestions et aux imperfections beaucoup plus que productivité,

-économie de stockage,

-délester au passage les services des opérations inutiles avec un impact plus ou moins important sur la baisse des effectifs.

- etc.

Mais le reengineering, comme la plupart des concepts importés des USA reste une recette, une technique de management pour satisfaire à l'effet de mode.

Depuis plus de 10 ans et avant les Américains, nous utilisions avec les entreprises françaises les plus performantes le reengeneering sans le savoir ou sans le dire mais avec une différence fondamentale c'est de ne pas en faire une "fin" en soi comme pour la qualité totale mais un moyen. Car le reengeneering ne reste qu'un outil au service du dirigeant.

Si cette technique est employée sans expérience, elle ne pose pas les vrais problèmes de management que sont la finalité, les objectifs, le projet d'entreprise, etc ...

Or, tout l'esprit de ce livre tourne autour des notions, d'écoute de l'Environnement donc du client, ne parle que de réseau et de transversalité en situant tout ceci dans une problématique globale. Alors nous pouvons peut-être dire que nous avons inventé le "Reengineering Français" !!!

Etudions comment il s'applique en cas précis des organigrammes:

Le premier graphique N° 16 représente l'organisation en réseau d'une direction commerciale avec une force de vente intégrée.

Tableau N°16

LE PARTALLIANCE

•L'ECONENTHIQUE•

DETAIL DE LA GALAXIE D'UNE DIRECTION COMMERCIALE EN RESEAU AVEC FORCE DE VENTE INTEGREE

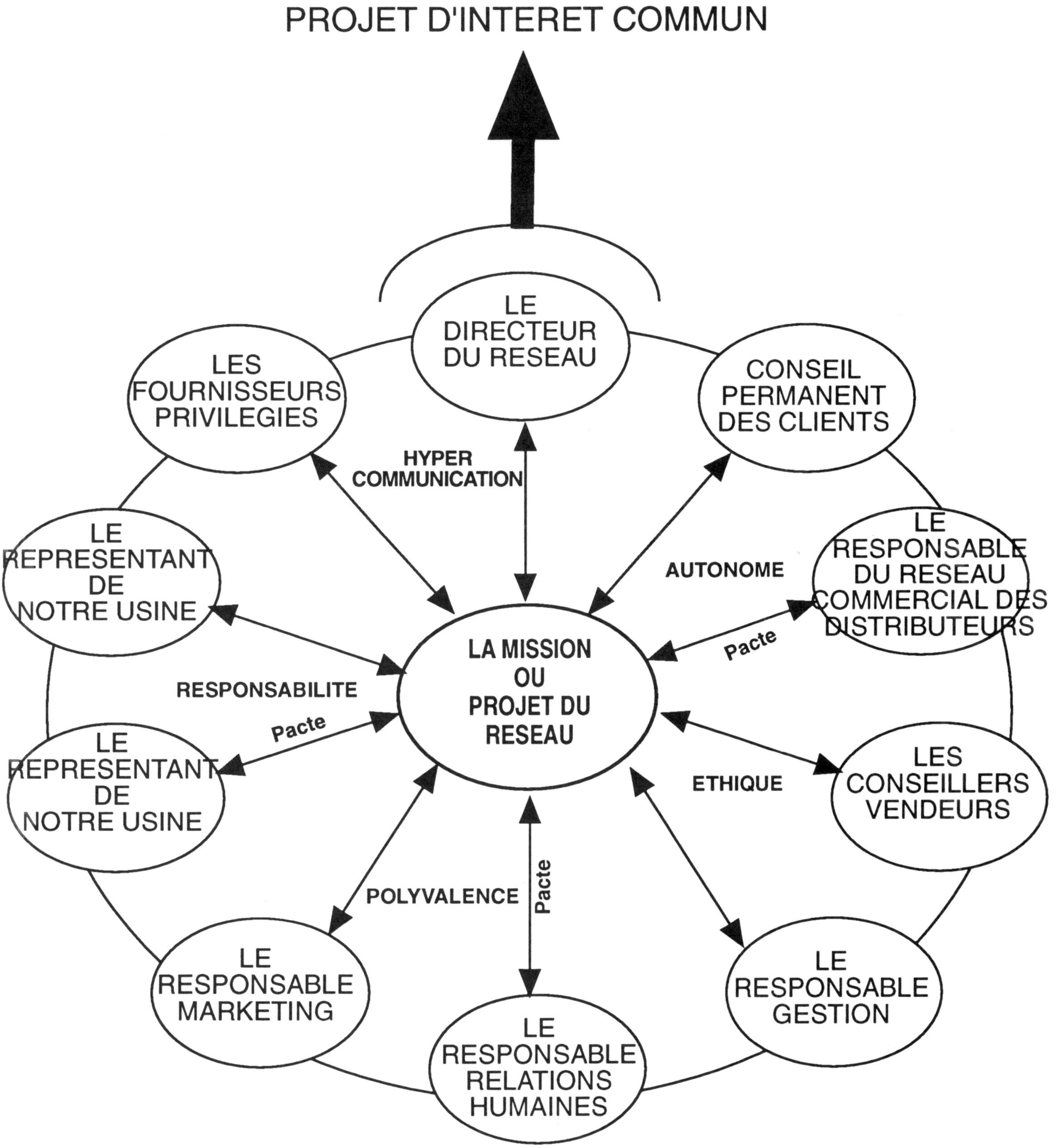

Voici d'autres exemples de structures en Réseaux, organisées en 'Galaxie" avec chacune en son centre, son Projet, sa mission.

Le Tableau 17 montre l'organigramme général de toute la société avec les Réseaux tous regroupés autour d'un Projet d'Entreprise à 5 ans, appelé dans l'Econenthique le Projet d'Intérêt Commun.

Le Tableau 18 détaille le Réseau de la direction générale en montrant bien l'allégement des effectifs 8 à 15 personnes maximum (c'est un peu ce qui se passe chez Carrefour). Combien de sociétés aujourd'hui sont au bord du dépôt de bilan pour avoir gonflé d'une manière pléthorique les effectifs du siège !!!

Le tableau 19 explique le Réseau d'une unité de Production (usine).

Tableau N°17

LE PARTALLIANCE
L'ORGANIGRAMME EN GALAXIE

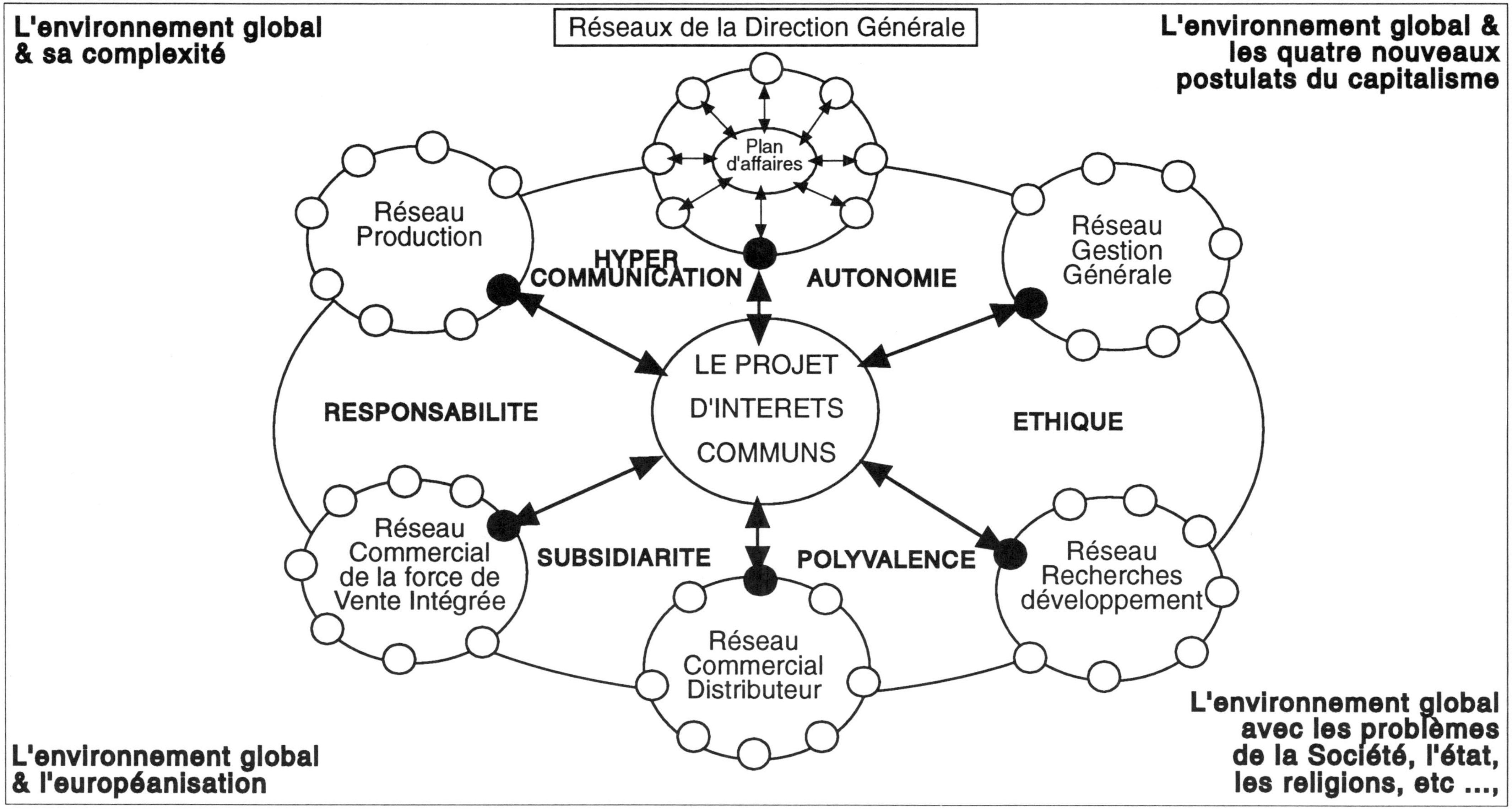

REMARQUES :
Les relations avec les fournisseurs et les sous-traitants, les relations humaines, le marketing produit, la formation, le recrutement, la communication et la publicité sont décentralisés dans chaque Réseau.
Il n'y a plus de Services Centralisés du type Achats, Marketing, Formation, etc ..., sauf le réseau Gestion et Comptabilité et le R and D.
Il existe seulement dans le Réseau Direction, un coordinateur pour chaque fonction (Publicité, DRH, Formation, etc ...) avec son secrétariat.

DETAIL DE LA GALAXIE D'UNE DIRECTION GENERALE EN RESEAU

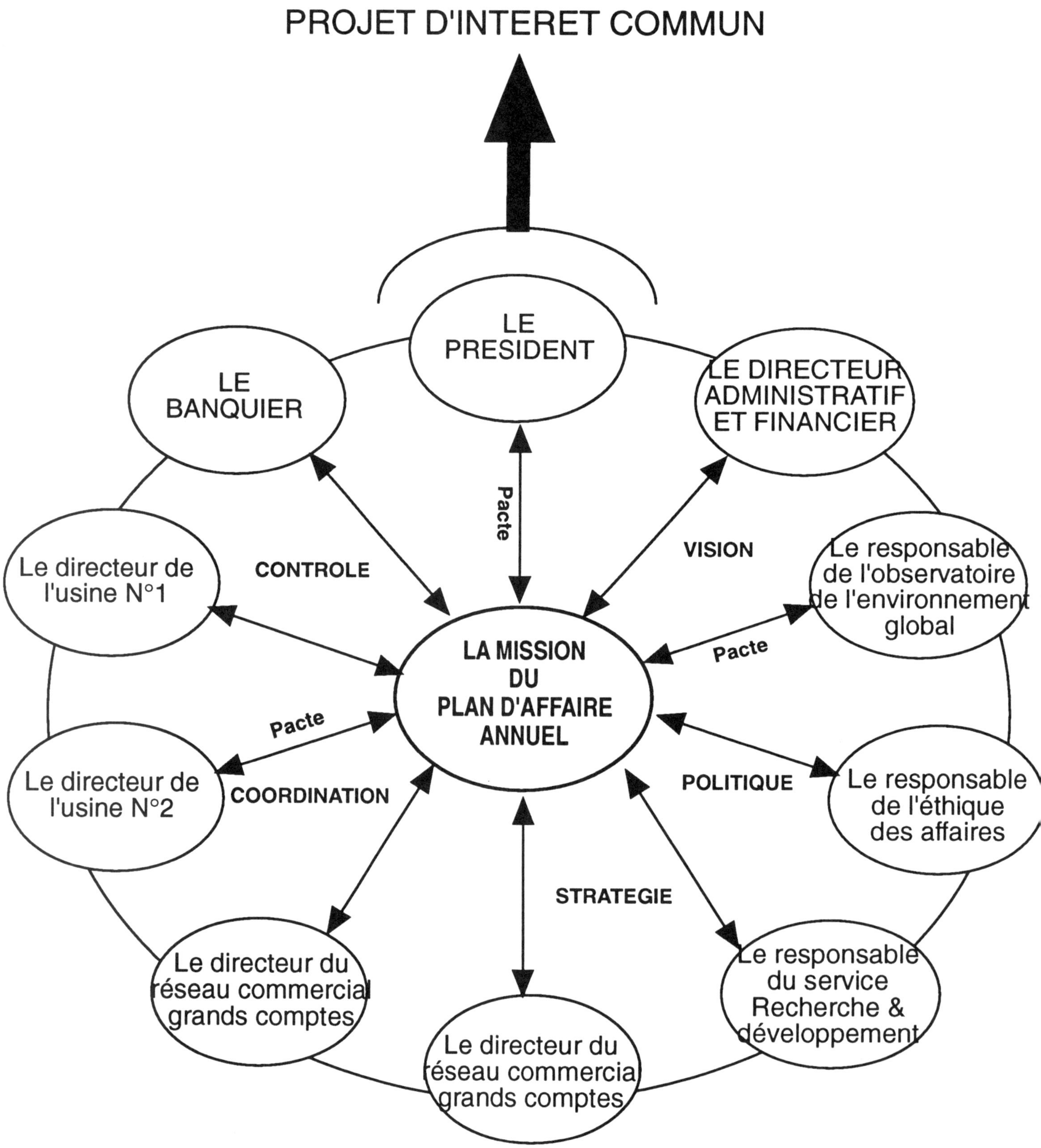

Tableau N19

LE PARTALLIANCE

DETAIL DE LA GALAXIE D'UN E UNITE DE PRODUCTION EN RESEAU

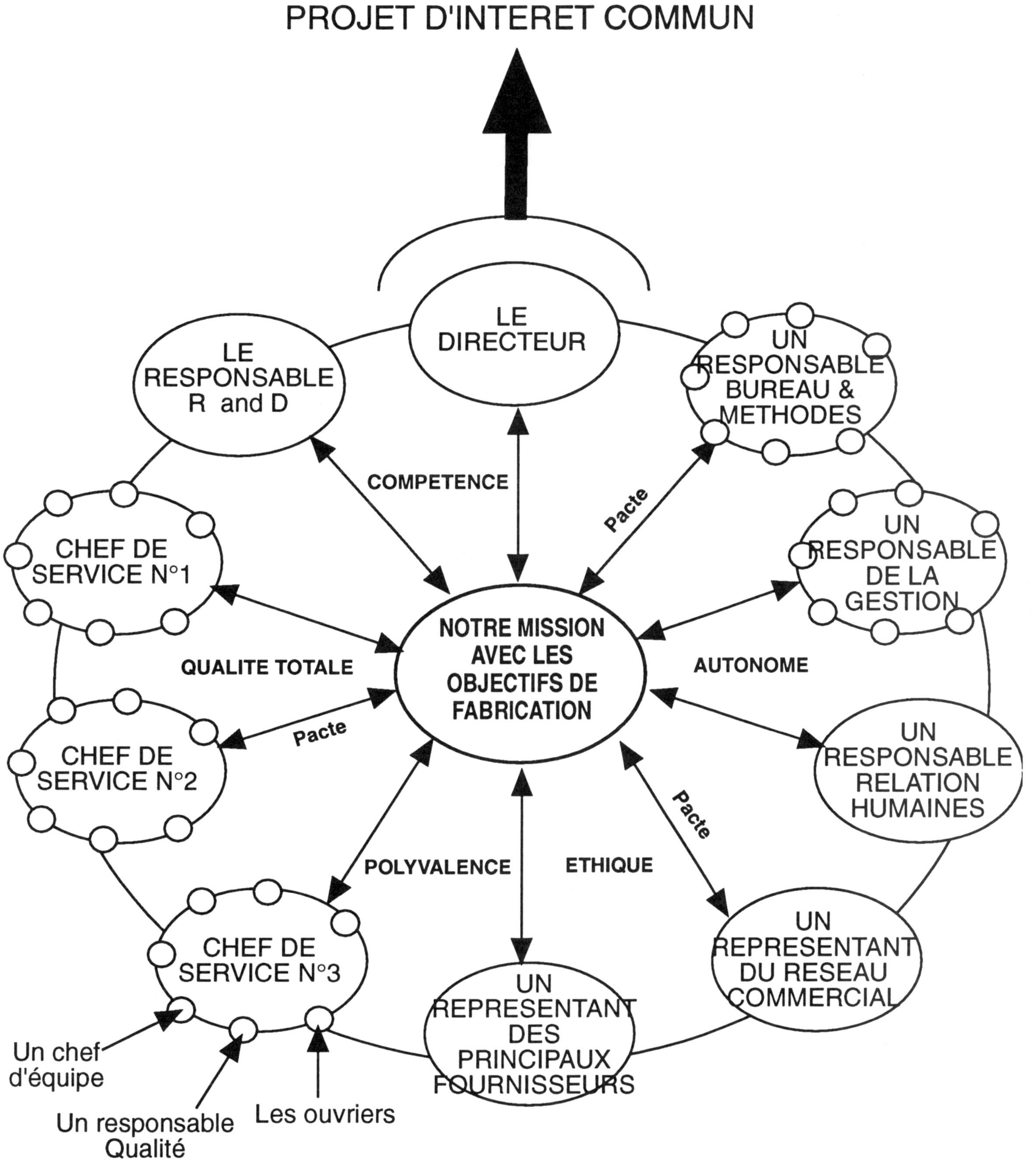

-Quatrième recommandation : Adhérer au Projet d'Intérêt Commun.

Tous ces acteurs forment une équipe qui ne peut être soudée et efficace que si elle adhère au Projet d'Intérêt Commun de l'organisation, qu'elle se nomme une entreprise, ou une association, ou une coopérative...).

Passionner les acteurs du réseau autour d'une mission.

- Cinquième recommandation : Définir une Mission.

Chaque Réseau définit une mission qui lui est propre et qui devient un sous-ensemble du Projet de l'Entreprise ou Projet d'Intérêt Commun

- Sixième recommandation : Signer un Protocole.

Chaque Réseau établit un Protocole d'Engagements Réciproques qu'il signe avec la Direction Générale au début de chaque exercice et qui le lie à la Politique et à la Stratégie Globale de l'organisation à laquelle il appartient ce pacte est représenté dans chaque tableau par une flèche à double sens ⟷).

- Septième recommandation : Réduire les Echelons Hiérarchiques.

Finis les schémas en pyramide: deux à cinq échelons hiérarchiques maximum.

Il est indispensable de simplifier la structure à outrance en mutant la plupart des fonctionnels du siège et en réduisant le nombre des échelons hiérarchiques (de deux à cinq maximum), au sein d'un même réseau. Ainsi, le Réseau Industrie comprendra-t-il, outre le Directeur et le Chef de Service, un Chef d'Equipe pour 70 à 80 personnes soit 3 échelons. Si nous rajoutons au Directeur de l'usine le Président Directeur Général, nous arrivons à 4 échelons maximum.

- Huitième recommandation : Limiter l'importance de la Force de Vente Directe.

La Force de Vente Directe ou Intégrée (vendeurs, représentants) doit être réduite , voire supprimée au profit d'un réseau de 80 à 100 distributeurs animés par 5 à 10 Conseillers-Animateurs, ce qui permet de couvrir toute la France.

- Neuvième recommandation : Constituer des usines à taille humaine et éviter la Délocalisation à l'étranger.

Il est important de ne pas transformer vos usines en ensembles impersonnels. Essayez de ne pas dépasser le chiffre de deux cents personnes. Dans le cas contraire, découpez votre organisation en Unités Elémentaires Homogènes.

Mais surtout ne déménagez plus vos usines en Asie ou dans les pays de l'Est. Avant de prendre la décision de partir à l'étranger pour réduire vos coputs, réfléchissez aux points suivents :

1. Le client de l'An 2000 ne vous pardonnera plus un service après-vente qui exige un délai de deux à trois semaines par suite d'une rupture de stock ou de pièces défectueuses importées d'Asie.

2. Une pression politique et économique de plus en plus dissuasive va s'exercer sur de telles décisions. En partant, vous transformez une vallée française en une "rivière de chômeurs".

Rester proche de vos clients, même si vous devez produire plus cher.

3. Les pays asiatiques changent très vite. Taiwan, le Japon, ont depuis 2 ans une main d'oeuvre plus chère, une monnaie moins intéressante, une compétitivité en baisse.

4. Un concept d'entreprise peut redevenir compétitif selon les choix stratégiques et les moyens adoptés.

Regardez ce que font les trois chartes de prêt-à-porter féminin PIMKIE, PROMOD et CAMAIEU.

Le mot d'ordre est la REACTIVITE : car la cliente est versatile, change vite d'envies.

Chez PROMOD, tous les matins "nous disposons des résultats de vente de la veille, ceci par catégorie d'articles et pour nos 225 magasins. Ainsi, nous ajustons quotidiennement l'offre à la demande".

"De plus, chaque semaine, des produits sont testés dans un nombre suffisamment représentatif de magasins avant d'être lancés sur les chaînes de fabrication".

"On doit répondre en une semaine aux besoins que j'ai perçus. Deux mois plus tard, c'est fichu", affirment les Directeurs.

Importer la marchandise pour diminuer les coûts ? Impossible si l'on veut pratiquer le juste-à-temps. 60 à 80 produits sont fabriqués à façon en France. Certes, s'approvisionner à Roubaix revient 15 % plus cher qu'à Taiwan ou au Maroc. Mais entre l'absence de stock, la possibilité de répondre très vite à la demande et le fait de ne pas être obligé de solder des quantités d'invendus, le gain est largement supérieur à 15 % de surcoût de fabrication.

Ces trois chaînes se retrouvent en fin de saison avec 12 à 15 % de stocks avant solde contre souvent 45 à 55 % en moyenne pour leurs concurrents.

5. Changez l'orientation stratégique de votre usine. D'un centre de coûts faites-en un outil de marketing privilégié, à l'instar de ce que propose Tom Peters dans son livre le "Chaos du Management" que nous rappelons brièvement. Restez en France résistez au tentations de la déloralisation mais cela vous oblige à :

- Organiser des portes ouvertes, faites visitez votre usine par vos clients.
- Exiger de vos cadres qu'ils passent 10 % de leur temps sur le terrain.
- Demander à vos ouvriers de se rendre deux fois par an chez le client.
- Metter en place une structure en Galaxie de Réseaux. (trois à quatre échelons hiérarchiques).
- Alléger les coûts de fabrication en ayant recours à la sous-traitance et à l'artisanat.
- Limiter les effectifs à 80 % de la demande normale, le reste étant composé de personnel temporaire.
- Transformer 20 % à 30 % des salaires en primes à la responsabilité et à l'innovation en vous référant à des Grilles de Critères à construire.
- Visiter avec vos cadres cinq à dix usines qui ont, en France ou dans le monde, réussi leur reconversion. Il existe des cabinets spécialisés qui peuvent organiser cette démarche pour vous.
- Etc.

Compenser par un service irréprochable et vous fidaliserez vos clients à vie ...

Distribuer aux directeurs des tâches fonctionnelles et opérationnelles

- Dixième recommandation : confier une tâche communautaire à chaque cadre.

Chaque responsable de la hiérarchie supérieure se verra attribuer, outre sa fonction principale qui consiste en une action opérationnelle de direction d'un réseau, une tâche communautaire pour l'ensemble du groupe.

On lui confiera souvent la mission de coordonner les problèmes et les actions de Formation, ou de Marketing, ou de Publicité ou de Merchandising, etc...

Par exemple, en plus de sa fonction de Directeur de tel Réseau, il aura celle de coordinateur DRH ou de Formation ou de Publicité

Cela permet d'alléger considérablement les structures du siège. En dehors des réunions hebdomadaires, la plupart des responsables ne sont pas tenus d'avoir leur bureau au siège même.

On remarquera que de telles pratiques existent depuis longtemps dans les Franchises en particulier avec le système dit du tiers temps réservés aux Directeurs de la chaîne "Intermarché", "les Mousquetaires de la Distribution".

LE VISAGE ENFIN TRANSPARENT

DE LA COMMUNICATION !

Une autre conséquence de notre Capitalisme éthique permet de créer une communication en temps réel, transparente et interactive.

Si vous possédez l'information vous détenez l' pouvoir.

N'hésitez surtout pas à constituer (à l'instar de Bull et de Renault, qui ont recours à de véritables agences d'information internes) un réseau de "correspondants" à l'intérieur même de vos effectifs : journal télématique (incontournable car, dès que le salarié ouvre son micro-ordinateur le matin, "l'info du jour" apparaît, comme à l'UAP, flashes confidentiels, lettres internes ou encore journal radio hebdomadaire, comme chez 3 M !

La maîtrise de l'information donne un nouveau pouvoir.

Dans le même ordre d'idée, le Directeur d'un réseau de distributeurs (franchiseurs, groupements, négociants, magasins à succursales, etc...) ou de vendeurs peut partir visiter ses distributeurs ou tourner en tandem avec ses vendeurs en emportant tout son savoir-faire dans un petit ordinateur portable PC ou MacIntosh.

Tous ses outils d'animation, de formation et de communication, mis en mémoire dans le portable sous une forme totalement différente de celle d'un document écrit, constituent une "Communication Interactive" qui offre de nombreux avantages, comme par exemple :

Une communication en temps réel transparente et interactive.

- Gagner en encombrement et en temps.
- Etre informé en temps réel.
- Recevoir une communication illustrée, dépouillée, agréable à voir et à lire.
- Choisir des informations très ciblées.
- Diminuer voire supprimer le papier.
- Pouvoir dialoguer avec l'image et le texte comme dans le cas des BORNES INTERACTIVES.

Cependant, attention au danger de saturation, (le Personnel étant susceptible d'apprendre très rapidement à pratiquer le zapping professionnel) et aux frustrations des cadres ou de la maîtrise qui, s'ils ne participent pas au contenu, risquent d'éprouver un sentiment de mise à l'écart !

REDEFINIR LA FINALITE
DE L'ARGENT ET DES BANQUES

Le banquier doit vous accompagner dans vos risques !

"Avons-nous tiré toutes les leçons de l'événement extraordinaire intervenu par une simple déclaration du 15 août 1971 où Richard Nixon suspendit la convertibilité du dollar et de l'or.

Pour les spécialistes, ce n'était pas une surprise car depuis longtemps on savait que le stock d'or mondial ne correspondait plus aux avoirs détenus sous forme de dollars.

Cinq ans plus tard, le monde ratifiait officiellement le principe.

La référence au métal a imprégné des millénaires d'Histoire durant lesquels l'or fut la monnaie par excellence. L'Europe, pauvre en mines d'or eut alors l'audace d'inventer UN SYSTEME OU L'ARGENT PEUT NAITRE DE RIEN, où le crédit n'est plus conditionné par un dépôt initial.

Ce qui est le cas de la Banque de France. Elle émet des billets que nous utilisons pour nous payer les uns les autres. Autrement dit, des reconnaissances de dettes, contractées par l'institut d'émission à notre égard. Qu'il ne rembourse jamais par définition. Rembourser avait un sens quand la monnaie restait étalonnée sur le métal.

L'Institution qui aujourd'hui en France émet de la monnaie, en réinjecte dans le circuit, se prénomme Banque Centrale ou Banque de France. D'un côté, avec cette institution le pouvoir politique dispose d'un instrument lui permettant d'avoir barre sur la finance. De l'autre, la communauté y gagne en sécurité puisque la Banque centrale garantit en dernier ressort la bonne fin des opérations.

Plus elle crée de monnaie et plus cette dernière circule rapidement plus il y a facteur de richesses et possibilités de travail pour tous. Si un pays s'amuse à émettre sans réserve, il part à la catastrophe.

Par contre, si toutes les banques centrales de la communauté se concertent, tout en tenant compte des flux mondiaux, cela nous conduit directement à la naissance de la Banque Centrale Européenne. Elle doit être autonome, et maintenir un juste milieu entre la pression politique et les besoins économiques.

Une fois de plus, cela démontre la nécessité d'accélerer la mise en place de rouages de l'Europe (Traité de Maastricht, armée commune, Banque Centrale Européenne, monnaie commune, etc...).

En attendant, quelle attitude nos banques françaises devraient-elles adopter ?

Sans argent, aucun projet ne peut se réaliser ! Sans contrat de confiance avec son banquier, aucune entreprise ne peut subsister ! Le banquier doit être tenu informé de la marche de l'entreprise et ceci à intervalles réguliers. Il est nécessaire de lui demander conseil

En contrepartie, il est intolérable qu'une banque décide dans les 48 heures de ne plus poursuivre son aide au moment d'un passage difficile de trésorerie, décision à l'origine de combien de faillites immédiates.

Le rôle principal du banquier est de partager les risques avec les actionnaires.

L'enrichissement sans risque, celui qui procède par exemple de l'utilisation d'informations privilégiées (autrement dit, "le délit d'initiés") est moralement condamnable, même en l'absence d'une législation adéquate

En dehors de ces réflexions, il existe des organismes qui oeuvrent dans le sens d'un assainissement. Nous pensons bien évidemment à la COB (Commission des Opérations de Bourse) qui, grâce à la Loi du 2 Août 1989, a vu ses pouvoirs d'enquête et d'injonction augmenter considérablement.

Placez votre argent dans des "Banques Ethiques".

Il est également prévu d'élargir le champ d'application de la **"déclaration de soupçon"**, procédure qui permet à un établissement bancaire ou financier confronté à certaines anomalies de saisir le **"TRACFIN"**, un organisme d'experts chargés d'enquêter sur l'origine de certains dépôts mais il existe également depuis peu de temps :

• Le **"placement éthique"**, qui se caractérise par la destination des sommes recueillies vers une activité humanitaire, écologique ou de développement: . Les souscripteurs sont assurés de ne participer à aucune activité d'armement ou polluante. Certains bannissent même les entreprises de tabac et d'alcool.

• Le **"placement partage"**, plus classique dans ses investissements ou dans ses obligations, mais dont les souscripteurs acceptent de plafonner la rémunération qui leur revient dans des conditions pré-définies comme, par exemple, un rendement qui ne dépasse pas le taux d'inflation de 2 à 3 % ou un partage du gain par moitié. Le surplus est alors reversé à un organisme désigné lors du contrat : association, institut médical, etc. Il en va ainsi pour l'association "Faim et Développement", créée en 1983, constituée du CCFD et du CIMADE, eux-mêmes rejoints par "Frères des Hommes" et "Terre des Hommes" dont le portefeuille dépasse deux cents millions de francs géré par le Crédit Coopératif.

Il est interessant de noter qu'une prise de conscience s'installe comme en témoigne cet extrait en provenance d'un "Groupe de réflection de Professionnels de la Banque" qui écrit dans la revue Banque N°501 de janvier 1990.

"Est à rejeter comme spéculative toute gestion financière comportant la prise de risques mais mettant en péril un objet social légitime", ce qui nous oblige à poser régulièrement la question : Quelle va être la finalité de l'argent prêté ?

- L'OPA peut aussi faire l'objet d'un mauvais usage si elle est mise au service d'un "raider" mu par la seule considération d'une espérance de gain financier à court terme.

- "La fuite des capitaux constitue souvent la désertion d'un devoir national au profit d'intérêts particuliers".

- "La corruption est un mal attaché à l'usage de l'argent dans le but d'obtenir des avantages sociaux, économiques et politiques afin d'acquérir des faveurs, d'acheter des consciences et de favoriser l'accès ou le maintien au pouvoir.

Pour les pays en voie de développement, il est la principale cause de sous-développement". Il est étroitement lié au blanchiment de la drogue et aux circuits de la mafia".

- Le premier devoir de l'opérateur bancaire est la transparence. Tous les actes doivent pouvoir être reconstitués, contrôlés et justifiés de façon qu'aucun soupçon ne puisse peser sur leurs conditions d'exercice".

- "Nul ne peut servir deux maîtres". Monnaies et finances se trouvent au carrefour de tous les appétits. Lorsque, par vocation ou par hasard, on fait métier de servir l'argent des autres, il peut être souhaitable de minimiser l'importance de l'argent en dehors du temps du travail, c'est-à-dire dans sa vie personnelle, familiale, morale ou spirituelle. Dans les métiers orientés vers les marchés financiers, un tel retrait volongaire apparaît d'autant plus indispensable".

- "Le niveau des exigences est d'autant plus élevé que l'on occupe une fonction dominante au sein de la hiérarchie financière".

- "Les opérateurs de Bourse doivent respecter la destination fondamentale de l'instrument dont ils ont la charge car ils sont appelés à servir le marché dans une perspective plus large du biencommun et non pas à se servir du marché".

LE VRAI LANGAGE INTERNATIONAL.

Un nouveau Projet de Société doit interdire le commerce international non pacifique. Malgré les belles commandes de chars Leclerc, notre pays qui se vante autant d'être le "champion des Droits de l'Homme" devrait profiter du démantèlement de l'URSS et de l'éloignement de la menace de la Guerre Froide pour mettre fin à ses entreprises d'armement.

Refuser l'industrie de l'armement !

Il ne faut pas se tromper de conflit ! Nous devrions concentrer tous nos efforts sur la " Guerre Économique" qui, parce qu'elle redouble d'intensité, menace d'être longue et, peut être en fin de compte, tout aussi meurtrière qu'une guerre au sens traditionnel du terme, certains chômeurs n'ayant rien à envier aux prisonniers de guerre !

En effet, à l'exportation, l'agressivité se trouve décuplée, les concurrents plus nombreux et plus "musclés" et l'injustice est de règle.

Notre vraie cible : la Guerre Economique.

Or, l'on ne travaille plus à armes égales lorsque l'on doit lutter contre des pays qui ont recours à une main-d'oeuvre qui vit dans la misère ! Au contraire, les coups bas apparaissent plus fréquents et plus vicieux et l'imagination sans limites : c'est le règne du libéralisme pur et dur qui ne profite qu'à l'acheteur.

Enfin, c'est le royaume de l'hypocrisie lorsque l'Amérique accuse la France d'aider son industrie aéronautique tout en envisageant de faire de même, la France accusant à son tour les Etats-Unis d'aider ses agriculteurs alors qu'elle adopte exactement le même comportement !

Dans ces conditions, comment faire pour que les transactions internationales soient pratiquées entre gentlemen, ce qui ne signifie pas qu'elles doivent se réduire à un échange de bons sentiments et à des propos de salons ? Il faut pour cela assainir la situation en prenant des mesures radicales appliquées avec rigueur :

Réinventer une nouvelle relation d'échange.

Cette relation s'appuie sur la recherche d'intérêts communs dans le contenu des transactions. On renoncera à "faire de coups" au profit de la mise en place d'une collaboration fiable et durable entre les deux "partenaires" que sont l'importateur et l'exportateur. Cette démarche exige évidemment plus d'efforts au départ mais se trouve à l'origine d'une économie de temps et d'argent considérable immédiatement visible lors de la seconde transaction.

Réinventer une nouvelle relation d'échange.

On utilisera exactement le même processus que celui décrit dans le tableau n° 4.

Favoriser le retour en force de la compensation.

Favoriser la compensation.

Ce système, qui puise ses racines dans l'ancien troc, est devenu un moyen de commercialisation faisant intervenir trois ou quatre partenaires. Connu outre-Atlantique sous le nom de "barter" ou "commerce multilatéral", il consiste à échanger en triangle les surplus de stocks comme, par exemple, les chaussures de chez Bally envoyées en Yougoslavie contre des boîtes de jus de fruits ou des machines-outils contre des petits avions d'affaires.

Ne plus tolérer les bakchichs.

Signer un accord européen destiné à bannir l'usage du bakchich.

Cette disposition a été insérée dans le rapport de Monsieur Robert Bouchery sur la lutte contre la corruption. Jusqu'à maintenant, le bakchich jouissait en France d'une véritable bénédiction de l'administration qui donnait un agrément strictement confidentiel aux critères tout aussi confidentiels. Il se négociait jusqu'à présent au cas par cas entre les exportateurs français et le Bureau de Contrôle Fiscal de la Direction Générale des Impôts. Plus de deux cents dossiers hors armement ont ainsi été examinés en 1992 pour des sommes dépassant plusieurs centaines de millions de francs.

Ces pots-de-vin, pouvant représenter jusqu'à 15 % du montant des contrats, étaient susceptibles de déduction fiscale grâce à la création de filiales dans des paradix fiscaux !

Quelle que soit la décision de la France au sujet du Rapport Bouchery qui propose de supprimer ces pratiques, les pays de l'OCDE pourraient néanmoins aboutir rapidement à la définition d'une position commune beaucoup plus restrictive.

Une réflexion est en cours sur ce sujet dans le cadre d'une commission de l'OCDE (22 février 1994 journal le Monde).

Fermer dans certains cas les frontières européennes.

Fermer les frontières aux importations injustes.

Dans le cadre du Grand Marché Commun Européen, se mettre d'accord avec nos partenaires pour **fermer les frontières européennes aux importations déséquilibrées**, c'est-à-dire celles pour lesquelles le jeu de la concurrence est faussé comme, par exemple, lorsque le fabricant asiatique abuse d'une main-d'oeuvre qui vit en esclavage.

Harmoniser les conditions sociales en Europe.

Harmoniser rapidement les charges sociales afin d'éviter des divergences constatées à l'intérieur de la CEE ce qui entraîne comme conséquence qu'il apparaît aujourd'hui préférable pour une entreprise de s'installer en Ecosse ou en Angleterre. - Instaurer la TVA social qui rend immédiatement les produits importés pas plus cher que ceux fabriqués en France.

Inciter le consommateur à utiliser les produits européens.

Inciter le consommateur à préférer les produits européens à ceux en provenance de l'Asie ou de l'Amérique.

PARRAINER

DES CREATIONS D'ENTREPRISES

Nous venons de voir que notre nouveau projet de société entraîne une remise en cause des méthodes de management.

Fort des nouvelles compétences acquises, le responsable de demain devrait aller plus loin et apporter sa contribution au fléau que représente le chômage ou "le droit à l'emploi".

Nous savons qu'en dehors des politiques et techniques que nous n'aborderons pas ici, la source principale d'emploi est la Création d'Entreprise. Favorisons-la en lançant une vaste Opération de création d'entreprises.

Les banques aident de plus en plus difficilement et les taux d'intérêts sont trop élevés.

La création d'entreprises concentrait encore il y a peu de temps toutes les intentions, elle paraît désormais laissée à l'abandon. Cette brusque désaffection s'expliquant par l'explosion des défaillances d'entreprises.

On mesure l'évolution de ces défaillances par les chiffres suivants: 65000 en 1993 contre 58000 en 1992. - 35000 en 1988? !! sans commentaires.

Le risque de défaillance atteint actuellement 32 % au bout de deux années d'exploitation et 57 % au bout de cinq ans !

Ce qui explique que les banquiers, traditionnellement prudents à l'égard des créateurs, le soient devenus bien plus encore.

Quant aux sociétés de capital-risque, elles ne font plus leur métier, se recentrant sur des entreprises en phase de développement, elles deviennent des sociétés de capital-développement.

Les taux d'intérets, enfin, sont beaucoup trops élevés ! Il se crée néanmoins encore 172 000 entreprises par an, contre 224 000 en 1989, ce qui suffit à peine au renouvellement du parc des entreprises et à la création d'emplois, car **ce sont les seules, avec les PME, à recruter encore.**

Le nombre de candidats et la vocation d'entrepreneur restent relativement importants mais nombreux sont ceux qui se découragent rapidement ou dont le projet a été mal étudié. Enfin, les activités de services enregistrent une augmentation de 12,3 %.

En fait , trois entreprises sur quatre se créent dans le tertiaire, avec une progression de 10 % du nombre d'immatriculations de représentation d'entreprises étrangères en France. La taille moyenne, lors de la création, est de 2,6 personnes et de 3,3 au bout de cinq ans.

Au-delà des nombreuses actions déjà entreprises nous préconisons donc la piste de réflexion suivante :

1- L'opération Parrainage

Avec l'aide des Syndicats patronaux, chaque enteprise d'une certaine taille s'engage à créer tous les deux ans une nouvelle société en parrainant le créateur.

Ceci obligerait chaque entreprise existante à mettre en route une réflexion sur comment créer une nouvelle société, avec qui, dans quel domaine ? etc.

Ceci permettrait à la Société Parrain d'accompagner financièrement, les deux ou trois premières années , son filleul. Un système de remboursement de capitaux prêtés serait à élaborer.

2- Rendre les pépinières plus performantes.

Poursuivre le travail remarquable entrepris par les pépinières.

Véritable assurance anti-échec, ces deux cent structures réparties sur l'ensemble du territoire que sont les pépinières proposent aux créateurs des locaux à prix réduits, services communs et conseils pratiques. Malheureusement, la qualité et la valeur des prestations qu'elles offrent varient beaucoup d'un site à l'autre, d'où la nécessité de bien s'informer.

Le taux d'échec au bout de deux ans passerait ainsi de 32 % à 15 % voire même 10 % en pépinière !

Le vrai "plus" réside dans le suivi des conseils mais, là aussi, la compétence est très variable selon les sites, surtout pour ce qui est de la capacité à maîtriser la technique de résolution des problèmes avec le candidat.

Enfin, la plupart des pépinières n'accueillent en général pas les créations de commerce ni le high-tech. Par contre, elles permettent de réaliser une synergie entre les créateurs et de conforter leur crédibilité auprès des banques.

3- Développer les formations préalables à la création d'entreprise.

Les **formations préalables** doivent viser à favoriser les stages de haut niveau qui permettent aux candidats de compléter leurs insuffisances en gestion, en commerce et en techniques d'exportation. Mais surtout la formation offre la possibilité de faire "mûrir" leur projet en s'inspirant de la démarche du Partalliance exposée ci-dessus. Des écoles comme l'ESC de Lyon ou HEC proposent des programmes spécifiques.

4- Recevoir des primes mensuelles de l'ANCE.

Verser aux créateurs pendant deux ans un salaire identique à celui qu'ils auraient perçu au chômage.

La plupart des échecs de création surviennent dans les deux ans, il faut mettre en place des aides financières destinées à en réduire le nombre.

C'est pourquoi nous pensons que les personnes à l'origine de la création d'une entreprise doivent recevoir de la part de l'ANCE une avance remboursable sous forme de primes mensuelles correspondant au salaire qu'elles auraient perçu si elles étaient restées au chômage ainsi qu'une exonération totale des charges patronales pendant cette même période.

Si l'entreprise passe le cap des deux ans, elle rembourse alors en trois ans ce qui lui a été prêté.

5- Changer l'attitude des banques.

Demander aux banques nationalisées d'ouvrir une ligne de budget spécialement affectée à la création et à la reprise d'entreprises dont les projets ont été préalablement validés par un comité neutre d'experts.

Dans ce comité, il y aura deux responsables de la banque, un représentant de l'ANCE (Agence Nationale pour la Création d'Entreprise), et un conseiller d'entreprise représentant le client.

Obliger les banques nationalisées à financer la création d'entreprise.

6- Réserver une partie du budget du FRAC à la création.

Ce montant des sommes allouées par le FRAC (Fonds Régional d'Aide à la Création) pourrait être soumis à la condition que les entreprises qui souhaitent en bénéficier acceptent d'être accompagné pendant deux ans, par un Cabinet-Conseil spécialisé dans l'accompagnement en politique et stratégie pour la création d'entreprise. Le Cabinet doit bien évidemment être agréé par la Chambre de Commerce et appartenir à l'OPQCM (Office de Qualification Professionnelle des Conseils en Management).

Créer un FRAC- création.

Par ces dernières implications du Partalliance dans la création d'entreprise, nous voilà arrivés à la fin de cette sixième étape.

Elle nous a permis de montrer toutes les conséquences qu'entraine la remise en question du capitalisme avec ses quatre principes.

Si vous acceptez maintenant de rentrer dans cette nouvelle philosophie, d'utiliser la méthode comportementale pour une action éthique, et de pratiquer une autre manière de conduire et d'animer les êtres humains, vous pourrez beaucoup plus facilement gérer la mutation de société en cours.

Nous avons délibérément omis de traiter les autres répercussions du Partalliance, faute de place. En particulier, les chapitres sur l'Entreprise Citoyenne, les nouvelles méthodes de Recrutement et de Formation.

Pour vous permettre maintenant de mettre en application quelques idées de cette sixième étape, finissons par la lecture des suggestions.

QUELQUES SUGGESTIONS

• **n° 69** : Pour faire des économies importantes en ce qui concerne les frais de structure, se poser une première question : "L'organigramme est-il pyramidal ou organisé en réseau ? Quels sont les points forts du système actuel ?".

Cette question est suivie d'autres interrogations : "Comment mettre en place trois à cinq échelons hiérarchiques ? Comment se faire aider dans cette démarche globale ?".

• **n° 70**: Avant d'envisager une délocalisation à l'étranger, on relit le paragraphe sur l'international.

• **n° 71** : Engager une réflexion de fond avec les responsables des relations humaines, de la communication et de l'éthique sur la meilleure façon de rendre plus transparente et plus interactive, la communication avec le Personnel et les clients.

• **n° 72** : Convoquer son banquier afin de lui proposer un véritable Partalliance. En contre-partie d'une présence réelle lors des deux ou trois grandes réunions de stratégie avec les actionnaires et d'une information mensuelle, il s'engage à collaborer étroitement à notre développement.

• **n° 73**: N'entretenir des relations étroites qu'avec les banques qui garantissent que notre argent sera utilisé à des fins éthiques.

• **n° 74**: Dans le cas d'opération à l'export, entamer une discussion avec l'équipe sur les règles du jeu que nous allons nous donner. Supprimer le bakchich et réfléchir à l'opportunité de développer la compensation.

• **n° 75**: Prendre la décision de parrainer une entreprise en création ou d'aider au rachat d'une entreprise à l'occasion d'une reprise.

• **n° 76** : Participer à une action de lobbying afin d'influencer l'Etat pour qu'il établisse, avec le concours de l'ANPE, une prime aux créateurs d'entreprise remboursable sur deux ans, qu'il demande aux banques nationalisées de voter un budget spécifique à la création d'entreprises et qu'il vote un FRAC-Création d'Entreprises.

Suite à la lecture de ce chapitre, quelles sont les idées que je souhaite retenir et quelles sont les décisions que je prends.

....
....
....
....

Septième

ETAPE

EVALUER

LES PROFITS

PROFIT, EFFICACITE ET ETHIQUE

Nous sommes en pleine mutation ce qui entraîne un état de crise. Et pourtant "la crise peut être une opportunité essentielle pour revitalier l'entreprise et repenser son devenir". Savez-vous que le mot "crise" en chinois se compose de deux caractères : le premier signifie "problème", le second "opportunité". Voilà pourquoi, tout au long de ce livre, nous avons voulu vous donner les moyens d'espérer et d'agir autrement.

Une remise en question de notre monde capitaliste avec l'introduction de l'éthique à tous les échelons ainsi qu'une acceptation franche et massive d'un véritable examen des problèmes de fond qui rongent notre société sont loin d'être incompatibles avec les mots "efficacité" et "profit".

Qu'est-ce qu'une entreprise qui marche ?

Une entreprise qui marche, est une entreprise à laquelle les clients demeurent attachés, dont les actionnaires restent propriétaires de leurs titres et cherchent à en acquérir de nouveaux, à laquelle les salariés sont attachés et par laquelle on aimerait se faire embaucher. Les banquiers et les fournisseurs se disputent sa clientèle et les collectivités publiques veulent l'attirer à elles.

Autrement dit, l'entreprise ne peut se permettre de léser durablement aucun des acteurs qui la composent sans s'affaiblir elle-même. Son challenge consiste à aller au devant des attentes de tous ses partenaires.

En ce sens, l'intérêt à long terme de l'entreprise rejoint les exigences posées par l'éthique, qui sont la reconnaissance et l'estime de l'autre".

Les organisations qui utilisent en partie ou en totalité cette démarche constatent qu'elle permet de :

Les résultats qu'engendrent la mise en place d'une demande éconenthique.

- **Rendre** à des dizaines ou à des centaines d'hommes un cadre de références qui s'appuie sur des valeurs et qui permet de constituer des grilles de critères les aidant à faire le bon choix.

- **Apprendre** à retrouver les richesses cachées de son entreprise car nous sommes tous des êtres inscrits dans une histoire.

- **Motiver** et regrouper autour d'un challenge (le Projet d'Intérêt Commun) l'ensemble des acteurs de son organisation et donner ainsi un sens à leur mission.

- **Permettre** à chacun, grâce à une méthode simple, d'appliquer l'éthique dans sa vie quotidienne et de modifier certains comportements.

- **Découvrir** une dizaine d'outils et de moyens inédits pour diriger et animer avec efficacité.

- **Fidéliser** ses clients et ses adhérents.

- **Poser** les bases d'un nouveau Projet de Société.

- **Inverser** la démarche classique du management en refusant de penser d'abord à soi et en se laissant conduire, au contraire, par une "Seconde Main Invisible", différente de celle d'Adam Smith. **"Cette seconde main, lorsqu'elle se pose sur l'épaule du patron, même le plus immoral ou le plus cynique, tend à l'obliger, à condition qu'il ait pour objectif le succès de son entreprise à long terme, à se comporter vis-à-vis de ses clients, de ses actionnaires, de ses salariés et même de la collectivité publique, comme si leur prospérité, leur épanouissement et leur bien-être constituaient sa seule ambition."** (Yves Cannac).
Le secret du management de demain réside dans cette prise de conscience qui consiste à commencer à écouter, à cerner ce que je dois donner et offrir à l'autre (le client, le salarié, le fournisseur, le distributeur, etc.) avant de m'occuper de moi et de mes intérêts. Voilà pourquoi on peut affirmer, que dans le monde d'aujourd'hui, la réussite économique récompense souvent les prouesses techniques mais aussi et surtout les qualités éthiques.

- **Développer** chez tous les acteurs de la structure des qualités éthiques telles que l'écoute, la reconnaissance, le besoin de responsabilité, la transparence, la capacité à rechercher le consensus et à agir en commun.

- **Innover** avec les acteurs de l'entreprise, lesquels évoluent dans un contexte de mieux-être qui reconnaît leurs potentialités, qui les récompense et qui les met en valeur.

- **Apprendre** à rebondir après un échec et à "positiver".

- **Changer** l'ambiance et l'esprit de l'organisastion et lui redonner une âme.

Si nous faisons le bilan des résultats obtenus dans les entreprises organisations qui ont utiliser cette démarche partiellement on constate une plus grande efficacité, une réduction des coûts et des structures et, par conséquent, une augmentation du **PROFIT**.

L'approche éthique, tout comme le profit, demeurent donc complémentaires et même indissociables.

Le nouveau capitalisme avec ses quatre principes permet d'affirmer que la généralisation du comportement éthique génère une efficacité supplémentaire.

Pourtant, l'efficacité se mesure encore trop souvent, dans la tête d'un dirigeant ou d'un économiste, qu'en termes de résultats financiers tels que la Marge Bénéficiaire ou le Retour sur Investissement (RIO).

Cette situation reflète bien le rôle économique permanent dans lequel se cantonne l'entreprise, à quoi il faut ajouter l'importance qu'occupent encore les problèmes de gestion interne et la place prépondérante que tiennent les actionnaires dans le processus de décision.

Or il apparaît primordial que l'efficacité soit désormais perçue comme un concept multi-dimensionnel qui se mesure aussi par le degré de satisfaction des besoins et des intérêts de toutes les parties prenantes, c'est-à-dire de tous les acteurs internes et externes de l'entreprise, dont la coopération est absolumment essentielle.

CHAPITRE 4

COMMENT METTRE EN PLACE CETTE NOUVELLE DEMARCHE DE "L'ECONENTHIQUE" ?

LA COLLABORATION D'EXPERTS

L'expert est un Conseil en Politique et Stratégie qui accompagne les Dirigeants et qui connaît parfaitement l'approche de l'Econenthique et des expériences décrites dans les pages précédentes. Il peut vous aider à formuler vos attentes, vous accompagner dans les phases difficiles d'application, à procéder à différentes investigations et de vous apporter les méthodes et les outils adaptés.

Des séminaires d'initiation et d'information à ces nouvelles approches existent. Pour tout renseignement , sans aucun engagement de votre part, adressez-vous à la société d'Edition Cabi qui a édité ce traité et qui transmettra. Vous avez l'adresse à la fin du document.

LE CERCLE "CONCORDE"

Nous lançons le "Cercle Concorde" qui poursuit quatre buts :

• Vous accueillir dans un **site convivial** à Paris.

• Vous donner la possibibilité d'**échanger** des **expériences concrètes** avec d'autres responsables ayant eu des parcours professionnels différents.

• Vous aider à tisser un réseau de **relations professionnelles**.

• Vous permettre de venir réfléchir en commun sur ce livre en continuant le travail commencé et en participant à des **"Groupes de Réflexion"**

Ces groupes peuvent s'exprimer de différentes manières :

• Soit des commissions de travail à Paris entre responsables

• Soit vous invitez l'auteur dans votre entreprise et vous organisez une conférence suivie de réunions de travail auprès de vos collaborateurs qui auront lu auparavant le livre.

• Soit vous convoquez chez vous lors d'un petit déjeuner de 8 h 30 à 10 h sept ou huit de vos amis responsables d'associations, d'entreprises, d'une administration susceptibles d'être intéressés par le contenu de ce livre. L'auteur s'engage à venir le présenter et à animer le débat.

A ces différents groupes il pourra être suggéré de prendre en charge un chapitre d'un "Libre blanc". Celui-ci proposerait à notre pays "un Nouveau Projet de Société" qui contribuerait à élaborer un Nouvel Ordre Economique.

Il serait le fruit d'un travail collectif toutes tendances confondues et devrait être terminé pour la fin de l'année 1995. Chacun deviendrait alors co-auteur du Livre Blanc.

Pour tous renseignements sur le fonctionnement de ces initiatives envoyer une lettre ou un fax à la société d'Editions CABI, qui transmettra.

UNE PRISE DE CONSCIENCE COLLECTIVE

Pour mettre en place cette réforme du Capitalisme et cette mutation de société, il est nécessaire de sensibiliser toute l'opinion et de réagir contre un certain fatalisme. Je reprendrai les réflexions du psychanalyste et chercheur Tony Anatrella dans son livre "Non à la société dépressive !"

Dans une interview parue dans l'hebdomadaire "La Vie" en Février 1993, il dit : **"Notre société est en train de faire une grosse déprime. Elle en révèle en tout cas les symptomes les plus flagrants à travers une douleur morale, une confusion des idées et une ambiance d'agressivité qui va du besoin de casser à celui de se détruire.**

Le contexte social de crise économique, le profond et douloureux bouleversement des relations internationales et l'effondrement des idéologies, cela fait beaucoup pour le moral !

Nous avons perdu nos références.

Pendant près de deux siècles, nous avons vécu dans une certitude quasi-magique : le progrès des sciences et des techniques ainsi que les idéologies socio-politiques allaient nous apporter le bonheur. Or ce bonheur n'est pas venu. D'ailleurs, viendra-t-il un jour ? Notre société ne sait donc plus où donner de la tête ni vers où aller. Elle ne sait plus où est son avenir. En un mot, elle perd confiance en elle-même, ce qui est le propre de la dépression".

Les problèmes que nous rencontrons ne sont pas toujours nouveaux, les guerres, les calamités naturelles, les épidémies et les violences ont hélas toujours existé. Mais elles apparaissent et évoluent actuellement dans un monde technologique et planétaire.

Ce ne sont donc pas les événements qui sont déprimants mais la façon dont les hommes peuvent les assumer.

Or, pour cela, il est indispensable d'avoir un Projet de Vie.

On ne parvient plus à penser sa vie et sa vie sociale par rapport à un idéal. La science, la politique et la sexualité ne peuvent pas constituer, à elles seules, un idéal. Après avoir cru à certaines de ces valeurs, notre société fait aujourd'hui son deuil de quelques grandes espérances.

C'est la dégradation du sens de l'idéal qui favorise la violence destructrice et les transgressions qui fragilisent l'individu.

Cette absence d'idéal laisse les individus livrés à eux-mêmes, chacun étant lui-même son propre idéal. Or, quand l'individu se considère comme la fin et la mesure de tout, il n'y a plus d'idéal possible.

Sans idéal ni Projet de Société, nous courons au suicide !

Pourtant, c'est grâce à cet idéal que nous pouvons communiquer et intégrer en nous tout ce qui vient du monde extérieur, faute de quoi chacun d'entre nous se retrouve seul et sans cesse renvoyé à lui-même. Il ne sait plus pourquoi ni comment rejoindre les réalités. Il se voit contraint de développer pour lui-même sa propre référence ...
D'ailleurs, ne lui renvoit-on pas de toutes parts cette expression tellement symptomatique : "C'est ton problème !" ? C'est ainsi que le sens actuel de la liberté devient celui du chacun pour soi.

Mais s'isoler en rejetant les institutions rendrait la vie sociale impossible car ces dernières permettent aux individus de développer les liens qui les unissent, de travailler selon un Projet de Société, de retrouver un cadre de références et, surtout, de s'inscrire dans la durée ; la valorisation de l'individu s'est faite contre le lien social et contre les institutions.
Les exemples les plus frappants en la matière sont ceux de la baisse du nombre de mariages et de son corollaire, l'augmentation des divorces, lesquels procèdent de l'idée implicite selon laquelle rien n'engage dans l'existence vis-à-vis des autres.
Or aucune société ne peut se priver d'institutions si elle entend durer dans le temps. En vivant simplement le présent, veut-on vraiment donner un avenir à la société qui est la nôtre ou sommes-nous tout bonnement en train de nous suicider ?

Il devient urgent de créer une prise de conscience collective.

Notre génération a contribué à détruire peu à peu tout système de références tout comme elle a cru pouvoir vivre sans faire appel à un idéal. Nous avons vécu, depuis les années 1960, avec l'idée que l'on pouvait se passer d'éthique, d'amour et de religion.
On redécouvre aujourd'hui que cela mène à une impasse et qu'une société ne peut pas vivre sans un projet et des références qui la transcendent.

En conséquence, si votre entreprise ou association se lance dans un nouveau projet fédératif et si vous décidez de mettre en pratique l'éthique dans toutes vos structures, encore faut-il que la France change sa SOCIÉTÉ!!!
C'est pourquoi il est utopique de vouloir développer cette démarche dans des centaines d'organisations si la société française ne se mobilise pas pour accepter enfin de s'interroger sur les vrais problèmes.

Quelle est donc l'organisation qui va avoir le courage d'entraîner notre pays dans des réflexions de fond.?

UN MINISTERE DE L'ETHIQUE

Nous proposons de créer un ministère de l'Ethique qui aurait plusieurs missions dont les principales pourraient se résumer ainsi :

- **Favoriser une prise de conscience éthique** dans tous les rouages de la société afin d'essayer d'enrayer la vague de corruption qui secoue le pays.

- Recueillir et **orchestrer les expériences éthiques** afin de les faire connaître par voie de presse ou télévisuelle.

- Sensibiliser et **former le personnel** de tous les Ministères aux notions d'éthique.

- **Elaborer le contenu d'une éducation civique** et collaborer à sa diffusion en laissant à l'école ces enseignements civiques et en prenant en charge, avec le Centre d'Information Civique, l'organisation d'émissions télévisées quotidiennes d'éducation civique et éthique.

- **Organiser** trois à quatre fois par an une campagne ou une manifestation qui concourre à développer l'éthique.

- **Apporter sa contribution à une réflexion de fond** sur la création en cinq ans d'un véritable Projet de Société.

Il faut se doter rapidement d'un instrument efficace pour promouvoir un courant d'éthique en France.

Ce Ministère s'appuierait sur une structure légère et ne ferait en aucun cas double emploi avec le Comité Consultatif National d'Ethique, lequel a une vocation très précise, puisqu'il doit essayer de répondre aux interrogations et aux éventuels détournements que pourraient susciter les avances réalisées en biologie et en médecine.

Il se compose de quarante experts, juristes, religieux et médecins qui ont déjà rendu trente-deux avis. Il n'a pas de vocation opérationnelle mais seulement un rôle de réflexion et de consultation pour deux domaines d'activité, la biologie et la médecine.

On remarquera que le monde de l'entreprise, du travail, du commerce et de l'artisanat, de la communication, de l'armée, etc. n'est pas concerné par ce comité.

UNE AUTRE CONCEPTION DU TRAVAIL

Notre société est aujourd'hui tiraillée entre deux mouvements contraires. Une machine économique qui a besoin de moins en moins de bras pour produire plus et qui supprime chaque jour des centaines d'emplois, de l'autre des individus qui redécouvrent que travailler c'est exister, que le Droit au Travail pour tous est porteur d'équilibre.

Ce qui a profondément changé, c'est la signification sociale du travail. Les salariés affirment désormais leur aspiration à travailler moins, et remettent en cause la place du travail dans la société. N'oublions jamais que la Société doit donner à tous la Dignité, l'Utilité Sociale et un Revenu.

Dans notre pays, seul l'emploi offre actuellement la combinaison des trois. Le sacro saint droit à l'emploi va mourir. Il s'agit de le remplacer par le droit à ces trois valeurs. Le travail n'est pas une fin en soi. Réinventons la notion du Travail.

Pour cela les gens doivent se poser les vraies questions du type:

Qu'est-ce qui assure mon bonheur ? Que dois-je faire pour me sentir utile ?

Quel but, quelle activité donner à ma vie ?

Il faut certainement s'habituer à travailler moins.Dans 20 ans, notre temps consacré au travail devrait représenter 12 à 14 % de notre temps de vie.

Le chômage a toujours existé, mais on ne le recense que depuis 1896. Les sans emplois étaient pris en charge par le village. Aujourd'hui, la situation passe par les Associations, ce n'est plus le rôle de l'Etat.

Nous abordons ici une mutation de société aussi importante que Mai 1968. Elle remet en cause les comportements, les moeurs, les institutions, les "establishments". Tout au long de ce livre, nous avons proposé des pistes de solutions qui devraient faire l'objet de larges débats dans toutes les couches de la société.

Nous résumons ci-dessous quelques suggestions :

- Aidons tous les entrepreneurs, favorisons l'initiative surtout chez les jeunes.
- Enlevons le pouvoir de nos organisations aux gestionnaires et aux financiers, pour le confier aux créateurs et vrais entrepreneurs.
- Créons la " TVA SOCIALE"
- Ne continuons pas à payer les chomeus à ne rien faire. Proposons leur
- Diminuons la durée de travail pour tous, avec abaissement de salaire pour redistribuer aux chômeurs ce que l'on récupère.
- Généralisons la flexibilité du travail.
- Développons toutes les initiatives qui encouragent le Partage du Travail.
- Repensons notre société pour arrêter la course folle aux automatismes (secrétaires remplacées par des PC, stations d'essence démunies de personnel de piste, guichets et bornes automatiques qui remplacent l'homme, etc.).
- Prenons des mesures pour stopper les délocalisations des usines à l'étranger (relire à cet effet l'exemple de Camaïeu décrit précédemment).
- Fermons pour certains produits la frontière de la CEE aux importations, en organisant la FORTERESSE EUROPE.
- Adaptons l'éducation de nos jeunes pour sortir d'un système où on pense en termes de diplômes pour raisonner métier.
- Changeons la pédagogie de nos grandes écoles qui tuent la créativité des individus.
- Répondons aux nouveaux besoins qui s'expriment et inventons les emplois correspondants.
- Rémunérons la femme qui reste au foyer, laissons les personnes âgées et handicapées chez elles et arrêtons de grossir les "mouroirs" en créant des services à domicile variés : plateau-repas, soins à domicile, lecture à domicile.
- Répondons aux exigences de l'écologie et créons des "petits boulots" correspondants.
- Laissons le congé parental rémunéré.
- Ne gardons qu'une armée de métier et créons un service civique rémunéré pour jeunes gens et jeunes filles avec plusieurs milliers de cadres permanents pour les former.
- Lançons quelques "Grands Travaux" supplémentaires (autoroutes, logements, voiture électrique, etc.).

En définitive, si chacun d'entre nous doit dans les années à venir travailler moins et disposer d'un revenu inférieur, il aura aussi à abandonner l'idée que seul le travail confère une identité sociale. En effet, n'est-ce pas une nouvelle organisation de notre vie qui s'offre à nous ?

Disposant de temps libre n'avons-nous pas à le consacrer à une vie publique, un engagement associatif, aux arts, aux lettres, à la contemplation ou à une autre manière de vivre... Aurons-nous pris conscience que le monde d'aujourd'hui nous le permet avec tous les avantages qu'il met à notre disposition.

Allons-nous savoir en profiter et saisir la chance qui se présente à portée de voix...

C'était un des paris de ce livre...

QUELQUES SUGGESTIONS

• **n° 77** : Se former aux méthodes de Management du Partalliance en suivant un séminaire.

• **n° 78** : Pour gagner du temps et éviter des erreurs d'orientation, consulter un expert spécialisé dans le Partalliance et ses nouvelles approches.

• **n° 79** : Participer au "Cercle Concorde", lequel réunit tous ceux qui veulent apporter leur contribution à la création d'un Projet de Société.

• **n° 80** : Utiliser ce livre pour faire réfléchir mes collègues et collaborateurs et recueillir leurs suggestions afin d'améliorer ou de construire un Projet d'Intérêts Communs.

En conclusion : Ne pas oublier d'écrire à l'auteur...

Ecrire ici les réflexions que vous inspire ce livre et les envoyer à l'auteur avec le détail des actions concrètes que ces méthodes ont suscitées chez vous. L'auteur s'engage à vous répondre.

CONCLUSION

Les grands changements de ces dernières années ont clairement démontré l'insuffisance des systèmes de type binaire. Nous sommes à la recherche d'une troisième voie, une conception du monde et de la vie, qui consisterait en un équilibre entre le masculin et le féminin, le socialisme et le libéralisme, l'individu et la collectivité, le devoir et le plaisir, bref une voie centrale et consensuelle entre le yin et le yang ...

Faut-il relancer un "libéralisme social" ? Peut-être, mais il me semble qu'il ne faut pas seulement se limiter à la création d'une nouvelle conception politique, mais remettre en cause un mode de vie et en concevoir un autre.

C'est ce que nous avons tenté de faire en proposant la "M.C.E.A.", cette méthode comportementale pour une éthique de l'action quotidiennement applicable à chaque être humain et le nouveau management appelé "PARTALLIANCE".

La mutation qui caractérise notre fin de siècle est en tout point analogue à celle engendrée par la révolution industrielle ou par lesyndiclisme du siècle dernier.

Mais elle ne se limite pas seulement à l'écologie, elle affecte également l'internationalisation et l'interpendance des peuples. Elle est ainsi à l'origine d'une remise en question de la politique et de l'État au moment où l'homme a plus que jamais besoin de sécurité, de protection et d'identité.

C'est pourquoi nous vous avons proposé un nouveau Capitalisme pour lequel l'Environnement recontre l'Economie et qui, tous deux, croisent l'Ethique. Nous avons dénommé ce nouveau projet de société : l'ECONENTHIQUE.

Il ne s'agit bien sûr que des premières bases, une oeuvre considérable reste à accomplir.

Rejoignons-nous et au travail.!

Ne restez pas inconnu, écrivez-nous, réagissez ...

Si vous avez été intéressé par ce livre, envoyez-nous vos suggestions. Si celles-ci sont suffisament nombreuses nous les inclurons dans la prochaine édition en indiquant votre nom après votre accord. Ainsi on pourrait imaginer que le prochain tirage serait signé par plusieurs dizaines d'auteurs !

Nous sommes prêts à relever le défi.!

SOURCES
PRINCIPALES REFERENCES

P. 30	Les Cahiers du GRES (CSO)
p. 48	La Jungle des affaires - page 274
p. 49	La Croix - 9 janvier 1992 (Une affaire dans le logement social)
p. 53	Encyclique Centisimus annus sur la doctrine sociale de l'église
p. 64	François Xavier DUMORTIER - Professeur au Centre de Sèvres.
p. 67	Cette réflexion s'inspire du mémoire de fin d'année de Thomas PHILIPPE, élève de 4ème année de l'IPAG.
p. 74	Réflexions inspirées de Vatican II tirée de l'Eglise dans Le Monde n° 16
p. 75	La Morale de André BARRAL-BRETON
p. 76	Fondement d'une éthique professionnelle de Jean MOUSSE et le Pouvoir Pur de Jean BAECHLER.
p. 103	Certains points de cette réflexion ont été développés par Edgar MORIN dans son livre (Science ou conscience) FAYARD 1982
p. 104	Jean Louis MOIGNE "Théorie du Système Général" PUF 1984
p. 112	Article de Pierre LONGONE, économiste et démographe -La Croix - 28 septembre 1991
p. 131	Le Benchmarking - Les Echos 12 Janvier 1993
p. 144	Extraits du Discours du cardinal RATZINTGER lors de son entrée à l'Académie des Sciences Morales et Politiques de l'Institut de France.
p. 146	Livre de M. PUEL p. 171
p. 147	Mobiliser pour réussir ARCHIER p. 193
p. 147	Les cahiers du GRES- C.I.D. (La Culture de l'Entreprise)
p. 150	Livre de P. PUEL p. 76 et 78 OTA-SIK La Troisième Voie p. 59-60 Haberna dans ERKEMNTNIS - UND - INTERESSE 1968

p. 154	Revue "A" pour Affaires Novembre 1990 - Michel ROLAND Europe "Le choc des cultures d'entreprise"
p. 155	Le Monde 12 septembre 1990. De la culture de l'Entreprise au culte de l'Entreprise par Daniel CROQUETTE
p. 163	Le Morale de André BARRA BRETON - page 107
p. 168	Du projet d'entreprise à l'engagement personnel Andrew CAMPBELL, Marion DAVID-YOMMES - page 27
p. 176	Revue CEE "L'entreprise, un corps vivant"
p. 178	L'entreprise humaine, de LEVIONNOIS et ROILLIERE - page 200 Le sens de la MISSION
p. 195 et 199	Fondements de l'Ethique Professionnelle de Jean MOUSSE
p. 200	Alain RENAULT - L'Ethique de la responsabilité - La Croix 7 Juillet 1990
p. 200	"De la dérision" Pierre Marie LORANT La Croix - 10 Octobre 1990
p. 204	Fondement d'une Ethique professionnelle de Jean MOUSSE
p. 204	L'Ethique des Affaires d'Octave GELINIER - pages 162 et 163
p. 205	Fondement d'une éthique professionnelle de Jean MOUSSE
p. 206	Alain MINC "L'Argent Fou" - page 260
p. 221 et 222	• Le Monde - 10 avril 1991 - L'entreprise de Jean MENANTEAU • Francoscopies 1991 • L'évènement du Jeudi - Décembre 1989
p. 242 et 246	Les Cercles d'Echanges et la Méthode FIVISA ont été mis au point par le Groupe de Conseil en stratégie PR3 de Paris.
p. 250	Le Monde - 18 novembre 1992 - L'ambiguïté du droit individuel.
p. 273	La Croix - 13 juin 1991 - Marcel L. MOLL
p. 275	Les Echos - 26 janvier 1993 - La création d'entreprise s'essouffle.
p. 283	Convention Libérale Européenne et Sociale - 20 juin 1992 - Intervention de Yves CANNAC.

BIBLIOGRAPHIE

La culture d'entreprise, Charles Hampden TurneR, Ed. Le Seuil, Mars 1992.

Mobiliser pour réussir, Georges Archier, Olivier ELISSALT, Alain SETTON, Ed. Le Seuil, Avril 1989.

Pilotes du troisième type, Georges ARCHIER et Hervé SERIEX, Ed. Le Seuil, Avril 1986.

Au coeur du changement, une autre démarche du management : la Qualité Totale, Frédéric LUCAS, Pierre JOCOU, Préface Raymond LEVY, Ed. Le Seuil, Mai 1992.

Ethique des affaires, Olivier GELINIER, Ed. Le Seuil, Avril 1991.

Critique de l'efficacité, Jacques LE MOUEL, Ed. Le Seuil, Mai 1991.

Dans la jungle des affaires, Victor SCHERRER, Ed. Le Seuil, Mai 1991.

Capitalisme contre capitalisme, Michel ALBERT, Ed. Le Seuil, Septembre 1991.

Encyclique du centenaire de la doctrine sociale de l'église, Jean-Paul II, Centimus Annus.

Le projet d'entreprise, Luc BOYER, Noël EQUILBEY, Ed. d'Organisation, Juillet 1986.

La morale des affaires, clé de la réussite, Robert SOLOMON, Christine HANSON, Ed. d'Organisation, Novembre 1989.

Culture d'entreprise et histoire, Alain BELTRAN, Michèle RUFFAT, Ed. d'Organisation, Août 1991.

Fondements d'une éthique professionnelle, Jean MOUSSE, Ed. d'Organisation, Avril 1989.

Pratique d'une éthique professionnelle, Jean MOUSSE, Ed. d'Organisation, Septembre 1989.

Du projet d'entreprise à l'engagement personnel : le sens de la mission, Andrew CAMPBELL, Marion DEVINE, David YOUNG, Ed. d'Organisation, Mai 1992.

Ethique et management, Kenneth BLANCHARD, Norman Vincent PEALE, Ed. d'Organisation, Septembre 1988.

Le management d'avant-garde, James O'TOOLE, Ed. d'Organisation, Octobre 1988.

Pour une éthique de la culture, Gérard DEFOIS, Ed. Le Centurion, Mars 1988.

L'argent fou, Alain MINC, Ed. Grasset, Janvier 1990.

La morale tout simplement, André BARRAL-BARON, Ed. Ouvrières, Février 1992.

Socrate et le business : le conseil d'un philosophe aux dirigeants d'entreprise, Peter KOESTENBAUN, Ed. Inter-Actions, Février 1989.

Le prix de l'excellence, Thomas PETER, Robert WATERMAN, Ed. Inter Editions, Novembre 1984.

Le chaos management, Tom PETERS, Ed. Inter-Editions, Novembre 1984.

La passion de l'excellence, Thomas PETERS, Nancy AUSTIN, Ed. Inter-Editions, Décembre 1985.

Dieu est-il contre l'économie : lettre à Jean-Paul II, Jacques PATERNOT, Gabriel VERALDI, Ed. de Fallois, Octobre 1989.

Le temps de la responsabilité : entretiens sur l'éthique, Frédéric LENOIR, Ed. Fayard, Décembre 1990.

L'éthique, Angèle KREMER-MAIRETTI, Ed. Que sais-je, PUF, Décembre 1987.

Une morale pour la vie, Jean DESCLOS, Ed. Paulines (Canada), Janvier 1992.

Les entreprises ont-elles une âme ?, ETCHEGOYEN, Ed. François Bourin, Janvier 1990.

La valse des éthiques, ETCHEGOYEN, Ed. François Bourin, Octobre 1991.

L'entreprise humaine, LEVIONNOIS, RULLIERE, Ed. Dunnod, Avril 1992.

Ethique et pouvoir dans l'entreprise, TANNEGUY DE FEUILHADE DE CHAUVIN, Ed. ESF, Mai 1991.

Vers l'entreprise intelligente, Hubert LANDIER, Ed. Calmann-Levy, Mars 1991.

L'économie au défi de l'éthique, Hugues PUEL, Ed. Cujas-Cerf, Juin 1989.

L'économie, l'homme, la société, l'enseignement social de l'église, Jean-Yves CALVEZ, Ed. Desclée de Bronner.

Le plus management : âme de leader, esprit de manager, Paul DUBRULE, Gérard PELISSON et Craig HICKMAN, Ed. Maxime-Laurent DU MESNIL.

Une éthique pour nos sociétés, Jean-Yves CALVEZ, Ed. Nouvelle Cité, Juin 1988.

Pour le clair obscur des réseaux, Ed. L'Harmattan, Janvier 1992.

Exigences chrétiennes et droit de l'entreprise, Ed. Tequi.

Repères éthiques pour un monde nouveau, Xavier THEVENOT, Ed. Salvator, Mars 1989.

Penser l'entreprise autrement, Jean-Jacques CAUBET, Ed. Axel Noël, Mars 1992.

L'enquête impossible, Antoine GAUDINO, Ed. Albin Michel, Novembre 1990.

Le management psychologique des organisations : synergie ou conflit (Tome I),

La pratique du management psychologique (Tome II), Pierre GOGUELIN, Ed.Hommes et Entreprises.

L'éthique professionnelle au Québec, Cahiers de Recherche Ethique, numéro 13, Avril 1989.

Dictionnaire de morale, Philippe SECRETAN, Ed. Universitaires, 1983.

Les leviers de la réussite, Georges ARCHIER, Ed. Inter-Editions, Août 1991.

Le défi éducatif, Yannick BONNET, Ed. Fleurus, Août 1989.

Ethique et performance de l'Entreprise, (Actes du colloque de Collioure du GSI) Ed. Le Cherche midi éditeur, Février 1993.

Le Marketing une autre vision de la stratégie, Jean Louis SWINERS et Jean Michel BRIET Ed. ESF Octobre 1993.
L'entreprise et la société au service de l'homme , de la ROCHEFOUCAULD et R. PIETRI (Institut de la Boetie) Ed. TEC ET DOC, Mai 1993.

Le management et le pouvoir, P. MORIN, Ed. Editions d'organisation. Novembre 1985.

© [redacted]

Dépot légal : mars 1994
ISBN:2-910571-00-9
Imprimé en France
*par JOUVE, 18 rue Saint-Denis, PARIS 1er*

N'hésitez pas à nous écrire vos suggestions, nous répondrons à toutes les lettres, cet ouvrage est vendu exclusivement par correspondance. Vous pouvez vous le procurer soit par courrier, en écrivant à l'adresse ci-dessus, soit en envoyant un [redacted]

Mr Pierre CADET
14, Av. de St Germain
78600 MAISONS-LAFFITTE